2022

全国专利代理师资格考试用书

>> 全国专利代理师资格考试

专利法律知识
同步训练

李慧杰　杨　倩　编著

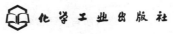

·北京·

内容简介

本书基于作者多年的辅导经验及对考试内容、考查方式的认真分析和把握编写,根据《全国专利代理师资格考试大纲》的要求,梳理出88个核心考点,并基于历年的考试内容及频度,给出每一个考点的考查角度分析。内容包括专利制度概论、授予专利权的实质条件、对专利申请文件的要求、申请获得专利权的程序及手续、专利申请的复审与专利权的无效宣告、专利的实施与保护、PCT及其他专利相关国际条约、专利文献与专利分类共计八章。

本书通过典型例题的讲解,引导考生理解出题思路,熟悉每个知识点的考题呈现方式,再通过同步练习题,一步步提高考生的做题能力,帮助考生顺利通过考试。

图书在版编目（CIP）数据

全国专利代理师资格考试专利法律知识同步训练/李慧杰,杨倩编著. —北京:化学工业出版社,2022.9
全国专利代理师资格考试用书
ISBN 978-7-122-41479-3

Ⅰ.①全⋯ Ⅱ.①李⋯②杨⋯ Ⅲ.①专利-代理（法律）-中国-资格考试-自学参考资料 Ⅳ.①D923.42

中国版本图书馆 CIP 数据核字（2022）第 086602 号

责任编辑:宋 辉		文字编辑:李 曦	
责任校对:边 涛		装帧设计:关 飞	

出版发行:化学工业出版社
　　　　　（北京市东城区青年湖南街13号　邮政编码100011）
印　　刷:三河市航远印刷有限公司
装　　订:三河市宇新装订厂
787mm×1092mm　1/16　印张14½　字数378千字
2022年8月北京第1版第1次印刷

购书咨询:010-64518888
售后服务:010-64518899
网　　址:http://www.cip.com.cn
凡购买本书,如有缺损质量问题,本社销售中心负责调换。

定　价:66.00元　　　　　　版权所有　违者必究

前言

对于准备参加全国专利代理师资格考试的考生来说，备考阶段通常要面对时间紧、内容多的问题；如何在有限的时间内提高复习效率，也是辅导老师常常思考的问题。

备考过程通常分为两个阶段：第一个阶段是把应当掌握的知识点理解、记忆，这是一个不断向大脑输入的过程；第二个阶段是把学习到的内容转化成做题的能力，提高答题正确率，这是一个不断从大脑提取的过程。事实上，第一个阶段看似是一个攻坚克难的过程，需要花费大量的时间去看书、听课，尽可能把考试大纲要求的知识点一一掌握，但相对于第二个阶段来说，第一个阶段是容易的。其原因在于第一个阶段是一个相对被动学习的过程，第二个阶段才是一个主动输出的过程。就像我们学习英语，给你一段文字，即使其中有几个不熟悉的单词，你依然能够明白作者要表达的意思；但如果让你在一张白纸上写出一段同样意思的英文，难度要高很多。很多考生考前花费 80% 以上的时间用来看书、听课，似乎对自己能获取的资料都在努力咀嚼，努力消化，但事实上你以为你理解的未必是真理解的，你以为你懂的未必是真懂的，你以为你掌握的未必是真掌握的。只有通过第二个阶段，通过不断做题，通过锻炼如何有效地提取正确的知识完成答题，通过订正错误、纠正第一阶段的偏差甚至是错误认知，你才真正能够面对千变万化的考查方式，做出快速反应，在大脑中准确定位，提取相应的知识点，并正确反映在答案中。

我们知道，法律条文是非常精练的。当面对一个法条时，虽然完全理解其含义有一定的困难，但更困难的是我们很难知道法条中的哪个词、哪个短语是考查的关键所在，这些核心的关键词句，又通常会有哪些可能的解释或误区。而这样的关键词句往往是出题人设置陷阱的地方，因此考生在复习的时候，一定要对这些关键词形成敏感的反应机制，从而在考试题目中快速而准确地领悟出题人的考查意图，躲过陷阱，找到正确答案。

本书基于作者多年的辅导经验及对考试内容、考查方式的认真分析和把握，根据《全国专利代理师资格考试大纲》的要求，梳理出 88 个核心考点，并基于历年的考试内容及频度，对每一个考点的考查角度进行分析，通过典型例题，引导考生把握解题思路，熟悉每个知识点在考试题目中的呈现方式，再通过同步训练题目，为考生提供大量练习从而一步步提高做题能力。

本书知识体系分为八章，具体如图1所示。

本书使用说明：

书中的关键词和考查角度是一个问题的两个方面。考查角度是知识点分点，考试时以选项的方式出现，关键词则是每个选项中容易挖坑的点。因此，希望读者在看例题之前对关键词、考查角度建立印象，看例题时需要着重关注该题目是如何围绕关键词进行正、反两方面出题的。在冲刺阶段或者在考前快速浏览核心考点时，再来看关键词和考查角度，要做到能够在脑海里反应出其在题目中可能以什么形象、什么角度出现。如果没有相应的头脑反应，或者依然模糊，建议通过快速浏览关键词释义，做

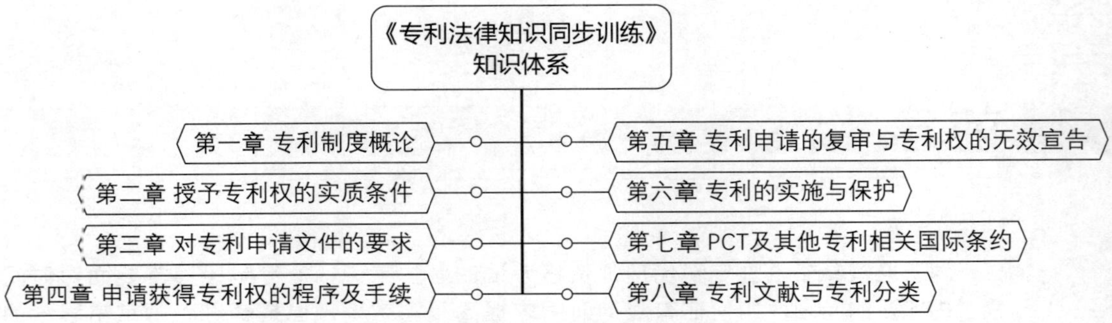

```
                    ┌─────────────────┐
                    │《专利法律知识同步训练》│
                    │      知识体系     │
                    └─────────────────┘
                              │
        ┌─────────────────────┼─────────────────────┐
  〈第一章 专利制度概论〉              〈第五章 专利申请的复审与专利权的无效宣告〉
  〈第二章 授予专利权的实质条件〉         〈第六章 专利的实施与保护〉
  〈第三章 对专利申请文件的要求〉         〈第七章 PCT及其他专利相关国际条约〉
  〈第四章 申请获得专利权的程序及手续〉    〈第八章 专利文献与专利分类〉
```

图1　《专利法律知识同步训练》知识体系

到快速翻新，加强记忆。书中的例题展示出了考查角度在考试题目中的呈现方式。同步训练题目用于巩固和消化核心考点。

由于笔者知识有限，不足之处欢迎各位读者批评指正。

李慧杰

目录

第一章 专利制度概论 / 001

【K01】中国专利制度的特点 / 001
【K02】中国专利行政与司法机构 / 003
【K03】发明人/设计人 / 005
【K04】专利申请人 / 005
【K05】联系人/代表人 / 007
【K06】职务发明创造 / 009
【K07】合作/委托完成的发明创造 / 011
【K08】共有权利的行使 / 013
【K09】专利代理师 / 013
【K10】专利代理机构 / 016
【K11】专利代理监管 / 018

第二章 授予专利权的实质条件 / 025

【K12】发明和实用新型专利保护的客体 / 025
【K13】外观设计专利保护的客体 / 027
【K14】不授予专利权的主题 / 028
【K15】现有技术的判断 / 029
【K16】新颖性的判断原则与基准 / 031
【K17】抵触申请的判断 / 034
【K18】不丧失新颖性的宽限期 / 036
【K19】同样的发明创造 / 038
【K20】创造性的判断 / 040
【K21】实用性的判断 / 043
【K22】外观设计新颖性的判断 / 045
【K23】外观设计创造性的判断 / 047
【K24】不与在先权利相冲突 / 049

第三章 对专利申请文件的要求 / 057

【K25】发明和实用新型专利申请请求书 / 057
【K26】权利要求书 / 059
【K27】说明书及附图 / 062
【K28】说明书摘要及附图 / 065
【K29】发明和实用新型单一性的判断 / 066
【K30】涉及生物材料的专利申请 / 067
【K31】依赖遗传资源的专利申请 / 069
【K32】外观设计专利申请请求书 / 070
【K33】图片及照片 / 071
【K34】简要说明 / 074
【K35】合案申请 / 075

第四章 申请获得专利权的程序及手续 / 082

【K36】专利申请日 / 082
【K37】专利申请号 / 085

【K38】委托专利代理 / 085
【K39】优先权 / 087
【K40】期限 / 090
【K41】费用 / 092
【K42】专利申请的受理 / 095
【K43】保密专利与保密审查 / 096
【K44】发明专利申请的初步审查 / 098
【K45】发明专利申请的实质审查 / 099
【K46】实质审查程序中的修改 / 101
【K47】实用新型专利申请的初步审查 / 104
【K48】外观设计专利申请的初步审查 / 105

【K49】审查的顺序 / 106
【K50】撤回专利申请的声明 / 108
【K51】中止审查程序 / 109
【K52】权利的恢复 / 110
【K53】专利权的授予及专利证书 / 112
【K54】专利登记簿与案卷的查阅和复制 / 113
【K55】分案申请 / 114
【K56】著录项目变更 / 118
【K57】专利权评价报告 / 120
【K58】行政复议 / 122

第五章 专利申请的复审与专利权的无效宣告 / 134

【K59】复审无效的审查原则与制度 / 134
【K60】专利申请的复审程序 / 137
【K61】专利权无效宣告程序 / 140

【K62】口头审理 / 145
【K63】无效宣告程序中的证据规定 / 148

第六章 专利的实施与保护 / 156

【K64】专利权保护期限与权利的终止 / 156
【K65】专利标识权 / 159
【K66】专利侵权判定 / 159
【K67】专利侵权行为 / 162
【K68】不视为侵犯专利权的行为 / 165
【K69】特殊侵权方式 / 166
【K70】专利侵权纠纷的处理 / 170
【K71】向人民法院起诉 / 173
【K72】侵犯专利权的民事责任 / 176
【K73】其他专利纠纷 / 178
【K74】假冒专利的行为 / 180

【K75】专利管理 / 182
【K76】专利运用 / 184
【K77】专利实施许可 / 185
【K78】专利权利转让 / 187
【K79】专利保险 / 189
【K80】专利权质押 / 190
【K81】专利导航 / 191
【K82】专利指定许可 / 192
【K83】专利强制许可 / 193
【K84】专利开放许可 / 196

第七章 PCT及其他专利相关国际条约 / 208

【K85】PCT国际阶段 / 208

【K86】PCT中国国家阶段 / 212

第八章 专利文献与专利分类 / 219

【K87】专利文献基本知识 / 219

【K88】专利信息检索 / 221

同步训练参考答案 / 225

第一章
专利制度概论

一、本章核心考点

本章包含的核心考点如图 1-1 所示。

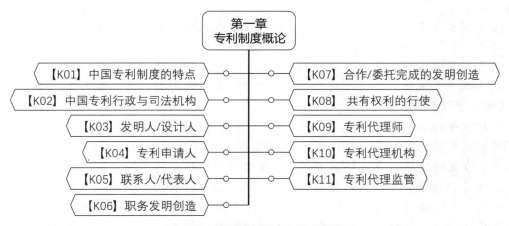

图 1-1 专利制度概论之核心考点

二、核心考点分析

【K01】中国专利制度的特点

1. 本考点的主要考查角度分析

本考点中包含的关键词有：发明、实用新型、外观设计；无形性、排他性、地域性、时间性；先申请制、协商；初步审查制、实质审查制；诚信原则、非正常专利申请。本考点考查角度如图 1-2 所示。

2. 关键词释义

（1）专利权的特点：客体的无形性、权利的排他性、授权的地域性、存在的期限性。

（2）先申请制：同样的发明创造专利权授予最先申请的人；同日申请的，由申请人进行协商；协商不成，均予以驳回。

（3）审查制度：实用新型和外观设计专利申请经过初步审查，没有发现驳回理由即授予专

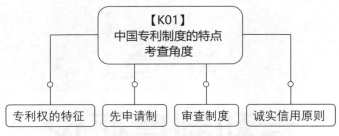

图 1-2 "中国专利制度的特点"考查角度

利权；发明专利申请经过初步审查、实质审查均没有发现驳回理由的，授予专利权。

（4）诚信原则：诚实守信、与人为善；不滥用专利权；不实施、不帮助实施非正常申请专利的行为。

3. 典型例题及解析

【例 K01-1】关于专利权，以下说法不正确的是？

A. 专利权被授予后，在任何情况下专利权人均无需获得他人同意即可自行实施其专利

B. 专利权具有排他性，专利权人有权禁止任何人未经其许可为生产经营目的实施该专利技术

C. 专利权在互联网环境下已无国界

D. 各国专利制度均涵盖发明专利、实用新型和外观设计三种类型的专利

【解题思路】

专利审查指南中规定，发明创造并没有违反法律，但是由于其被滥用而违反法律的，则不属此列。例如医疗所用的某一种毒品，发明人拥有该毒品的配方、制造方法，但并不能在无许可的条件下任意实施，其任意实施依然是违反法律的行为。因此选项 A 错误。选项 B 错误，专利权的排他性是专利权人的核心权利，但并不意味着专利权人有权禁止任何人未经其为生产经营目的实施其专利技术。如对于拥有先用权的人，其实施行为不视为侵犯专利权，在此情形下，专利权人无权禁止该实施行为。选项 C 错误，专利权的地域性是指专利权只在授权国家范围内有效，与传播方式无关。我国专利制度涵盖发明、实用新型、外观设计三种专利类型，但不是所有国家均涵盖这三种专利类型，例如美国，其没有实用新型这种专利类型。因此选项 D 错误。 【参考答案】ABCD

【例 K01-2】下列哪些说法是正确的？

A. 我国对发明专利申请实行实质审查制

B. 不同申请人先后分别就同样的发明创造申请专利的，专利权授予其申请日在先的申请人

C. 不同申请人同一日分别就同样的发明创造申请专利的，由双方协商确定申请人，协商不成的，专利权授予最先完成该发明创造的申请人

D. 实用新型专利申请经实质审查没有发现驳回理由的，由国家知识产权局作出授予实用新型专利权的决定

【解题思路】

我国专利法规定，对一件发明专利申请需经过初步审查、实质审查，没有发现驳回理由的，才可以授予专利权；而对于实用新型专利申请，经过初步审查没有发现驳回理由

的，即可授予专利权。因此选项 A 正确，选项 D 错误。一项发明创造，专利权只能授予在先申请的人；同日就同样的发明创造提出申请的，由申请人进行协商确定，协商不成的，均予以驳回。因此选项 B 正确，选项 C 错误。

【参考答案】AB

【例 K01-3】下列关于非正常申请专利行为的说法正确的是？
A. 非正常专利申请的主体仅包括单位，不包括个人
B. 非正常专利申请的客体仅为专利申请权，不包括专利权
C. 提交专利申请的发明创造与申请人、发明人实际研发能力及资源条件明显不匹配，不属于非正常专利申请行为
D. 专利代理机构代理他人实施非正常申请专利的行为也属于非正常专利申请行为

【解题思路】

关于规范专利申请行为的办法中规定，非正常申请专利行为是指任何单位或者个人，不以保护创新为目的，不以真实发明创造活动为基础，为牟取不正当利益或者虚构创新业绩、服务绩效，单独或者勾联提交各类专利申请、代理专利申请、转让专利申请权或者专利权等行为。因此实施非正常专利申请行为的主体既包括单位，也包括个人，非正常专利申请的客体既包括专利申请权也包括专利权，选项 A、B 均错误。所提交专利申请的发明创造与申请人、发明人实际研发能力及资源条件明显不符，必然涉及造假，因此属于非正常专利申请行为，选项 C 错误。非正常专利申请行为也包括专利代理机构、专利代理师代理、诱导、教唆、帮助他人或者与之合谋实施各类非正常申请专利的行为，因此选项 D 正确。

【参考答案】D

【K02】中国专利行政与司法机构

1. 本考点的主要考查角度分析

本考点中包含的关键词有：国务院专利行政部门、审查部、复审与无效部、专利代办处；国防专利机构；专利执法的部门、管理专利工作的部门；人民法院。本考点考查角度如图 1-3 所示。

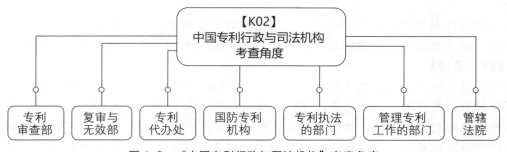

图 1-3 "中国专利行政与司法机构"考查角度

2. 关键词释义

（1）国务院专利行政部门包括：①专利审查部，即负责专利申请的受理、审查、授权的部门；②复审与无效部（新修改的《专利法》中也表述为"国务院专利行政部门"），即负责复审、无效宣告的受理、确权的部门；③专利代办处，为国家知识产权局设在一些城市的受理窗口。

（2）国防专利机构：负责受理和审查国防专利申请；国防专利复审委员会，负责国防专利的复审和无效宣告工作。

（3）行政执法部门：①负责专利执法的部门：处理在全国有重大影响的专利侵权纠纷；②管理专利工作的部门：负责本行政区域内的专利管理工作，处理和调解专利侵权纠纷。

（4）司法机构：①专利侵权纠纷及假冒专利纠纷案件，由知识产权法院、最高人民法院指定的中级人民法院和基层人民法院管辖。②最高人民法院设立知识产权法庭，主要审理专利等专业技术性较强的知识产权上诉案件。

（5）我国知识产权保护实行行政、司法双轨制。

3. 典型例题及解析

【例K02-1】 下列哪些说法是正确的？
A. 国务院专利行政部门负责管理全国的专利工作
B. 管理专利工作的部门可以应当事人请求对专利申请权和专利权归属纠纷进行调解
C. 国务院专利行政部门设立的专利代办处受理所有专利申请
D. 基层人民法院负责管辖本辖区内的专利纠纷第一审案件

【解题思路】

国务院专利行政部门负责管理全国的专利工作；统一受理和审查专利申请，依法授予专利权，选项A正确。省、自治区、直辖市人民政府管理专利工作的部门负责本行政区域内的专利管理工作。管理专利工作的部门应当事人请求，可以对专利申请权和专利权归属纠纷等专利纠纷进行调解，选项B正确。国家知识产权局的受理部门包括国家知识产权局受理处及其各专利代办处。代办处按照相关规定受理专利申请及其他有关文件，并不能受理所有专利申请，例如PCT国际专利申请。因此选项C错误。选项D错误，并不是所有基层人民法院对第一审专利纠纷案件具有管辖权，而是只有最高人民法院确定的基层人民法院对专利纠纷第一审案件才有管辖权。

【参考答案】 AB

【例K02-2】 下列说法正确的是？
A. 国务院专利行政部门应当对处理专利侵权纠纷进行业务指导
B. 国务院专利行政部门可以应专利权人的请求，处理在全国有重大影响的专利侵权纠纷
C. 管理专利工作的部门可以参与向社会推荐高价值专利产品等经营活动
D. 地方人民政府管理专利工作的部门对跨区域侵犯同一专利权的案件可以直接处理

【解题思路】

专利法中规定，国务院专利行政部门应当对处理专利侵权纠纷、查处假冒专利行为、调解专利纠纷进行业务指导，可以应专利权人或者利害关系人的请求处理在全国有重大影响的专利侵权纠纷，选项A、B均正确。管理专利工作的部门不得参与向社会推荐专利产品等经营活动，因此选项C错误。地方人民政府管理专利工作的部门对跨区域侵犯同一专利权的案件可以请求上级地方人民政府管理专利工作的部门处理，而不是直接处理，选项D错误。

【参考答案】 AB

【例K02-3】 下列有关最高人民法院知识产权法庭的说法正确的是？
A. 知识产权法庭是最高人民法院派出的常设审判机构，设在北京市
B. 知识产权法庭可以通过电子诉讼平台或者采取在线视频等方式组织证据交换、召集庭前会议
C. 知识产权法庭审理全国范围内重大、复杂的第一审专利侵权纠纷案件
D. 当事人对知识产权法庭作出的判决不服的，可以提起上诉

【解题思路】
　　知识产权法庭是最高人民法院派出的常设审判机构，设在北京市。但知识产权法庭受理上诉案件是面向全国的，因此通过电子诉讼平台或者采取在线视频等方式组织证据交换、召集庭前会议，为诉讼参加人提供了便利条件，选项A、B均正确。知识产权法庭审理全国范围内重大、复杂的第一审专利侵权纠纷等案件，选项C正确。知识产权法庭作出的判决、裁定、调解书和决定，是最高人民法院的判决、裁定、调解书和决定，因此不能上诉，选项D错误。
　　　　　　　　　　　　　　　　　　　　　　　【参考答案】ABC

【K03】发明人/设计人

1. 本考点的主要考查角度分析

　　本考点中包含的关键词有：实质性特点、创造性贡献、自然人、真实姓名、不公布姓名、奖励报酬权。本考点考查角度如图1-4所示。

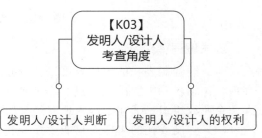

图1-4 "发明人/设计人"考查角度

2. 关键词释义

　　（1）发明人/设计人：是指对发明创造的实质性特点作出创造性贡献的人，不包括管理、辅助等人员。发明人/设计人只能是自然人。

　　（2）发明人/设计人的权利：①署名权：署真实姓名；②不公布姓名权：需要书面声明；③职务发明创造中的发明人/设计人有获得奖励报酬的权利，但约定放弃的有效，未约定放弃又不发放的，可以起诉（见第六章中的"其他专利纠纷"）。

　　（3）纠纷：因是否为发明创造的发明人/设计人而产生的纠纷为发明人、设计人资格纠纷。

3. 典型例题及解析

【例K03-1】下列有关发明人和设计人的说法哪些是正确的？
A. 发明人和设计人既可以是自然人，也可以是法人
B. 发明人或者设计人有权在专利文件中写明自己是发明人或者设计人
C. 在完成发明创造的过程中，只负责管理和维护实验设备的人员不是发明人或者设计人
D. 在专利申请进入公报编辑后，发明人请求不公布其姓名的，其请求将视为未提出

【解题思路】
　　发明人或者设计人应当为具有思维能力、创造能力的自然人，不能是单位或者组织，选项A错误。发明人或者设计人有权在专利文件中写明自己的真实姓名，选项B正确。发明人可以要求在专利申请文件中不写明自己的姓名，但该请求应当在专利文件公开之前提出。在专利申请进入公报编辑后，发明人请求不公布其姓名的，其请求将被视为未提出。因此选项D正确。只有对发明创造的实质性特点作出创造性贡献的人才是发明人或设计人。在完成发明创造过程中，只负责组织工作的人、为物质技术条件的利用提供方便的人或者从事其他辅助工作的人，不是发明人或者设计人。因此选项C正确。
　　　　　　　　　　　　　　　　　　　　　　　【参考答案】BCD

【K04】专利申请人

1. 本考点的主要考查角度分析

　　本考点中包含的关键词有：自行办理；委托办理；中国内地公民、企业或组织；外国的

人、企业或组织,港澳台地区的居民、企业或组织,专利事务、共同申请人。本考点考查角度如图1-5所示。

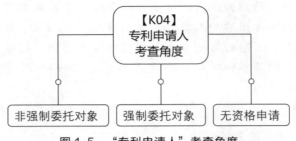

图1-5 "专利申请人"考查角度

2. 关键词释义

(1) **非强制委托**的申请人可以自行办理专利申请等事务,也可以委托专利代理机构代为办理,包括:①中国内地公民、企业或组织;②在中国内地有经常居所或营业所的外国的人、企业或组织;③在中国内地有经常居所或营业所的港澳台的居民、企业或组织。

(2) **强制委托**的申请人只能委托专利代理机构代为办理专利事务,包括:具有专利申请资格,但在中国内地没有经常居所或营业所的外国的人、企业或组织以及港澳台的居民、企业或组织。

(3) **无资格**在中国申请专利的外国的人、企业或组织,在中国没有经常居所或营业所,且不满足下列条件之一:①其所属国同我国签订有相互给予对方国民以专利保护的协议;②申请人所属国是巴黎公约成员国或者世界贸易组织成员;③申请人所属国依互惠原则给外国人以专利保护。

(4) **专利事务**,是指专利申请、专利实施许可备案、专利转让登记、专利权质押登记、申请作出专利权评价报告、申请强制许可、办理著录项目变更等需要向国家知识产权局办理手续的事务。

(5) **共同申请人**,是指申请人有两位及以上。是否需要强制委托,取决于请求书中"申请人"一栏中填写的第一位署名人的身份是否属于强制委托对象。

3. 典型例题及解析

【例K04-1】下列说法正确的是?

A. 某大学科研处有权以科研处作为专利申请人提出专利申请

B. 在苏州设立的某日本独资企业在中国申请专利,必须委托专利代理机构

C. 北京的10岁小学生甲有权作为专利申请人提出专利申请

D. 在中国内地没有固定营业所的香港公司,可以自行向国务院专利行政部门提出专利申请

【解题思路】

专利申请人需要具有民事主体资格,某大学科研处是没有民事主体资格的,申请人应当为该大学,选项A错误。选项B中在苏州设立的某日本独资企业属于中国企业,可以自行办理专利事务,也可以委托专利代理机构办理,选项B错误。选项C中的北京10岁小学生甲,虽然为限制民事行为能力人,但依然具有民事主体资格,因此可以作为申请人提出专利申请,选项C正确。香港公司在内地没有固定营业所的,应当依法委托代理机构办理专利事务,选项D错误。

【参考答案】C

【例K04-2】下列哪些情形中的外国人可以在中国申请专利？
A. 在中国有经常居所的
B. 其所属国是保护工业产权巴黎公约成员国的
C. 其所属国依照互惠原则给中国人以专利保护的
D. 其所属国同中国签订有相互给予对方国民以专利保护的协议的

【解题思路】

根据专利法的规定，外国人在中国是否有资格申请专利，判断原则为对等原则，即取决于其所属国是否与我国签署有相关互惠的协议，或者是否有共同遵守的互惠原则或共同参加的国际条约。因此选项A、B、C、D中的外国人均享有在我国申请专利的权利。

【参考答案】ABCD

【例K04-3】以下有关专利代理委托的说法正确的是？
A. 本国人和外国人共同申请专利且第一署名人是外国人的，应当委托专利代理机构办理
B. 港澳台法人申请专利的，应当委托专利代理机构办理
C. 中国个人作为第一申请人与外国个人共同申请专利的，可以不委托专利代理机构
D. 港澳台个人申请专利的，可以不委托专利代理机构，但应通过其内地亲友办理各种专利事务

【解题思路】

中国单位或者个人，在中国有经常居所或者营业所的外国人、外国企业或外国其他组织，在内地有经常居所或者营业所的港澳台居民、企业或组织，作为第一署名人在中国申请专利和办理其他专利事务的，可以委托依法设立的专利代理机构办理，也可以自行办理。因此选项A、B、D均错误，其中没有明确作为第一署名人的外国人、港澳台法人、港澳台个人在中国内地是否有经常居所，所以不能确定是否属于必须委托专利代理机构的情形。选项C正确，中国个人作为第一署名人时，当然可以自行办理专利申请事宜。

【参考答案】C

【K05】联系人/代表人

1. 本考点的主要考查角度分析

本考点中包含的关键词有：未委托专利代理机构、单位申请人、一人、指定、未指定、电子申请用户、单独签章、全体申请人签章。本考点考查角度如图1-6所示。

2. 关键词释义

（1）联系人：申请人是单位且未委托专利代理机构的，应当填写联系人。联系人应当为自然人，且在请求书中只能填写一人。

（2）代表人：申请人有两人以上且未委托专利代理机构的，应当在请求书中指定一人为代表人；未指定的，以第一署名申请人为代表人。代表人应当为自然人，且应当是申请人之一。电子申请中，以提交电子申请的电子申请用户为代表人。

（3）代表人的权利：代表人可以单独签章办理的事务包括：①请求提前公布；②请求进行实质审查；③答复审查意见；④请求延长期限；⑤请求恢复权利

图1-6 "联系人/代表人"考查角度

等。涉及办理对共有权利的直接处置手续的，应当由全体申请人签字或盖章，如转让专利申请权、委托专利代理机构、要求优先权等。

3. 典型例题及解析

【例 K05-1】下述关于代表人的说法哪些是正确的？

A. 申请人有两人以上且未委托专利代理机构的，应当指定一人为代表人，被指定的代表人必须是申请人之一

B. 除申请人在请求书中另有声明外，以请求书中的第一署名申请人为代表人

C. 申请人通过国家电子申请系统申请专利的，需要在提交的全体申请人签字或盖章的声明中明确代表人

D. 申请人为单位的，代表人就是其指定的联系人

【解题思路】

申请人有两人以上且未委托专利代理机构的，除在请求书中另有声明外，以第一署名申请人为代表人。请求书中另有声明的，所声明的代表人应当是申请人之一。因此选项 A、B 均正确。电子申请中，以提交电子申请的电子申请用户为代表人，不需要另外提交声明，选项 C 错误。选项 D 错误，如果申请人只是一家单位，不需要确定代表人，代表人的存在是以共同申请且未委托专利代理机构为前提的。　　　　　　【参考答案】AB

【例 K05-2】专利申请人为多人且未委托专利代理机构的，其代表人可以代表全体申请人办理下列哪项手续？

A. 撤回专利申请　　　　　　　　　　B. 委托专利代理机构

C. 撤回优先权要求　　　　　　　　　D. 答复补正通知书

【解题思路】

除直接涉及共有权利的手续外，代表人可以代表全体申请人办理在专利局的其他手续。直接涉及共有权利的手续包括：提出专利申请，委托专利代理，转让专利申请权、优先权或者专利权，撤回专利申请，撤回优先权要求，放弃专利权等。直接涉及共有权利的手续应当由全体权利人签字或者盖章。选项 A、B、C 中的事项均涉及对权利的处置，因此应当由全体申请人签字或盖章办理手续。选项 D 中的答复补正通知书属于代表人可以单独签章办理的事项之一，符合题意。　　　　　　　　　　　　　【参考答案】D

【例 K05-3】上海甲公司作为第一署名的申请人与英国乙公司共同申请了一项发明专利。甲公司通过其电子申请注册用户的权限以电子申请的方式提出了专利申请，并指定其员工余某为联系人，以下说法正确的是？

A. 国家知识产权局可以认定甲公司为该共同专利申请的代表人

B. 余某可以在答复审查意见通知书时代表共同申请人签字或盖章

C. 如果该申请提出时要求了两项英国在先申请为优先权，甲公司有权单独提出撤回其中一项优先权

D. 如果乙公司在上海设有办事机构，则可以同时指定其办事机构的工作人员杜某为第二联系人

【解题思路】

电子申请中，以提交电子申请的电子申请用户为代表人，因此选项 A 正确。选项 B 错误，作为联系人的余某，无权办理答复审查意见通知书这样的手续。选项 C 错误，撤回优先权属于对权利的处置，需要甲公司和乙公司共同签章办理。在申请人为公司且未

委托专利代理机构的情况下，应当确定一位联系人，且联系人只能为一人，方便接收国家知识产权局发出的通知书等事项，选项 D 错误。

【参考答案】 A

【K06】职务发明创造

1. 本考点的主要考查角度分析

本考点中包含的关键词有：本单位的任务、物质技术条件、临时单位、借调、退休返聘、临时组建的项目组、专利申请权、专利权、3 个月、3000 元、1000 元、2%、0.2%、10%。本考点考查角度如图 1-7 所示。

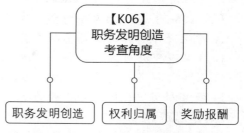

图 1-7 "职务发明创造"考查角度

2. 关键词释义

（1）职务发明创造的产生：①执行本单位的任务或者主要是利用本单位的物质技术条件所完成的发明创造为职务发明创造。②"本单位"：包括正式的工作单位和临时的工作单位，如借调、退休返聘、临时组成的项目组等。③"执行本单位的任务"：包括本职工作、本单位交付的本职工作之外的任务，以及离开原单位 1 年内执行的与其在原单位的任务相关的工作。④"本单位的物质技术条件"是指本单位的资金、设备、零部件、原材料或不对外公开的技术资料等。

（2）权利的归属：①职务发明创造申请专利的权利属于该单位，授权后，该单位为专利权人。②利用本单位的物质技术条件所完成的发明创造的权利归属，有约定的依约定，无约定的归该单位。

（3）奖励和报酬：约定优先。若无约定的，具体规定为：①奖励：应当自专利权公告之日起 3 个月内向发明人/设计人发放奖金；发明、实用新型、外观设计专利的奖金数额分别最低不少于 3000 元、1000 元、1000 元。②报酬：本单位自行实施专利权的，对于发明、实用新型、外观设计专利，每年应当分别从相应的营业利润中提取不低于 2%、2%、0.2%，作为报酬向发明人或设计人发放；许可他人实施专利权的，报酬应当不低于许可费的 10%。

（4）纠纷：因是否构成职务发明创造而产生的纠纷称为专利申请权、专利权归属纠纷；因职务发明创造奖励、报酬发放问题而产生的纠纷称为职务发明创造的发明人、设计人的奖励和报酬纠纷。

3. 典型例题及解析

【例 K06-1】 关于职务发明创造，下列说法正确的是？

A. 主要指有关单位的工作人员执行本单位的任务或者主要是利用本单位的物质条件所完成的发明创造

B. 原则上，职务发明的专利申请权和专利权归属于发明人或者设计人

C. 执行本单位的任务所完成的发明创造，单位和工作人员之间就专利申请权的归属有约定的，依照其约定

D. 利用本单位的物质技术条件所完成的发明创造，单位与工作人员之间就专利申请权的归属有约定的，依照其约定

【解题思路】

职务发明创造是指单位的工作人员执行本单位的任务或者主要是利用本单位的物质条件所完成的发明创造，因此选项 A 正确。原则上，职务发明的专利申请权归属于其单

位，获得授权的，该单位为专利权人，因此选项B错误。执行本单位的任务所完成的发明创造，其专利申请权只能归单位所有，法律没有规定可以进行约定，且约定优先的。对于利用本单位的物质技术条件所完成的发明创造，单位与工作人员之间可以就专利申请权进行约定，且约定优先。因此选项C错误，选项D正确。 【参考答案】AD

【例K06-2】在下列哪些情形中完成的发明创造，申请专利的权利属于甲公司？
　　A. 李某是甲公司的退休返聘人员，他在执行甲公司任务时所完成的发明创造
　　B. 章某是甲公司从另一公司借调的人员，他在执行甲公司任务时所完成的发明创造
　　C. 王某是甲公司的技术人员，他在本职工作中所完成的发明创造
　　D. 钱某利用甲公司对外公开的技术资料自己投入资金、设备所完成的发明创造

【解题思路】
　　专利法所称执行本单位的任务所完成的职务发明创造，是指：①在本职工作中作出的发明创造；②履行本单位交付的本职工作之外的任务所作出的发明创造；③退休、调离原单位后或者劳动、人事关系终止后1年内作出的，与其在原单位承担的本职工作或者原单位分配的任务有关的发明创造。专利法所称本单位，包括临时工作单位；专利法所称本单位的物质技术条件，是指本单位的资金、设备、零部件、原材料或者不对外公开的技术资料等。因此选项A、B、C所述均属于工作人员执行甲公司的任务所完成的职务发明创造，申请专利的权利属于甲公司，符合题意。选项D中钱某完成的发明创造利用的是甲公司对外公开的技术资料，不属于"本单位的物质技术条件"的范畴，申请专利的权利属于钱某，不符合题意。 【参考答案】ABC

【例K06-3】甲公司职工李某所作的职务发明被授予了专利权。下列哪些说法是正确的？
　　A. 在专利申请文件中李某有写明自己是发明人的权利
　　B. 李某有从甲公司获得奖励的权利
　　C. 在甲公司不实施该专利的情况下，李某有权实施该专利
　　D. 在该专利权被侵犯时，李某有权向人民法院提起诉讼

【解题思路】
　　无论是职务发明还是非职务发明，发明人均享有在专利文件中写明自己是发明人的权利，因此选项A正确。职务发明创造的发明人有获得奖励、报酬的权利，因此选项B正确。由于甲公司是专利权人，因此无论甲公司是否实施该专利，李某都不允许在没有得到甲公司许可的情况下实施该专利，选项C错误。在专利侵权发生时，专利权人或利害关系人有权提起诉讼，李某不是专利权人，也不是利害关系人，因此无权提起诉讼，选项D错误。 【参考答案】AB

【例K06-4】李某退休被返聘到了甲公司，在执行甲公司交付的工作任务中完成了一项发明创造，甲公司因此获得了一项发明专利权。在没有约定的情形下，下列说法正确的是？
　　A. 甲公司应当在收到受理通知书之日起3个月内发给李某奖金
　　B. 甲公司应给予李某不少于3000元的奖金
　　C. 甲公司自己实施该专利的，应当从实施该专利的营业利润中提取不低于2%作为报酬给予李某
　　D. 甲公司许可他人实施该专利的，应当从收取的使用费中提取不低于2%作为报酬给予李某

【解题思路】

发明人或者设计人作出职务发明创造，享有获得奖励、报酬的权利。本题中李某完成的职务发明创造获得了发明专利授权，在没有约定的情况下，甲公司应当自专利权公告之日起3个月内向李某发放奖金不少于3000元。因此选项A错误，时间点有误；选项B正确。如果甲公司自行实施该专利，应当从实施该专利的营业利润中提取不低于2%作为报酬给予李某；如果甲公司许可他人实施该专利，应当从收取的使用费中提取不低于10%作为报酬给予李某。因此选项C正确，选项D错误。　　【参考答案】BC

【K07】合作/委托完成的发明创造

1. 本考点的主要考查角度分析

本考点中包含的关键词有：合作者、委托人、受托人、转让自己的权利、放弃自己的权利、不同意、免费实施、优先受让的权利。本考点考查角度如图1-8所示。

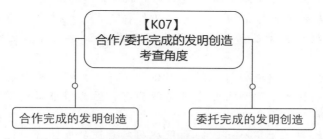

图1-8　"合作/委托完成的发明创造"考查角度

2. 关键词释义

（1）合作关系：①合作关系中，合作各方均对发明创造作出了贡献。②合作过程中产生的发明创造，对于专利申请权的归属，有约定的从其约定；无约定的，申请专利的权利属于共同完成的合作者；申请被批准后，申请人为专利权人。③对于合作者共有的专利申请权，其中一方转让自己的专利申请权的，其他各方享有以同等条件优先受让的权利。④其中一方声明放弃自己的专利申请权的，其他各方可以单独申请或共同申请；取得专利权的，放弃专利申请权的可以免费实施该专利。⑤其中一方不同意申请专利的，其他各方不得申请专利。

（2）委托关系：①委托关系中，只有受托人对发明创造作出了贡献。②委托过程中产生的发明创造，双方可以约定专利申请权的归属；申请被授权后，申请人为专利权人。③双方没有约定的，申请专利的权利归受托人，但委托人可以免费实施该专利技术。④受托人转让专利申请权的，委托人享有以同等条件优先受让的权利。

3. 典型例题及解析

【例K07-1】甲大学与乙公司合作开发一项技术。双方就权利归属和实施事宜仅作出如下约定：研究成果完成后，申请专利的权利属于乙公司。乙公司派出的两名研发人员与甲大学派出的两名博士生均对发明的完成作出了创造性贡献。下列说法正确的是？

A. 由于是合作开发，而且双方的工作人员均对发明作出了创造性贡献，因此该专利权应当由甲大学与乙公司共有

B. 由于是乙公司的两名研发人员和甲大学的两名博士生作出的发明，因此该专利权应当由该两名博士生和两名研发人员共有

C. 对发明创造作出贡献的乙公司的两名研发人员和甲大学的两名博士生均有获得奖励、报酬的权利

D. 由于乙公司的两名研发人员与甲大学的两名博士生均对发明的完成作出了创造性贡献，甲大学和乙公司无权约定申请专利的权利仅仅属于乙公司

【解题思路】

两个以上单位或者个人合作完成的发明创造、一个单位或者个人接受其他单位或者个人委托所完成的发明创造，除另有协议的以外，申请专利的权利属于完成或者共同完成的单位或者个人。因此本题中发明创造来自于甲大学和乙公司的合作开发项目，二者有权利对专利申请的权利进行约定，选项A、D均错误。对于完成发明创造的乙公司的两名研发人员和甲大学的两名博士生，其行为均属于职务行为，其无权享有专利申请权，但有取得奖励、报酬的权利。因此选项B错误，选项C正确。

【参考答案】C

【例K07-2】甲公司委托乙研究所对一款新能源电池产品进行技术改进，甲公司提供全部的资金和设备。乙研究所经过努力工作，对该款新能源电池作出了实质性改进，且改进效果显著。双方在委托合同中约定甲公司对改进的新能源电池产品享有投入生产的权利，但未就申请专利事宜作出约定。基于以上事实，下列说法正确的是？

A. 申请专利的权利属于乙研究所，因为甲公司、乙研究所未就申请专利事宜作出约定

B. 申请专利的权利属于甲公司，因为甲公司提供了全部的资金和设备

C. 申请专利的权利属于甲公司和乙研究所共有，因为甲公司提供了资金和设备，而乙研究所作出了发明

D. 申请专利的权利属于甲公司，因为甲公司对改进的新能源电池产品享有投入生产的权利

【解题思路】

一个单位或者个人接受其他单位或者个人委托所完成的发明创造，除另有协议的以外，申请专利的权利属于完成或者共同完成的单位或者个人；申请被批准后，申请的单位或者个人为专利权人。本题中甲公司和乙研究所之间很明确是委托关系，因此在对申请专利的权利没有约定的情况下，归乙研究所，选项A正确，其他选项均错误。

【参考答案】A

【例K07-3】甲公司委托乙研究所开发一款新能源电池产品。在开发过程中，根据工作需要，甲公司派技术人员赵工参与了乙研究所的开发工作。赵工与乙研究所的科研人员一道对所开发的新能源电池产品作出了创造性贡献。如果甲公司和乙研究所签订的委托合同中没有就申请专利事宜作出约定，则下列说法正确的是？

A. 申请专利的权利应当属于甲公司

B. 申请专利的权利应当属于乙研究所

C. 申请专利的权利应当属于甲公司和乙研究所

D. 申请专利的权利应当属于甲公司的赵工和乙研究所共有

【解题思路】

执行本单位的任务所完成的发明创造，申请专利的权利属于该单位。本题中对发明创造作出实质性贡献的是甲公司的赵工和乙研究所的科研人员，均属于职务发明创造，因此选项D错误，申请专利的权利属于甲公司和乙研究所。在实际开发新产品的过程中，甲公司和乙研究所之间的委托关系演变成了合作关系，在没有对申请专利的权利作事先约定的情况下，该权利属于有专利申请资格的甲公司和乙研究所共有，选项C正确，选项A、B均错误。

【参考答案】C

【K08】共有权利的行使

1. 本考点的主要考查角度分析

本考点中包含的关键词有：专利申请权、专利权、可单独行使、必须全体共有人同意行使。本考点考查角度如图1-9所示。

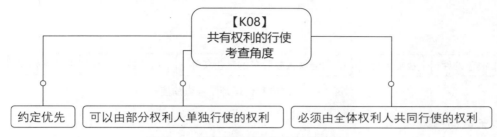

图1-9 "共有权利的行使"考查角度

2. 关键词释义

（1）约定优先：共有人对共有权利的行使有约定的，从其约定。

（2）没有约定，可以由部分权利人单独行使的权利：①针对专利申请权：与专利申请过程中代表人可以单独行使的权利相同。②针对专利权：普通实施许可、请求作出专利权评价报告、申请行政复议、提起行政/民事诉讼等。

（3）没有约定，必须由全体权利人共同行使的权利：①针对专利申请权：与专利申请过程中代表人不能单独行使的权利相同。②针对专利权：放弃专利权、排他或独占实施许可、专利权质押、提出复审请求、请求无效宣告自己的专利权等。

3. 典型例题及解析

【例K08-1】对于共有的专利权，在共有人无任何约定的情形下，下列哪种行为不必获得全体共有人的同意？

A. 放弃专利权
B. 专利权的普通实施许可
C. 以专利权入股
D. 专利权质押

【解题思路】
授予专利权后，专利权人随时可以主动要求放弃专利权，专利权人放弃专利权的，应当提交放弃专利权声明，并附具全体专利权人签字或者盖章同意放弃专利权的证明材料，或者仅提交由全体专利权人签字或者盖章的放弃专利权声明。因此选项A不符合题意。专利申请权或者专利权的共有人对权利的行使有约定的，从其约定。没有约定的，共有人可以单独实施或者以普通许可方式许可他人实施该专利。因此选项B符合题意。选项C中以专利权入股意味着专利权人将改变为入股的公司，因此属于专利权人转让，应当取得全体共有人的同意，选项C不符合题意。以共有的专利权出质的，除全体共有人另有约定的以外，应当取得其他共有人的同意。因此选项D不符合题意。

【参考答案】B

【K09】专利代理师

1. 本考点的主要考查角度分析

本考点中包含的关键词有：中国人、完全的民事行为能力人、理工科专业、满3年、满

1年、专职、自行接受委托、同时执业、自己申请专利、提无效、保密义务、任职限制、警告、5万元以下、吊销、擅自、停止违法、没收、罚款。本考点考查角度如图1-10所示。

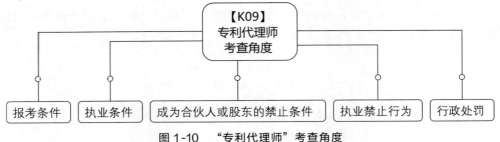

图1-10 "专利代理师"考查角度

2. 关键词释义

(1) 报考时需同时具备的条件：①中国人且为完全的民事行为能力人；②理工科专业专科以上学历；③故意犯罪，刑满释放满3年；④原专利代理师资格证被吊销已满3年。

执业时需同时具备的条件：①完全民事行为能力；②专利代理师资格证；③实习满1年，或者有律师执业经历，或者有3年以上专利审查经历；④专利代理机构的合伙人、股东或正式员工；⑤专职工作。

(2) 成为合伙人或股东的禁止条件：①非完全民事行为能力。②因故意犯罪受过刑事处罚。③不能专职在专利代理机构工作。④离开原单位前，未妥善处理各种尚未办结的专利代理业务。原专利代理机构被撤销、吊销执业许可证的合伙人或者股东、法定代表人自处罚决定作出之日起3年内不得在新单位任合伙人或者股东、法定代表人。

(3) 成为合伙人或专职从事专利代理业务的股东，需具有专利代理师资格证，并有2年以上专利代理师执业经历。

(4) 专利代理师执业规范：①不得自行接受委托。②不得跨所同时执业。③不得以自己的名义申请专利或者提无效。④负有保守秘密的义务。⑤原专利行政部门工作人员，在法律、行政法规规定的期限内不得从事专利代理工作。

(5) 行政处罚：①违背专利代理师执业规范的，由省级人民政府管理专利工作的部门责令限期改正，予以警告，可以处5万元以下的罚款；情节严重或者逾期未改正的，由国务院专利行政部门责令停止承办新的专利代理业务6~12个月，直至吊销专利代理师资格证。②在执业过程中涉及泄露国家秘密、侵犯商业秘密的，或有行贿、提供虚假证据行为的，由国家知识产权局吊销专利代理师资格证。③擅自开展专利代理业务的，由省级人民政府管理专利工作的部门责令停止违法行为，没收违法所得，并处违法所得1~5倍的罚款。

3. 典型例题及解析

【例K09-1】下列哪些说法是正确的？

A. 张某，20岁，某重点大学无机化学专业本科毕业后被保送读研究生，尚未毕业，且腿部有残疾，不符合参加专利代理师资格考试的条件

B. 马某，42岁，工学硕士，因其原取得的专利代理师资格证被吊销，不得再报名参加全国专利代理师资格考试

C. 邱某，35岁，电气工程师，取得专利代理师资格不满1年，不能获得专利代理师执业许可证

D. 陈某，50岁，某公司高管，不能同时作为合伙人或者股东发起设立新专利代理

机构

【解题思路】

报考专利代理师资格考试需同时具备的条件为：①中国人且为完全的民事行为能力人；②理工科专业专科以上学历；③故意犯罪，刑满释放满3年；④原专利代理师资格证被吊销已满3年。选项A错误，张某年满18周岁，即使腿部有残疾，依然是完全民事行为能力人；专业条件满足，因此张某符合参加资格考试的条件。选项B错误，如果马某的专利代理师资格证被吊销已满3年，则符合报名条件。选项C正确，邱某的实习尚不足1年，不符合取得执业许可证的条件。选项D正确，作为合伙人或股东，要求其专职从事专利代理业务，不得兼职。

【参考答案】 CD

【例K09-2】 林某为甲专利代理有限责任公司的股东，无专利代理师资格证。现林某计划作为合伙人之一，与其他人合伙成立新的专利代理机构乙。甲公司计划招募新的股东加盟，在乙代理机构从事专利代理业务的赵某提出了申请。对此，下列说法正确的是？

A. 林某不具有成为合伙人的条件

B. 如果赵某以投资方式加入甲公司同时不离开乙代理机构，则不影响其成为甲公司的新股东

C. 如果赵某曾经因为故意犯罪受到过刑事处罚至今已满5年，则不影响其成为甲公司的新股东

D. 如果赵某在乙代理机构任股东期间，乙代理机构因以欺骗、贿赂等不正当手段取得执业证而被依法撤销尚未满2年的，则赵某不能成为甲公司的新股东

【解题思路】

合伙人应当具有专利代理师资格证，并有2年以上专利代理师执业经历。因此选项A正确。不得作为专利代理机构的合伙人、股东的情形包括：①不具有完全民事行为能力；②因故意犯罪受过刑事处罚；③不能专职在专利代理机构工作；④所在专利代理机构解散或者被撤销、吊销执业许可证，未妥善处理各种尚未办结的专利大量业务。因此选项B错误，赵某要成为甲公司的股东，必须离开乙代理机构，不得兼职。选项C错误，作为股东的，不得有故意犯罪受过刑事处罚的经历。专利代理机构因以欺骗、贿赂等不正当手段取得执业证而被依法撤销、吊销执业许可证的，其合伙人、股东、法定代表人自处罚决定之日起3年内不得在专利代理机构新任合伙人或者股东、法定代表人。因此选项D正确，如果乙代理机构因以欺骗、贿赂等不正当手段取得执业证而被依法撤销、吊销的，身为股东的赵某受到任职限制，需3年后才有资格成为新代理机构的股东或合伙人。

【参考答案】 AD

【例K09-3】 专利代理师在从事专利代理工作中应当遵守以下哪些规定？

A. 专利代理师必须承办专利代理机构委派的专利代理工作，不得自行接受委托

B. 除委托专利代理机构之外，任何单位或个人不得接受委托代理宣告某专利权无效

C. 专利代理师对其在代理业务活动中了解的发明创造的内容，除专利申请已经公布或者公告的以外，负有保守秘密的责任

D. 专利代理机构对所承担的代理业务承担责任，与在代理文件中签名的专利代理师无关

【解题思路】

在专利代理关系中，接受委托人委托的，只能是专利代理机构，而不能是专利代理

师，专利代理师不得自行接受委托。因此选项 A 正确。选项 B 错误，对于非专利代理师的普通公民，也可以作为受托人代理专利相关事务，即公民代理。专利代理师对其在执业过程中了解的发明创造的内容，除专利申请已经公布或者公告的以外，负有保守秘密的义务，因此选项 C 正确。专利代理师对其签名办理的专利代理业务负责。因此专利代理师在代理过程中，有自己独立的法律地位，需对自己的签名承担责任，选项 D 错误。

【参考答案】AC

【K10】专利代理机构

1. 本考点的主要考查角度分析

本考点中包含的关键词有：名称、合伙协议、公司章程、经营场所、2 人、4/5 以上、2 年、2 名、10 名、1 名、3 年、经营异常名录、严重违法失信名单、自己的名义、备案、利益冲突、10 万元、6~12 个月、没收、1~5 倍。本考点考查角度如图 1-11 所示。

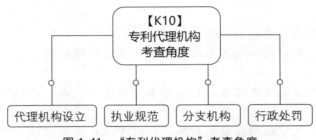

图 1-11 "专利代理机构"考查角度

2. 关键词释义

（1）专利代理机构设立条件：①有适当的名称；②有书面合伙协议或者公司章程；③有独立的经营场所；④合伙人、股东应当为中国公民，且符合相关要求；⑤取得了执业许可证。

（2）代理机构性质：①合伙制：2 名以上合伙人；具有专利代理师资格证，并有 2 年以上专利代理师执业经历。②公司制：5 名以上股东；4/5 以上股东以及公司法定代表人应当具有专利代理师资格证，并有 2 年以上专利代理师执业经历。③律师事务所：应当有 2 名以上合伙人或专职律师具有专利代理师资格证。

（3）设立分支机构：①总代理机构执业时间满 2 年；②总代理机构有 10 名以上专利代理师执业；③分支机构应当有 1 名以上专利代理师执业；④分支机构的负责人不得同时在两个以上的分支机构担任负责人，且应当具有专利代理师资格证；⑤总代理机构 3 年内未受过行政处罚；⑥申请时未被列入专利代理机构经营异常名录或严重违法失信名单；⑦分支机构不得以自己的名义办理专利代理事务；⑧分支机构的设立或撤销需 30 日内向所在地省级知识产权局备案。

（4）专利代理机构执业规范：①对未公开的信息负有保密义务。②不得以自己的名义申请专利或者请求宣告专利权无效。③不得同时接受有利益冲突的当事人的委托。④不得采用不正当手段招揽业务。

（5）行政处罚：①违法从事专利代理业务的，由省级人民政府管理专利工作的部门责令限期改正，予以警告，可以处 10 万元以下的罚款；情节严重或者逾期未改正的，由国务院专利行政部门责令停止承办新的专利代理业务 6~12 个月，直至吊销专利代理机构执业许可证。②在执业过程中涉及泄露国家秘密、侵犯商业秘密的，或有行贿、提供虚假证据行为的,由国家知识产权局吊销专利代理机构执业许可证。③擅自开展专利代理业务的,由省级人民政府管理专利工作的部门责令停止违法行为,没收违法所得,并处违法所得1~5倍的罚款。

3. 典型例题及解析

【例 K10-1】 以下有关专利代理机构的说法哪些是正确的?

A. 合伙制专利代理机构应当由2名以上具有专利代理师资格的合伙人共同出资发起设立

B. 有限责任制专利代理机构应当由5名以上具有专利代理师资格的股东共同出资发起设立

C. 申请设立分支机构的专利代理机构应当具有10名以上专利代理师执业,拟设立的分支机构的负责人应当具有专利代理师资格且有1名以上专利代理师执业

D. 律师事务所开办专利代理业务的,其具有专利代理师资格的专职律师或者合伙人不得少于2名

【解题思路】

合伙制的专利代理机构,要求至少有两个合伙人,且该合伙人需具有专利代理师资格证,并有2年以上专利代理师执业经历。选项A中仅仅强调了合伙人应当具有专利代理师资格这一条件是不够的,因此选项A错误。设立公司制的专利代理机构,应当由5名以上股东发起,其中要求有五分之四以上股东以及公司法定代表人应当具有专利代理师资格证,并有2年以上专利代理师执业经历。因此选项B错误,缺少了从业年限条件。专利代理机构申请设立分支机构的,该专利代理机构应当有10名以上专利代理师执业,分支机构的负责人也应当具有专利代理师资格,且拟设立的分支机构应当有1名以上专利代理师执业,因此选项C正确。对于申请开办专利代理业务的律师事务所,要求该律师事务所具有专利代理师资格的专职律师或者合伙人不得少于2名,因此选项D正确。

【参考答案】 CD

【例 K10-2】 专利代理机构的下列哪些做法不符合相关规定?

A. 不具有办理涉外专利事务资格的专利代理机构接受委托为申请人提出PCT国际申请

B. 为便于该办事机构开展业务活动,专利代理机构授权其办事机构以办事机构的名义办理专利代理业务

C. 专利代理机构就同一内容的专利事务接受有利害关系的两个委托人的委托

D. 专利代理机构拟撤销其办事机构,应当在向专利代理机构所在地的省知识产权局提出申请并获得同意后,再向分支机构所在地的省知识产权局提出申请,最后报经国家知识产权局批准后生效

【解题思路】

目前我国法律法规并未规定对代理涉外专利代理事务实行行政许可,因此依法设立的专利代理机构均有权接受委托代理涉外专利业务,选项A中专利代理机构接受委托人委托办理PCT国际申请事务,并不违反相关规定,不符合题意。专利代理机构的分支机构不得以自己的名义办理专利代理事务;对分支机构办理的专利代理业务,由设立它的专利代理机构承担法律责任,因此选项B符合题意。专利代理机构接受委托后,不得就同一专利申请或者专利权的事务接受有利益冲突的其他当事人的委托。因此选项C中

专利代理机构的行为不符合相关规定，符合题意。对于分支机构的设立、变更或撤销，已经由原来的批准制改为了备案制，因此选项D符合题意。

【参考答案】 BCD

【例K10-3】 甲专利代理机构计划设立乙分支机构，下列说法正确的是？
A. 甲代理机构办理专利代理业务的时间需满2年，且有5名以上专利代理师执业
B. 乙分支机构的专利代理师不得同时在两个以上的分支机构担任负责人
C. 乙分支机构负责人可以是取得专利代理师资格证不满1年的新从业者
D. 甲代理机构设立乙分支机构前3年内不得受过专利代理行政处罚

【解题思路】

设立分支机构的专利代理机构执业时间需满2年，且有10名以上专利代理师执业，因此选项A错误。分支机构的负责人不得同时在两个以上的分支机构担任负责人，因此选项B正确。拟设分支机构应当有1名以上专利代理师执业，并且分支机构负责人应当具有专利代理师资格证，因此选项C正确，专利代理管理办法中要求分支机构负责人要有专利代理师资格证，并未要求其需要有专利代理执业许可证。设立分支机构的专利代理机构近3年内应未受过行政处罚，因此选项D正确。

【参考答案】 BCD

【例K10-4】 以下有关专利代理机构的说法正确的是？
A. 专利代理机构擅自开展专利代理业务的，由地方知识产权局责令停止违法行为，没收违法所得，并处违法所得1倍以上3倍以下的罚款
B. 专利代理机构以隐瞒真实情况、弄虚作假手段取得专利代理机构执业许可证的，由国务院专利行政部门予以吊销
C. 专利代理机构在取得专利代理执业许可证后，股东由原来的6名减少到了4名，国务院专利行政部门应当直接撤销其执业许可证
D. 专利代理机构因重大过失给委托人利益造成损失的，应当受到行政处罚

【解题思路】

对于专利代理机构在执业过程中的违法行为，根据具体情形，由国务院专利行政部门、地方知识产权局给予相应的行政处罚。选项A错误，专利代理机构擅自开展专利代理业务的行为应当受到行政处罚，但罚款数额不正确，应当为"并处违法所得1倍以上5倍以下的罚款"。专利代理执业许可证是国务院专利行政部门颁发的，因此对于执业许可证的撤销或者吊销，也应当由国务院专利行政部门实施该项行政处罚。但是专利代理机构以隐瞒真实情况、弄虚作假手段取得专利代理机构执业许可证的，应当由国务院专利行政部门予以撤销，而不是吊销，因此选项B错误。公司制的专利代理机构，应当至少有5名股东。股东人数少于5名，不再符合设立条件的，国务院专利行政部门将责令限期整改；逾期未改正或者整改不合格，才撤销执业许可证。因此选项C中的直接撤销在程序上是不正确的，选项C错误。专利代理机构因重大过失给委托人利益造成损失的，属于"疏于管理，造成严重后果"的违法情形，因此应当受到行政处罚，选项D正确。

【参考答案】 D

【K11】专利代理监管

1. 本考点的主要考查角度分析

本考点中包含的关键词有：年度报告、公示、经营异常名录、严重违法失信名单。本考点考查角度如图1-12所示。

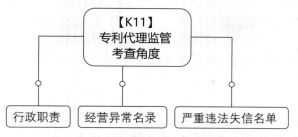

图1-12 "专利代理监管"考查角度

2. 关键词释义

（1）行政职责：国家知识产权局负责全国专利代理机构年度报告、经营异常名录和严重违法失信名单的公示工作；地方管理专利工作的部门负责本行政区域内的专利代理管理工作。

（2）列入经营异常名录：专利代理机构违背职业规范的违法行为，均会导致其被列入经营异常名录。

（3）列入严重违法失信名单：①被列入专利代理机构经营异常名录满3年仍未履行相关义务的。②受到责令停止承接新的专利代理业务的专利代理行政处罚的。③受到吊销专利代理机构执业许可证的专利代理行政处罚的。

3. 典型例题及解析

【例 K11-1】专利代理机构有下列哪些情形，应按照国家有关规定列入严重违法失信名单？

A. 被列入经营异常名录满3年仍未履行相关义务的
B. 提交年度报告时提供虚假信息的
C. 专利代理机构公示信息与行政部门的登记信息不一致的
D. 受到吊销专利代理机构执业许可证的专利代理行政处罚的

【解题思路】

对专利代理机构进行监管，包括要求专利代理机构提交年度报告，依法依规履行专利代理机构的职责，规范专利代理行为。对于存在违法行为的专利代理机构，实行"列入经营异常名录""列入严重违法失信名单"等；对违法行为进行行政处罚；国家知识产权局将与其他相关部门一起对不规范代理行为实施联合惩戒。选项B、C中的情形均属于专利代理机构不认真履行年度报告义务，实施列入经营异常名录并予以公示的处罚，而不是被列入严重违法失信名单。选项A、D中的情形均属于情节恶劣、后果严重的情形，因此将被列入严重违法失信名单。

【参考答案】AD

三、本章同步训练题目

1. 下列说法错误的是？
A. 发明专利权授予先完成发明的人
B. 发明专利申请经初步审查合格，自申请日起满18个月公告授权
C. 自专利授权之日起，专利权人即获得在专利有效期内不受他人约束、自由实施其专利技术以获利的权利
D. 专利的排他权本质上是排除他人对专利权所保护的技术方案不经许可而实施的权利

2. 李工于2019年6月13日完成一项发明创造，并于2019年6月15日下午到当地的国家知识产权局专利代办处面交了专利申请。王教授于2019年6月10日完成了同样的发明创造，并于2019年6月15日通过邮政快递提交申请文件，国家知识产权局受理处于次日上午收到该申请文件。如果两件申请均符合其他授权条件，则专利权应当授予哪位申请人？
   A. 李工
   B. 王教授
   C. 李工和王教授
   D. 李工和王教授协商确定的申请人

3. 下列情形属于非正常申请专利行为的是？
   A. 所提交专利申请存在变造发明创造实验数据或技术效果的
   B. 所提交专利申请的发明创造与申请人实际研发能力及资源条件明显不符的
   C. 不以实施专利技术、设计目的虚假变更发明人、设计人的
   D. 专利代理机构帮助他人实施非正常申请专利行为的

4. 下列说法正确的是？
   A. 专利代办处负责受理专利申请和申请日后提交的各种文件
   B. 国防专利申请经审查认为符合授权条件的，由国防专利机构作出授予专利权的决定
   C. 管理专利工作的部门负责本行政区域内的专利管理工作
   D. 县人民政府设立的管理专利工作的部门不能处理专利侵权纠纷

5. 我国知识产权保护的"双轨制"是指？
   A. 立法保护与司法保护
   B. 民事保护与行政保护
   C. 行政保护与司法保护
   D. 私法保护与公法保护

6. 关于对专利侵权纠纷案件的管辖，下列说法正确的是？
   A. 地方人民政府管理专利工作的部门对在本行政区域内侵犯其同一专利权的案件不得合并处理
   B. 最高人民法院知识产权法庭主要审理专利等专业技术性较强的知识产权上诉案件
   C. 知识产权法庭可以根据案件情况到实地或者原审人民法院所在地巡回审理案件
   D. 不服中级人民法院作出的发明专利第一审民事案件判决的，应当向高级人民法院提起上诉

7. 下列哪些主体可以作为专利法规定的发明人、设计人？
   A. 某大型企业研发中心
   B. 取得了专利代理师资格但未执业的人
   C. 自闭症患者
   D. 无民事行为能力人

8. 李某完成了一项职务发明创造，其单位就此项发明创造提出了发明专利申请。以下哪些说法是正确的？
   A. 在提出专利申请时，李某请求不公布其姓名，则应当在请求书中对"不公布姓名"进行勾选
   B. 在提出专利申请后，李某请求不公布其姓名，则应当提交李某签字或者盖章的书面声明
   C. 在专利申请进入公报编辑后，李某请求不公布其姓名，则其请求将被视为未提出
   D. 李某不公布其姓名的请求被批准后，专利局在专利公报、专利单行本中不公布其姓名，但在专利证书中需写明李某为发明人

9. 下列哪个主体不能作为专利申请人？
   A. 广东省人民政府
   B. 在中国内地没有经常居所的法国人

C. 在中国内地没有营业所的台湾某公司　　　　D. 常住德国的中国人

10. 在中国设有办事处的德国甲公司欲就其一项发明创造在中国申请专利。甲公司通过下列哪种方式办理的专利申请可以被受理？
　　A. 直接通过国家知识产权局电子申请系统提交　B. 委托德国的专利代理机构提交
　　C. 委托中国的专利代理机构提交　　　　　　　D. 指派其在中国的员工乙提交

11. 香港特别行政区居民李某与上海人刘某共同提出了一件发明专利申请。下列哪些说法是正确的？
　　A. 如果该申请的第一署名人为刘某，则无论李某在内地有无经常居所，都无需委托专利代理机构
　　B. 如果李某在内地有经常居所，则无论谁是该申请的第一署名人，都无需委托专利代理机构
　　C. 如果李某在内地没有经常居所，且李某是该申请的第一署名人，则应当委托专利代理机构
　　D. 如果刘某长期居住于美国，则无论谁是该申请的第一署名人，都应当委托专利代理机构

12. 下列有关代表人的说法哪些是正确的？
　　A. 多个申请人以书面形式提出专利申请且未委托专利代理机构的，除请求书中另有声明的外，以请求书中指明的第一申请人为代表人
　　B. 多个申请人提出电子申请且未委托专利代理机构的，以提交电子申请的电子申请用户为代表人
　　C. 申请人为单位且未委托专利代理机构的，其联系人为代表人
　　D. 代表人可以代表全体申请人办理委托专利代理机构的手续

13. 甲公司和乙公司共同申请了一项发明专利。指定甲公司为代表人，则在专利申请过程中甲公司能单独办理下列哪些手续？
　　A. 缴纳专利申请费　　　　　　　　B. 转让专利申请权
　　C. 答复审查意见通知书　　　　　　D. 办理延长期限请求

14. 下列选项中，作出的与工作内容相关的发明创造，属于职务发明创造的是？
　　A. 职工在本职工作中作出的发明创造
　　B. 履行本单位交付的本职工作之外的任务所作出的发明创造
　　C. 退休、调离原单位后或者劳动、人事关系终止后1年内作出的发明创造
　　D. 在发明创造完成后利用本单位的物质技术条件对技术方案进行验证、测试

15. 李教授在新冠肺炎疫情期间临时受聘于甲生物制药公司，负责研发对抗疫情的新药。在此期间，李教授主要利用甲公司的资金、设备、技术资料等开展研发工作。对此，下列说法正确的是？
　　A. 由于李教授是临时受聘人员，其研发成果属于非职务发明创造
　　B. 李教授在离职1年后研发的抗疫新药属于职务发明创造
　　C. 李教授在研发抗疫新药过程中研发出一款治疗普通伤风感冒的药，该药不属于职务发明创造
　　D. 李教授通过支付使用费而利用甲公司的物质技术条件，完成自己原有的一项科研任务，其研发成果属于非职务发明创造

16. 李某完成的一项职务发明创造被授予了发明专利权，其所在的甲公司给予李某的下列奖励或报酬哪些是符合专利法及其实施细则规定的？

A. 在专利授权公告半年后甲公司发给李某 5000 元奖金
B. 甲公司自行实施专利后，每年从实施该专利所得营业利润纳税后提取 2％作为报酬支付给李某
C. 甲公司自行实施专利后，根据估算的未来可能取得的营业利润数额，一次性支付李某 3％作为报酬
D. 甲公司许可乙公司实施该项专利后，从许可实施该项专利收取的使用费中提取 10％作为报酬支付给李某

17. 以下说法正确的是？
A. 由甲、乙、丙和丁合作完成的一项发明创造，在没有约定的情况下，申请专利的权利属于该四人共有
B. 由甲、乙、丙和丁合作完成的一项发明创造，申请专利的权利属于该四人共有，他们不得约定申请专利的权利只属于甲
C. 甲公司以高额研发费用委托乙设计院完成了一项发明创造，但双方未就该发明创造申请专利事宜作出约定，因此该发明创造申请专利的权利属于甲公司
D. 甲公司以高额研发费用委托乙设计院完成了一项发明创造，但双方未就该发明创造申请专利事宜作出约定，因此该发明创造申请专利的权利属于乙设计院

18. 甲公司委托赵工对新能源电池生产方法进行了改进，双方未对该改进方法申请专利的权利作出约定。赵工就改进的新能源电池生产方法向国家知识产权局提出了专利申请并被授予专利权。下列说法正确的是？
A. 由于赵工是受甲公司委托对新能源电池的生产方法进行改进的，因此申请专利的权利应当属于甲公司
B. 甲公司未经赵工许可而使用该改进方法生产和销售新能源电池产品的行为侵犯了赵工的专利权
C. 乙公司经甲公司许可使用该方法生产和销售新能源电池产品的行为侵犯了赵工的专利权
D. 丙公司依照传统方法生产新能源电池产品的行为侵犯了赵工的专利权

19. 甲、乙共有一项专利权，二人未就该专利权的行使进行约定。下列说法正确的是？
A. 甲可以不经乙同意单独实施该专利
B. 乙可以以独占许可的方式许可他人实施该专利
C. 甲在征得乙同意的情况下，可以将其共有的专利权转让给他人
D. 乙在未经甲同意的情况下，可以放弃其共有的专利权

20. 下列哪些说法是正确的？
A. 未满 18 周岁的中国公民赵某，不能报名参加全国专利代理师资格考试
B. 年满 65 周岁的专利代理师李某，不能作为合伙人发起设立新专利代理机构
C. 台湾地区居民张某，20 岁，毕业于中国某大学电气工程专业，可以报名参加全国专利代理师资格考试
D. 王某作为甲专利代理机构的合伙人，1 年前该代理机构执业许可证被吊销，王某可以加入到乙代理机构任法定代表人

21. 下列说法正确的是？
A. 专利代理师在执业期间以自己的名义申请专利的，将受到地方知识产权局的行政处罚
B. 专利代理师在执业过程中泄露委托人的发明创造内容，侵犯商业秘密的，由国务院

专利行政部门吊销其专利代理师资格证

C. 专利代理师擅自开展专利代理业务的，由国务院专利行政部门责令停止违法行为，没收违法所得，并处以罚款

D. 通过弄虚作假手段取得专利代理师资格证的，由国务院专利行政部门撤销其专利代理师资格证

22. 刘某于 2018 年通过了全国专利代理师资格考试，于 2019 年 7 月到甲代理公司工作，2020 年 9 月申请获得了专利代理师执业证。刘某的下列哪些行为不符合相关规定？

A. 刘某作为申请人于 2018 年 6 月向国家知识产权局提交了一件外观设计专利申请

B. 刘某在甲代理公司任职期间，到乙专利代理公司兼职从事有关专利事务方面的咨询工作

C. 刘某在甲代理公司任职期间，在国家知识产权局将其代理的一件发明专利申请公布后，将该专利申请的内容告诉了其好友赵某

D. 刘某在甲代理公司任职期间，以自己的名义接受好友的委托，代理其提交了一件实用新型专利申请，并收取了代理费

23. 下列哪些机构属于专利代理条例中所称的专利代理机构？

A. 甲知识产权公司，该公司由获得专利代理师资格证的王某在市场监督管理部门注册成立

B. 乙公司的知识产权部，该部门的主要职责是为本公司办理专利申请和办理其他专利事务

C. 丙律师事务所，该律师事务所经国务院专利行政部门批准开办专利代理业务

D. 丁知识产权有限责任公司，该公司经国务院专利行政部门批准办理专利代理业务

24. 下列哪些属于取得专利代理机构执业许可证应当提交的材料？

A. 营业执照

B. 专利代理机构的合伙协议书或者公司章程

C. 合伙人身份证或股东身份证扫描件

D. 办公场所证明

25. 下列关于专利代理的说法正确的是？

A. 专利代理师承办专利代理业务，应当与委托人签订委托合同，写明委托事项和委托权限

B. 接受委托的专利代理机构应当以委托人的名义，在代理权限范围内办理专利申请或者办理其他专利事务

C. 专利代理机构接受委托后，不得就同一内容的专利事务接受有利害关系的其他委托人的委托

D. 专利代理师在从事专利代理业务期间，不得请求宣告专利权无效

26. 甲省某专利代理机构在乙省设立分支机构，对于该分支机构的管理，以下做法正确的是？

A. 为便于该分支机构开展业务活动，该专利代理机构许可该分支机构自行接受业务委托

B. 该分支机构的财务由该专利代理机构统一管理

C. 该专利代理机构拟撤销该分支机构时，应当在向甲省知识产权局提出申请并获得同意后，再向乙省知识产权局提出申请

D. 该分支机构的撤销报经国家知识产权局批准后生效

27.甲公司拟请求宣告李某的发明专利权无效。李某申请专利时全权委托了乙专利代理机构，由该机构的专利代理师赵某办理了专利申请事宜。对此，下列哪些说法是正确的？

A.乙专利代理机构可以接受甲公司的委托，并可以委派专利代理师赵某办理请求宣告李某专利权无效事宜

B.甲公司可以自行办理有关无效宣告请求的手续并参加无效宣告程序

C.乙专利代理机构可以接受甲公司的委托，但应当委派除赵某以外的其他专利代理师办理请求宣告李某专利权无效事宜

D.乙专利代理机构不得接受甲公司的委托办理请求宣告李某专利权无效事宜

28.下列关于专利代理机构不当代理行为，应当承担的法律责任的说法正确的是？

A.合伙人、股东或者法定代表人等事项发生变化未办理变更手续，由省、自治区、直辖市人民政府管理专利工作的部门责令限期改正，予以警告，可以处10万元以下的罚款

B.向司法机关提供虚假证据，造成严重后果的，依照有关法律、行政法规的规定承担法律责任

C.以隐瞒真实情况、弄虚作假手段取得专利代理机构执业许可证的，由其所在地的知识产权局撤销专利代理机构执业许可证

D.专业代理机构在执业过程中泄露委托人的发明创造内容，涉及泄露国家秘密的，由国务院专利行政部门吊销其专利代理机构执业许可证

第二章
授予专利权的实质条件

一、本章核心考点

本章包含的核心考点如图 2-1 所示。

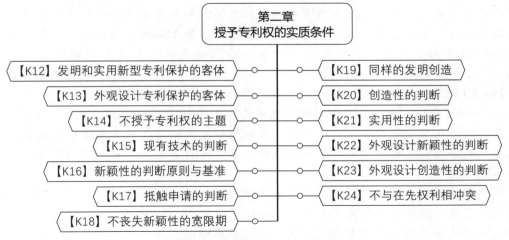

图 2-1 授予专利权的实质条件之核心考点

二、核心考点分析

【K12】发明和实用新型专利保护的客体

1. 本考点的主要考查角度分析

本考点中包含的关键词有：产品发明、方法发明、技术方案、改进、形状、构造、结合、占据一定空间。本考点考查角度如图 2-2 所示。

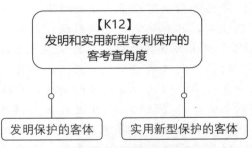

图 2-2 "发明和实用新型专利保护的客体"考查角度

2. 关键词释义

（1）发明专利本质上保护的是一个新的技术方案，该技术方案是一项新产品发明，或者是一项新方法发明，或者是一项对现有产品的改进发明，或者是对现有方法的改进发明。

（2）实用新型专利本质上保护的也是一个新的技术方案，是针对产品的形状，或者是针对产品的构造，或者是针对产品的形状和构造提出的适于实用的新的技术方案。

（3）发明专利保护的产品可以是有形的，也可以是无形的。而实用新型专利仅仅保护具有确定形状、构造且占据一定空间的实体产品。

3. 典型例题及解析

【例 K12-1】 下列哪些不属于实用新型专利保护的客体？

A. 一种钢笔，其特征在于其外壳是由新型碳合金材料制成的

B. 一种松柏盆栽，其特征在于该松柏盆栽是从扦插苗开始培育造型的

C. 一种菱形药片，其特征在于该药片包括a组分、b组分、c组分

D. 一种电缆线，其特征在于该电缆线包括护套、金属屏蔽层、绝缘层和导体

【解题思路】

实用新型专利只保护产品，并且该产品是经过产业方法制造的，要有确定形状、构造并且是占据一定空间的实体。选项A中的钢笔，其特征描述中强调的是外壳材料，而不是形状、构造，因此不属于实用新型专利保护的客体，符合题意。选项B中的盆栽，特征是培育方法，不属于实用新型专利保护的客体，符合题意。选项C中的药片，特征是药片的组分，不属于对形状、构造的改进，因此不属于实用新型保护的客体，符合题意。选项D中的电缆线，特征为内部构造，因此属于实用新型保护的客体，不符合题意。

【参考答案】 ABC

【例 K12-2】 下列关于实用新型专利保护客体的说法哪些是正确的？

A. 一种用于钢带运输和存放的钢带包装壳，由内钢圈、外钢圈、捆带、外护板以及防水复合纸等构成。由于各部分按照技术方案所确定的相互关系将钢带包装起来后形成确定的空间形状，这样的空间形状不具有任意性，则钢带包装壳属于实用新型专利保护的客体

B. 一种由奶油、巧克力等制成的笑脸形状的多层雪糕。由于雪糕在常温下会融化，没有固定形状，因此其不属于实用新型专利保护的客体

C. 一种表面有氧化层的压力锅。由于氧化层在锅的表面形成了氧化层结构，因此属于实用新型专利保护的客体

D. 一种内部装有导流装置的烟囱。由于烟囱由混凝土或砖砌成，属于一种固定建筑物，因此不属于实用新型专利保护的客体

【解题思路】

产品的形状可以是在某种特定情况下所具有的确定的空间形状。选项A中描述的钢带包装壳，具有确定的空间形状，因此属于实用新型专利保护的客体，选项A正确。选项B中描述的多层雪糕，在特定温度下具有确定的形状、构造，因此属于实用新型专利保护的客体，选项B错误。产品的构造是指产品的各个组成部分的安排、组织和相互关系。复合层可以认为是产品的构造，产品的渗碳层、氧化层等属于复合层结构。选项C中的压力锅，其氧化层属于复合层，因此属于实用新型专利保护的客体，选项C正确。选项D中的烟囱，其导流装置属于产品的构造，并且产生实现烟气导流的效果，在建造烟囱时可以重复利用该技术手段，因此属于实用新型专利保护的客体，选项D错误。

【参考答案】 AC

【K13】外观设计专利保护的客体

1. 本考点的主要考查角度分析

本考点中包含的关键词有：产品的整体、产品的局部、形状、图案、色彩、新设计、重复再现、肉眼可看、保护价值、使用价值、人机交互。本考点考查角度如图 2-3 所示。

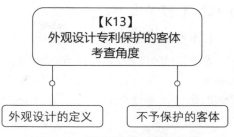

图 2-3 "外观设计专利保护的客体"考查角度

2. 关键词释义

（1）外观设计专利保护的是产品的外观设计，本质上不是技术方案，而是由形状、图案或者其结合以及色彩与形状、图案的结合所作出的富有美感并适于工业应用的新设计，该新设计可以是产品的整体外观设计，也可以是产品的局部外观设计。

（2）从工业应用角度看：非独一无二，有固定形状，非自然物，均属于可重复再现的外观设计。

（3）从视觉角度看：视觉或肉眼可看，不需要借助于特定工具。

（4）从创新性看：非司空见惯，非已有的美术、书法、摄影作品，非平面印刷品。

（5）从用途角度看：不属于不能分割或不能单独出售且不能单独使用的局部设计。

（6）从功能角度看：不是游戏界面以及与人机交互无关的显示装置所显示的图案，如电子屏幕壁纸、开关机画面、与人机交互无关的网站网页的图文排版。

3. 典型例题及解析

【例 K13-1】下列物品属于外观设计专利保护客体的是？

A. 根雕工艺品　　　　　　　　　B. 电脑背包的内部夹层设计
C. 帽子上的花纹设计　　　　　　D. 一幅山水图

【解题思路】

根雕工艺品，利用了植物根部的天然形状，不具有工业应用性，因此不属于外观设计专利保护的客体，选项 A 不符合题意。电脑背包内部的结构化设计，是通常情况下看不到的部位，因此与产品的外观设计无关，不属于外观设计专利保护的客体。选项 B 不符合题意。帽子上的花纹设计，属于对产品的图案进行的外观设计，是外观设计专利授权保护的客体，选项 C 符合题意。一幅山水国画，是纯粹的美术作品，不是外观设计专利保护的客体，选项 D 不符合题意。

【参考答案】C

【例 K13-2】下列选项中，属于外观设计专利保护客体的是？

A. 一种新口感的饮料　　　　　　B. 一种新口感饮料的制作方法
C. 一种造型独特的饮料瓶　　　　D. 一幅关于饮料的宣传海报

【解题思路】

外观设计是指对产品的整体或者局部的形状、图案或者其结合以及色彩与形状、图案的结合所作出的富有美感并适于工业应用的新设计。选项 A 中的保护对象是饮料产品，特征是具有新口感；选项 B 中的保护对象是制作方法，特征是对新口感饮料的制备。选项 A、B 均与产品的外观设计无关，不符合题意。选项 C 中的保护对象是产品的外观设计，属于外观设计专利保护的客体，符合题意。选项 D 中的保护对象是美术作品，不属于外观设计专利保护的客体，不符合题意。

【参考答案】C

【K14】不授予专利权的主题

1. 本考点的主要考查角度分析

本考点中包含的关键词有：违法、14天以内、天然存在、商业规则、管理方法、计算机程序本身、以有生命的人或动物为对象、人工介入、同位素、交换方法、加速方法，主要起标识作用。本考点考查角度如图2-4所示。

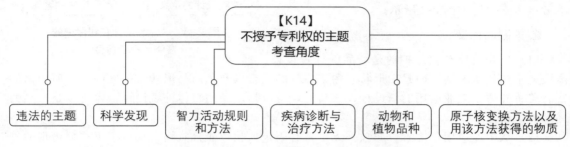

图2-4 "不授予专利权的主题"考查角度

2. 关键词释义

（1）专利法第五条（A5）规定的不授权的：违反法律、社会公德或者妨害公共利益的发明创造，不授予专利权。其情形包括：①处于各个形成和发育阶段的人体，包括人的生殖细胞、受精卵、胚胎及个体的。②发明创造的实施或使用会严重污染环境、严重浪费能源或资源、破坏生态平衡、危害公众健康的。

（2）不能排除授权的：①要求保护人类胚胎干细胞的。②发明创造没有违反法律但因其被滥用而违反法律的。③发明创造的产品的生产、销售或使用受到法律的限制或约束，要求保护该产品本身及其制造方法的。④要求保护医学受精14天以内的人类胚胎分离或者获取干细胞的。⑤发明创造因滥用而可能造成妨害公共利益的，或者发明创造在产生积极效果的同时存在某种缺点的。

（3）专利法第二十五条（A25）规定的不授予专利权的主题：①科学发现；②智力活动的规则和方法；③疾病的诊断和治疗方法；④动物和植物品种；⑤原子核变换方法以及用原子核变换方法获得的物质；⑥对平面印刷品的图案、色彩或者二者的结合作出的主要起标识作用的设计。

（4）科学发现：人们从自然界找到以天然形态存在的物质，是发现，不是发明创造。

（5）智力活动的规则和方法：①仅仅涉及一种算法或数学计算规则的权利要求，不属于专利保护的客体，又包含了技术特征的则不排除授权可能性。②涉及商业模式的权利要求，仅仅包含商业规则和方法内容的权利要求，不属于专利保护的客体，又包含了技术特征的，则不能排除授权的可能性。

（6）疾病的诊断和治疗方法，包括非治疗目的的外科手术方法，由于是以有生命的人或者动物为实施对象，不能被授予专利权。不属于诊断方法和不属于治疗方法的，不排除授权可能性。

（7）动物和植物品种：①对动物和植物品种的非生物学生产方法，可授予专利权。②微生物和微生物方法可获得专利权保护。

（8）原子核变换方法以及用该方法获得的物质：①用原子核变换方法所获得的物质，主要是指各种放射性同位素。②为实现原子核变换而增加粒子能量的粒子加速方法（如电子行波加速法、电子驻波加速法、电子对撞法、电子环形加速法等），属于可被授予发明专利权的客体。③为实现核变换方法的各种设备、仪器及其零部件等,均属于可被授予专利权的客体。

(9) 平面印刷品:对平面印刷品的图案、色彩或者二者的结合作出的主要起标识作用的设计,不授予专利权。

3. 典型例题及解析

【例 K14-1】 下列各项哪些不属于可授予专利权的主题?

A. 一种可有效杀灭农作物害虫的喷雾剂　　B. 一种印制冥币的方法
C. 一种使盗窃者双目失明的防盗装置　　　D. 一种以治疗为目的的人体增高方法

【解题思路】

选项 A 中的喷雾剂为产品,解决的是防治农作物病虫害的技术问题,因此属于可授予专利权的主题,不符合题意。选项 B 中印制冥币,并不被法律所禁止,也满足人们生活中祭祀的需要,因此印制冥币的方法属于可授予专利权的主题,不符合题意。选项 C 中使盗窃者双目失明的防盗装置妨害公共利益,选项 D 属于疾病的治疗方法,均不属于可授予专利权的主题,符合题意。

【参考答案】 CD

【例 K14-2】 下列各项属于可授予专利权主题的是?

A. 一种克隆山羊的方法　　　　　　　B. 一种专利分类法
C. 一款单纯的投币式游戏机　　　　　D. 柴胡具有疏散退热的特性

【解题思路】

选项 A 中克隆山羊的方法违反社会公德,选项 B 属于智力活动规则与方法,选项 D 属于科学发现,均不属于可授予专利权的主题,不符合题意。选项 C 中单纯的投币式游戏机不涉及赌博等非法目的不为法律所禁止,因此属于可授予专利权的主题,符合题意。

【参考答案】 C

【例 K14-3】 下列各项属于不可授予专利权主题的是?

A. 一种审查专利申请的方法
B. 一种利用未经过体内发育的受精一周的人类胚胎分离方法
C. 卤化银在光照下有感光特性
D. 一种同位素辐射测量仪

【解题思路】

选项 A 属于智力活动的规则与方法,选项 C 属于科学发现,均属于不可授予专利权的主题,符合题意。选项 B 中的人类胚胎分离方法,未经过体内发育且受精不超过 14 天,不违反社会公德,属于可授予专利权的主题,不符合题意。选项 D 中的同位素辐射测量仪,解决的是同位素辐射的测量问题,属于可授予专利权的主题,不符合题意。

【参考答案】 AC

【K15】现有技术的判断

1. 本考点的主要考查角度分析

本考点中包含的关键词有:以前、国内外、公众、出版物公开、使用公开、其他方式公开。本考点考查角度如图 2-5 所示。

2. 关键词释义

(1) 概念:现有技术,是指申请日(享有优先权的,指优先权日)以前在国内外为公众所知的技术。

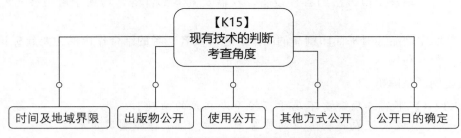

图 2-5 "现有技术的判断"考查角度

(2) 构成现有技术的条件：①时间：对比文件的公开时间在申请日（享有优先权的，指优先权日）以前，不包括申请日当天；②地域：对比文件的公开地点包括国内和国外，即没有地域限制；③内容：对比文件的内容要为公众所知，即现有技术处于公众想要得知就能得知的状态；这里的"公众"是指不受特定条件限制的对象，不包括负有保密义务的人；④公开方式：包括出版物公开、使用公开、其他方式公开三种公开方式。

3. 典型例题及解析

【例 K15-1】某出版物标注的印刷日是 2019 年 11 月，则在专利审查中应如何认定该出版物的公开日？

A. 无法认定其公开日 B. 2019 年 11 月 1 日
C. 2019 年 11 月 30 日 D. 2019 年 12 月 31 日

【解题思路】

出版物的印刷日视为公开日，有其他证据证明其公开日的除外。印刷日只写明年月或者年份的，以所写月份的最后一日或者所写年份的 12 月 31 日为公开日。本题中出版物标注的印刷日是 2019 年 11 月，在专利审查中认定该出版物的公开日期为 2019 年 11 月 30 日。选项 C 正确，其他选项均错误。　　　　　　　　　　　　　　【参考答案】C

【例 K15-2】下列哪些说法是正确的？

A. 某科技图书通过网络出版发行，没有人购买，也没有证据证明有人浏览过该图书，但该书仍然构成公开出版物

B. 在企业内部发行并采取了保密措施的产品测试报告不属于公开出版物

C. 申请日前在外国举办的展览会上发行的出版物中记载的技术构成现有技术

D. 申请日前在中国政府不承认的某外国举办的展览会上展出的展品不构成现有技术

【解题思路】

选项 A 正确，科技图书通过网络出版发行，尽管没有人购买，也没有证据证明有人浏览过该图书，但该书仍然构成公开出版物。选项 B 正确，在企业内部发行并采取了保密措施的产品测试报告，并不为公众所知，因此不属于公开出版物，不构成现有技术。选项 C 正确，出版物在申请日前在外国举办的展览会上发行，为公众所知，因此构成现有技术。选项 D 错误，展品在申请日前在外国举办的展览会上展出，构成使用公开，为公众所知，与中国政府是否承认无关，因此构成现有技术。　　　　　　【参考答案】ABC

【例 K15-3】申请人赵某于 2020 年 4 月 1 日提交了一件发明专利申请，优先权日为 2019 年 5 月 10 日，下列哪些技术构成了该申请的现有技术？

A. 2020 年 3 月 31 日申请人赵某在国内某期刊上公开的技术

B. 2019 年 5 月 10 日在美国某期刊上公开的技术

C. 2019年5月10日之前在法国公开使用的技术

D. 2018年12月1日申请人王某在中国政府主办的国际展览会上公开的技术

【解题思路】

现有技术包括在申请日（有优先权的，指优先权日）以前在国内外出版物上公开发表、公开使用或者以其他方式为公众所知的技术。本题中专利申请的优先权日为2019年5月10日，因此构成该申请的现有技术时间上需满足在优先权日2019年5月10日之前公开，且不需要考虑地域限制。选项A中的出版物公开时间为2020年3月31日，在赵某的优先权日之后，因此不构成现有技术，不符合题意。选项B中的出版物公开时间为2019年5月10日，在赵某的优先权日当天，因此不构成现有技术，不符合题意。选项C中的公开使用时间在赵某的优先权日之前，因此构成现有技术，符合题意。选项D中的公开展览时间为2018年12月1日，在赵某的优先权日之前，因此构成现有技术，符合题意。

【参考答案】 CD

【K16】新颖性的判断原则与基准

1. 本考点的主要考查角度分析

本考点中包含的关键词有：对比文件、相同或实质上相同的技术方案、相同的技术领域、相同的技术问题、产生相同的技术效果、单独对比原则、上位概念、下位概念、惯用手段、数值范围、新用途。本考点考查角度如图2-6所示。

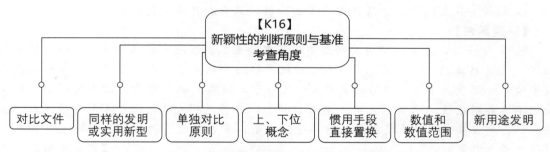

图2-6 "新颖性的判断原则与基准"考查角度

2. 关键词释义

（1）发明或实用新型专利申请三性判断的先后顺序：实用性→新颖性→创造性。

（2）简称：A是发明或实用新型专利申请P中的一个技术方案；Dp是对比文件D中的一个技术方案。

（3）要评价的技术方案的记载位置：A需记载在P的权利要求书中；Dp可以记载在D的全文中的任意位置。

（4）单独对比原则：评价A是否具备新颖性的Dp需仅仅记载在一份对比文件中。

（5）构成同样的发明或实用新型的"四相同"原则，即A和Dp相比，适用于相同的技术领域，采用了相同或实质上相同的技术方案，解决了相同的技术问题，产生相同的技术效果。

（6）评价结果：A与Dp相比，若属于"四相同"，则A无新颖性；如果不属于"四相同"，则A具备新颖性。

（7）判断基准：

① A 中的某个技术特征是下位概念（小范围），Dp 中对应的是上位概念（大范围），则 A 具备新颖性（"大范围"不能否定"小范围"）。

② A 中的数值范围小，Dp 中对应的数值范围大（全部落入，无交叉，无端点重合），则 A 具备新颖性（"大范围"不能否定"小范围"）。

③ A 中的某个技术特征是上位概念（大范围），Dp 中对应的是下位概念（小范围），则 A 不具备新颖性（"小范围"能够否定"大范围"）。

④ A 中的数值范围大，Dp 中对应的数值范围小，或者有交叉，或者有端点重合，则 A 不具备新颖性。

（8）惯用手段，即对于本领域技术人员来说，其属于看到对比文件中的技术手段很容易联想到的另一个常用技术手段。

（9）新用途发明：①已知产品不能破坏新用途的新颖性；②仅仅形式不同而实质上属于相同用途的发明不具备新颖性；③与原作用机理或者药理作用直接等同的用途不具备新颖性；④仅体现在用药过程中的区别特征不能使该用途具备新颖性。

3. 典型例题及解析

【例 K16-1】 下列关于专利新颖性的理解正确的是？

A. 发明或实用新型不属于现有技术的，具备新颖性

B. 具备新颖性的实用新型专利申请要求没有任何单位或者个人就同样的专利申请在申请日以前向专利局提出过申请，并记载在申请日以后公告的专利文件中

C. 判断一件实用新型专利申请是否具备新颖性，只有在其具有实用性后才予以考虑

D. 判断一件发明专利申请是否具备新颖性，只有在其具有创造性后才予以考虑

【解题思路】

选项 A 正确，要求保护的发明或实用新型如果已经被现有技术公开了，则不具备新颖性。选项 B 正确，如果在先申请人已经就同样的专利申请在申请日以前向专利局提出过申请，并记载在申请日以后公告的专利文件中，则构成抵触申请，该实用新型专利申请则不具备新颖性。选项 C 正确，选项 D 错误，一件发明或实用新型专利申请是否具备新颖性，要在确定其具有实用性之后再进行判断；是否具有创造性，要在确定其具备新颖性之后再作判断。

【参考答案】 ABC

【例 K16-2】 申请人李某于 2020 年 7 月 9 日提交了一件发明专利申请。下列哪些事件将不会导致该发明丧失新颖性？

A. 李某于 2020 年 6 月 3 日将一篇介绍该发明内容的文章发表在一份技术刊物上，该技术刊物在特定范围内发行并要求保密

B. 李某于 2020 年 5 月 7 日在其博客中对该发明内容进行了详细介绍

C. 李某于 2020 年 8 月 8 日在某电视台现场直播节目中对该发明内容进行了详细介绍

D. 李某于 2020 年 7 月 9 日在日本某大学作了一次详细介绍该发明内容的公开讲座

【解题思路】

能够导致专利申请丧失新颖性的，首先是在其申请日之前公开的现有技术。选项 A 中李某在申请日之前的发表采取了保密措施，不为公众所知，因此不构成现有技术，不会破坏其专利申请的新颖性，符合题意。选项 B 中李某在申请日之前对其发明内容的介绍构成现有技术，将导致其专利申请丧失新颖性，不符合题意。选项 C 中李某的介绍发生在其申请日之后，选项 D 中李某的公开讲座发生在其申请日当天，因此该两种行为均

不会导致其专利申请丧失新颖性，符合题意。

【参考答案】ACD

【例K16-3】 一件发明专利申请的权利要求书如下：

"1. 一种设备，其特征在于包括部件a、b和c。

2. 根据权利要求1所述的设备，其特征在于还包括部件d。

3. 根据权利要求1或2所述的设备，其特征在于还包括部件e。

4. 根据权利要求3所述的设备，其特征在于还包括部件f。"

审查员检索到构成本申请现有技术的一篇对比文件，其技术方案公开了由部件a、b、c、d、f组成的设备。上述a、b、c、d、e、f为实质不同、且不能相互置换的部件。下列哪些选项是正确的？

A. 权利要求1具备新颖性
B. 权利要求2具备新颖性
C. 权利要求3具备新颖性
D. 权利要求4具备新颖性

【解题思路】

如果现有技术中公开了某权利要求中的全部技术特征，则该权利要求丧失新颖性。本题中对比文件公开的技术方案包含了部件a、b、c、d、f五个技术特征，则公开了权利要求1和权利要求2的全部技术特征，因此权利要求1、2均不具备新颖性，选项A、B均错误。权利要求3中包含两个技术方案，分别是包括部件a、b、c、e和a、b、c、d、e，权利要求4引用权利要求3，也包含两个技术方案，分别包含有部件为a、b、c、e、f和a、b、c、d、e、f，以上四个技术方案中的部件e均是对比文件中没有披露的，因此对比文件不能否定权利要求3、权利要求4的新颖性，选项C、D均正确。

【参考答案】CD

【例K16-4】 以下关于新颖性的判断正确的是？

A. 一种包含10%～35%（重量）锌的铜基形状记忆合金，相对于公开了包含20%（重量）锌的铜基形状记忆合金对比文件，破坏其新颖性

B. 一种拱衬厚度为100～400毫米的热处理台车窑炉，相对于公开了拱衬厚度为80～250毫米的热处理台车窑炉的对比文件，不破坏新颖性

C. 一种干燥温度为30℃、75℃或者100℃的二氧化钛光催化剂的制备方法，相对于公开了干燥温度为40℃～100℃的二氧化钛光催化剂制备方法的对比文件，破坏干燥温度分别为75℃和100℃时权利要求的新颖性

D. 专利申请的权利要求为一种聚合度为100～200的乙烯-丙烯共聚物，相对于公开了聚合度为50～400的乙烯-丙烯共聚物的对比文件，不破坏其新颖性

【解题思路】

涉及数值范围的权利要求的新颖性判断可以简单分为三种情形。情形一：如果对比文件公开的数值范围大于权利要求中要求的数值范围，则该权利要求不丧失新颖性。情形二：如果对比文件公开的数值范围与权利要求中要求的数值范围部分重叠或者有一个共同的端点，则破坏该权利要求的新颖性。情形三：如果对比文件公开的数值范围小于权利要求中要求的数值范围，则该权利要求丧失新颖性。选项A中权利要求的数值范围大，对比文件的数值范围小，属于情形三，因此该权利要求被破坏新颖性，选项A正确。选项B中对比文件和权利要求的数值范围部分重叠，属于情形二，因此该权利要求被破坏新颖性，选项B错误。选项C中要求保护的有三个技术方案，其中干燥温度为75℃的技术方案，落入到了对比文件的数值范围中，符合情形一，该技术方案具备新颖性；干燥温度为100℃的技术方案，与对比文件的数值范围端点相同，符合情形二，该

技术方案丧失新颖性，因此选项C错误。选项D中权利要求的数值范围落入到了对比文件的数值范围中，符合情形一，该技术方案具备新颖性，选项D正确。

【参考答案】AD

【例K16-5】一件发明专利申请的权利要求书如下：

"1.一种锅铲，由手柄、金属制成的锅铲柄和黄铜制成的锅铲头组成。"

对比文件1～4均为现有技术，其内容如下：

对比文件1：一种由锅铲头、锅铲柄和木质手柄组成的锅铲，其中所述锅铲头和锅铲柄用黄铜制成。

对比文件2：一种由手柄、锅铲柄和锅铲头组成的锅铲，其中所述锅铲柄和锅铲头用新型复合材料制成。

对比文件3：一种用竹木制成的锅铲，由手柄、锅铲柄和锅铲头组成。

对比文件4：一种由手柄、锅铲柄和锅铲头组成的锅铲。

下列说法正确的是？

A. 对比文件1破坏权利要求1的新颖性
B. 对比文件2破坏权利要求1的新颖性
C. 对比文件3破坏权利要求1的新颖性
D. 对比文件4破坏权利要求1的新颖性

【解题思路】

对比文件1和权利要求1相比，其手柄为木质，属于手柄的下位概念；锅铲柄用黄铜制成，属于金属锅铲柄的下位概念，因此对比文件1的保护范围落入到权利要求1中，能够破坏权利要求1的新颖性，选项A正确。对比文件2和权利要求1相比，锅铲柄和锅铲头用新型复合材料制成，与权利要求1中的金属制成的锅铲柄和黄铜制成的锅铲头不相同，因此不能破坏权利要求1的新颖性，选项B错误。对比文件3和权利要求1相比，其木质的锅铲柄和锅铲头与权利要求1中的金属制成的锅铲柄和黄铜制成的锅铲头不相同，因此不能破坏权利要求1的新颖性，选项C错误。对比文件4和权利要求1相比，其锅铲柄和锅铲头没有材料上的限制，是权利要求1中的金属制成的锅铲柄和黄铜制成的锅铲头的上位概念，权利要求1要求保护的范围落入对比文件4要求保护的范围中，因此不能破坏权利要求1的新颖性，选项D错误。

【参考答案】A

【K17】抵触申请的判断

1. 本考点的主要考查角度分析

本考点中包含的关键词有：任何单位或个人、专利局、申请日以前、申请日当天、公布、公告。本考点考查角度如图2-7所示。

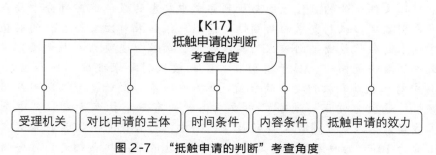

图2-7 "抵触申请的判断"考查角度

2. 关键词释义

（1）含义：抵触申请是指由任何单位或者个人就同样的发明或者实用新型在申请日以前向专利局提出，并且在申请日以后（含申请日）公布的专利申请文件或者公告的专利文件。

（2）抵触申请的效力：对于存在抵触申请的发明或实用新型专利申请，不具备新颖性。

（3）简称：A是发明或实用新型专利申请P中的一个技术方案；Dc是对比文件D中的一个技术方案。

（4）对比条件：A需记载在P的权利要求书中；Dc可以记载在D的权利要求书中，也可以记载在D的说明书中。采用单独对比的原则。

（5）对比文件与待评价专利申请的类型：如果记载A的是一件发明专利申请Pi，则D可以是发明也可以是实用新型专利申请。如果记载A的是一件实用新型专利申请Pu，则D可以是实用新型也可以是发明专利申请。

（6）构成抵触申请的条件：①D的受理主体必须是国家知识产权局；②内容条件：A和Dc属于"四相同"；③时间条件：D的申请日在P的申请日之前，且D的公开日或公告授权日在P的申请日之后（包括申请日当天）。④D的申请人：不限，任何单位或个人，包括P的申请人本人。（注：如果D或P要求了优先权，则以优先权日为评价时间点）

3. 典型例题及解析

【例K17-1】 下列关于"抵触申请"的说法正确的是？

A. 乙的一项实用新型专利必然不构成甲的一项发明专利申请的抵触申请

B. 赵某先后提出的两件发明专利申请必然相互不构成抵触申请

C. 李某在同一日提出的两件发明专利申请必然相互不构成抵触申请

D. 刘某和宋某的发明专利申请若权利要求不同，则必然相互不构成抵触申请

【解题思路】

构成抵触申请的两件专利申请不要求类型一致，因此选项A错误。构成抵触申请的申请人不限身份，包括申请人本人提出的专利申请也可能构成自己的另一件专利申请的抵触申请，选项B错误。同一日提出的两件专利申请之间必然不构成抵触申请，选项C正确。判断是否构成抵触申请，以对比申请的全文与待评价专利申请权利要求书中的一个技术方案进行对比，不限于对比申请的权利要求书，因此选项D错误。

【参考答案】 C

【例K17-2】 李某的一件申请日为2020年1月8日的发明专利申请，优先权日为2019年2月10日。下列内容相同专利申请构成该申请的抵触申请的是？

A. 张某在日本提出的PCT国际申请，其国际申请日为2018年2月10日，国际公布日为2019年1月18日，进入中国国家阶段日为2020年3月7日，中国国家公布日为2020年5月10日

B. 赵某在我国提出的一件实用新型专利申请，申请日为2019年2月9日，该申请于2019年11月10日被公告授权

C. 刘某于2019年2月10日在我国提出一件发明专利申请，2019年8月8日刘某主动撤回了该申请，但该申请仍于2020年6月10日被公布

D. 王某于2019年2月8日在美国提出的一件PCT国际申请，之后没有要求进入中国

【解题思路】

构成抵触申请的专利申请，包括进入中国国家阶段的 PCT 国际申请。选项 D 中王某在美国提出的 PCT 国际申请没有进入中国，因此不构成抵触申请，不符合题意。选项 A 中张某在日本提出的 PCT 国际申请进入了中国国家阶段，如果其他条件满足是可能构成抵触申请的，但是张某这件申请的国际公布日为 2019 年 1 月 18 日，构成了李某的优先权日为 2019 年 2 月 10 日的专利申请的现有技术，因此不构成抵触申请，不符合题意。选项 B 中赵某在我国提出的专利申请的申请日在李某的优先权日之前，授权公告日在李某的优先权日之后，因此满足抵触申请的构成要件，符合题意。选项 C 中刘某的专利申请与李某的优先权日为同一天，因此不构成抵触申请，不符合题意。

【参考答案】B

【例 K17-3】李某于 2019 年 3 月 2 日就同样的发明创造同时提交了实用新型专利申请和发明专利申请。李某发现该实用新型的说明书附图缺少图 2，并于 2019 年 3 月 20 日补交了附图 2。该发明专利申请于 2019 年 10 月 25 日公开。下列哪些说法是正确的？

A. 李某的实用新型专利申请可以保留原申请日 2019 年 3 月 2 日
B. 李某的实用新型专利申请的申请日应当重新确定为 2019 年 3 月 20 日
C. 该发明专利申请破坏该实用新型专利申请的新颖性
D. 该发明专利申请构成该实用新型专利申请的抵触申请

【解题思路】

本题中李某补交附图的行为会导致其实用新型专利申请的申请日的变化，即李某的实用新型专利申请的申请日是 2019 年 3 月 20 日。因此选项 A 错误，选项 B 正确。比较李某的两件专利申请，其发明专利申请的申请日在其实用新型专利申请的申请日之前，公开日在该实用新型专利申请的申请日之后，因此构成抵触申请，李某的发明专利申请破坏了其实用新型专利申请的新颖性，选项 C、D 均正确。

【参考答案】BCD

【K18】不丧失新颖性的宽限期

1. 本考点的主要考查角度分析

本考点中包含的关键词有：6 个月、申请人本人、国家出现紧急状态或者非常情况、为公共利益目的、首次公开、中国政府主办或者承认的国际展览会、规定的学术会议或者技术会议、首次发表、他人未经申请人同意而泄露、声明、证明。本考点考查角度如图 2-8 所示。

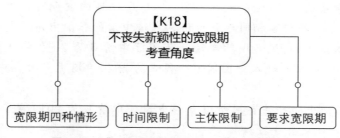

图 2-8 "不丧失新颖性的宽限期"考查角度

2. 关键词释义

（1）不丧失新颖性的宽限期，即在申请日之前 6 个月内发生申请人将专利内容进行公开的四种情形之一的,对于申请人本人来说不视为构成现有设计,不会导致其专利申请丧失新颖性。该四种公开情形为:①在国家出现紧急状态或者非常情况时,为公共利益目的首次公开的。②在中国政府主办或者承认的国际展览会上首次展出的公开行为。③在规定的学术会议或者技术会议上首次发表的公开行为。④他人未经申请人同意而泄露其内容的公开行为。

(2) 主张适用宽限期:①要求享有宽限期的申请人与实施四种公开行为的行为人一致;②申请人提出专利申请的申请日与四种公开行为发生时间之间不超过6个月;③申请人提出专利申请时需同时声明要求享有宽限期;④申请人在提出专利申请之后2个月内出具证明文件,证明前三种情形确有发生;属于第四种情形(他人私自泄露)的,如果专利申请人在提出专利申请前已经获知的,应当在请求书中予以声明,并自申请日起2个月内提交证明文件,证明私自泄露发生的真实情况;如果申请人在申请日之后得知的,应当在得知情况后2个月内提出要求不丧失新颖性宽限期的声明,并附具证明材料;或者在审查员指定期限内提交证明材料。

(3) 首次公开的发生:在国家出现紧急状态或者非常情况时;为公共利益目的;在中国政府主办的国际展览会上;在中国政府承认的国际展览会上。

(4) 首次发表的发生:需发生在由国务院有关主管部门或者全国性学术团体组织召开的学术会议或者技术会议上,不包括在省以下,或受国务院有关主管部门或者全国性学术团体委托或以其名义,组织召开的学术会议或者技术会议上首次发表。

3. 典型例题及解析

【例 K18-1】根据专利法的规定,属于申请人可以要求享有不丧失新颖性的宽限期的情形的是?

A. 在申请日以前6个月内,在中国政府主办或者承认的国际展览会上首次展出
B. 在申请日以前8个月内,在国家出现紧急状态或者非常情况时首次公开
C. 在申请日以前5个月内,在全国性学术团体组织召开的学术会议上首次发表
D. 在申请日以前4个月内,在以国务院有关主管部门名义组织召开的技术会议上首次发表

【解题思路】

申请专利的发明创造在申请日以前6个月内,发生下列情形之一的,不丧失新颖性:①在国家出现紧急状态或者非常情况时,为公共利益目的首次公开的;②在中国政府主办或者承认的国际展览会上首次展出的;③在规定的学术会议或者技术会议上首次发表的;④他人未经申请人同意而泄露其内容的。选项A、C中发生的情形分别属于前述规定中的第②、③种情形,且发生的时间与申请日之间不超过6个月,满足要求,因此申请人均可要求享有不丧失新颖性的宽限期,符合题意。选项B中发生的情形属于前述规定中的第①种情形,但发生的时间与申请日之间超过了6个月,不满足要求,因此申请人不可以要求享有不丧失新颖性的宽限期,不符合题意。选项D中的技术会议组织者不符合规定的情形,不符合题意。

【参考答案】AC

【例 K18-2】李教授于2020年3月1日在卫生健康委员会召开的学术会议上首次公开介绍了一种新型抗新冠肺炎防疫药物。甲公司独立开发出相同产品并在2020年5月5日出版的国际学术刊物上详细介绍了该抗疫药物的核心内容。甲公司和李教授分别于2020年7月20日和2020年8月1日就该抗疫药物提出专利申请。下列哪些说法是正确的?

A. 甲公司独立完成发明并且在李教授之前提出了专利申请,因此应当由甲公司获

得专利权

B. 李教授和甲公司的上述专利申请都不具有新颖性

C. 李教授在该学术会议上公开其发明内容后，其他人就该发明提出的任何专利申请都丧失了新颖性

D. 李教授的专利申请享受 6 个月的宽限期，因此其专利申请具有新颖性

【解题思路】

本题中，李教授于 2020 年 3 月 1 日在卫生健康委员会召开的学术会议上首次公开介绍的行为使得该技术对于公众来说成为了现有技术。甲公司的专利申请日为 2020 年 7 月 20 日，在李教授的首次公开之后，因此甲公司的专利申请不具备新颖性，也不能获得专利权，选项 A 错误。甲公司在 2020 年 5 月 5 日出版的国际学术期刊上的介绍行为构成出版物公开。该公开行为发生在甲公司的专利申请日 2020 年 7 月 20 日和李教授的专利申请日 2020 年 8 月 1 日之前，构成了现有技术，因此甲公司、李教授的专利申请均不具备新颖性，选项 B 正确。选项 D 错误，李教授的专利申请对其首次公开行为享有宽限期，但由于甲公司的公开依然丧失新颖性。选项 C 正确，李教授的首次公开只能对其本人的专利申请产生豁免效力，但对于其他申请人来说，李教授的公开构成现有技术，之后任何其他人就该发明提出的任何专利申请都丧失了新颖性。 【参考答案】BC

【K19】同样的发明创造

1. 本考点的主要考查角度分析

本考点中包含的关键词有：保护范围相同、部分重叠、不完全相同、同一申请人、同日、同样的发明创造、两件专利申请、一发明一实用新型。本考点考查角度如图 2-9 所示。

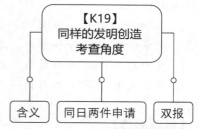

图 2-9 "同样的发明创造"考查角度

2. 关键词释义

（1）含义：同样的发明创造是指两件及两件以上专利申请或专利中，存在保护范围相同的权利要求。

（2）判断标准：①在判断是否为同样的发明创造时，仅对比权利要求。②如果权利要求保护范围仅部分重叠，则不属于同样的发明创造。③区别仅在于数值范围的两项权利要求，只要数值范围不完全相同，就不构成同样的发明创造。

（3）一般同日申请：①申请人相同；②实际申请日或优先权日相同；③申请人就同样的发明创造提交了两件专利申请。

（4）一般同日申请的后续处理：①两件申请均未授权时被发现的，（i）申请人应当进行选择或者修改。（ii）期满不答复的，被视为撤回。（iii）经修改仍属于同样的发明创造的，均予以驳回。②被发现时其中一件已经授权，如果另一件也符合授权条件，则（i）申请人应当对尚未授权的进行修改。（ii）期满不答复的，尚未授权的被视为撤回。（iii）经修改后仍属于同样的发明创造的，驳回尚未授权的专利申请。

（5）双报的条件：①申请人相同；②实际申请日相同；③申请人就同样的发明创造既申请了发明又申请了实用新型；④两件专利申请的请求书中均声明了另一件专利申请的存在。

（6）双报的后续处理：①实用新型首先获得了专利权，发明专利申请经过实质审查也符合授权条件。②授予发明专利权的条件：实用新型专利权尚未终止的，且申请人同意书面声

明放弃，公告授予发明专利权的同时，公告放弃实用新型专利权（一死一生无缝对接）；或者申请人经过修改，将发明专利申请文件中构成同样发明创造的权利要求删除。③发明专利被驳回的情形：（i）此时实用新型专利权已经终止；（ii）申请人不同意放弃实用新型专利权；（iii）申请人对要求选择或修改的通知书不予答复。

3. 典型例题及解析

【例 K19-1】 下列有关发明或者实用新型是否属于同样的发明创造的说法正确的是？

A. 在判断是否为同样的发明创造时，应当将两件发明或者实用新型专利申请或专利权的全文内容进行比较

B. 如果一件专利申请的一项权利要求与另一件具有多项权利要求的专利的某一项权利要求保护范围相同，则它们是同样的发明创造

C. 权利要求保护范围部分重叠的，属于同样的发明创造

D. 同样的发明创造是指两件或两件以上申请或专利中权利要求书的内容全部相同

【解题思路】

在判断是否为同样的发明创造时，应当将两件发明或者实用新型专利申请或专利的权利要求书的内容进行比较，而不是将权利要求书与专利申请或专利文件的全部内容进行比较，选项 A 错误。如果一件专利申请或专利的一项权利要求与另一件专利申请或专利的某一项权利要求保护范围相同，应当认为它们是同样的发明创造，选项 B 正确。权利要求保护范围仅部分重叠的，不属于同样的发明创造，选项 C 错误。同样的发明创造是指两件或两件以上申请（或专利）中存在的保护范围相同的权利要求，选项 D 错误。

【参考答案】 B

【例 K19-2】 申请人李某在同一天提交了两件发明专利申请 X 和 Y，其中 X 的一项权利要求要求保护一种包括步骤 a、b、c 的制备方法，并且加热时间范围为 0~10 小时，Y 的一项权利要求也要求保护一种包括步骤 a、b、c 的制备方法，并且加热时间范围为 5~15 小时。以下说法正确的是？

A. X 和 Y 要求保护的发明是否属于同样的发明创造无法判断

B. X 和 Y 要求保护的发明属于同样的发明创造

C. X 和 Y 要求保护的发明不属于同样的发明创造

D. 李某必须修改申请文件，使 X 和 Y 的权利要求的时间范围不相重叠，才可能被授予专利权

【解题思路】

判断两件专利申请是否构成同样的发明创造，取决于二者有没有存在保护范围相同的权利要求。本题中，X 的加热时间范围为 0~10 小时，Y 的加热时间范围为 5~15 小时，二者加热时间范围不同，权利要求所要求保护的范围就不同，因此不构成同样的发明创造。选项 C 正确，其他选项均错误。

【参考答案】 C

【例 K19-3】 李某在同日就一项发明创造既申请实用新型专利又申请发明专利，且根据专利法实施细则进行了说明。此后，实用新型专利申请被授予了专利权。若发明专利申请符合其他授权条件，则下列哪些说法是正确的？

A. 若实用新型专利权已经终止，则发明专利申请将会被驳回

B. 若李某不同意放弃实用新型专利权，则视为李某放弃取得发明专利权的权利

C. 若李某同意放弃实用新型专利权，则应当提交书面声明

D. 若发明专利申请被授予专利权，则李某的实用新型专利权自公告授予发明专利权之日起终止

【解题思路】

同一申请人同日对同样的发明创造既申请实用新型专利又申请发明专利，先获得的实用新型专利权已经终止的，则根据同样的发明创造仅授予一项专利权的原则，李某的发明专利申请将会被驳回，选项 A 正确。先获得的实用新型专利权尚未终止，如果李某不同意放弃实用新型专利权，根据同样的发明创造仅授予一项专利权的原则，则李某的发明专利申请将会被驳回，选项 B 错误。如果李某书面声明放弃其实用新型专利权，则实用新型专利权自公告授予发明专利权之日起终止，因此选项 C、D 均正确。

【参考答案】 ACD

【K20】创造性的判断

1. 本考点的主要考查角度分析

本考点中包含的关键词有：实质性特点、进步、所属领域的技术人员、组合对比、非显而易见性、节约能源、技术难题、技术偏见、商业上成功、预料不到的技术效果。本考点考查角度如图 2-10 所示。

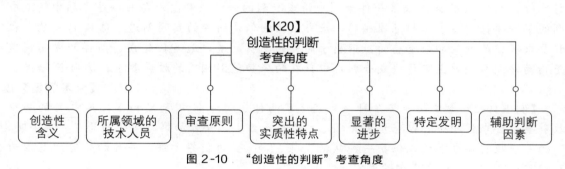

图 2-10 "创造性的判断"考查角度

2. 关键词释义

（1）发明或实用新型专利申请三性判断的先后顺序：①实用性→②新颖性→③创造性。

（2）含义：与现有技术相比，该发明具有突出的实质性特点和显著的进步；该实用新型具有实质性特点和进步，则具有创造性。

（3）评价是否具有创造性：①要从一位所属领域的技术人员的视角来看；②需要考虑该技术方案本身，其所属的技术领域、所解决的技术问题和所产生的技术效果，将其作为一个整体看待。③不限于单独对比，可以组合对比。④一项独立权利要求具有创造性，其从属权利要求必然具有创造性。

（4）具有突出的实质性特点，即对于所属技术领域的技术人员来说，发明相对于现有技术是非显而易见的。现有技术中没有得到发明技术方案的启示。

（5）有显著的进步，即能够产生有益的技术效果，例如节约能源、防治环境污染等。

（6）创造性的辅助判断因素：①解决了技术难题；②克服了技术偏见；③取得了商业上的成功，且该成功是由于发明的技术特征直接导致的，而不是销售技术的改进或者广告宣传造成的。

（7）特定发明的创造性判断，以能够产生预料不到的技术效果为具有创造性的依据：开

拓性发明、组合发明、选择发明、转用发明、已知产品新用途发明。

3. 典型例题及解析

【例K20-1】专利法中"所属技术领域的技术人员"这一概念具有下列哪些含义？
A. 所属技术领域的技术人员是一种假设的"人"
B. 所属技术领域的技术人员不具有创造能力
C. 所属技术领域的技术人员知晓申请日或优先权日之前所有技术领域的普通技术知识
D. 所属技术领域的技术人员能够获知所有技术领域中所有的现有技术，并且具有应用申请日或者优先权日之前的常规实验手段和能力

【解题思路】
所属技术领域的技术人员，是指一种假设的"人"，假定他知晓申请日或者优先权日之前发明所属技术领域所有的普通技术知识，能够获知该领域中所有的现有技术，并且具有应用该日期之前常规实验手段的能力，但他不具有创造能力。因此选项A、B均正确，选项C、D均错误，应当是"所属技术领域"，而不是"所有技术领域"。

【参考答案】AB

【例K20-2】下列关于创造性的说法正确的是？
A. 一项发明是否具备创造性，只有在该发明具备新颖性的条件下才进行判断
B. 判断发明是否具有突出的实质性特点，需要从所属领域技术人员的角度来判断发明相对于现有技术是否显而易见
C. 在评价发明是否具备创造性时，不仅要考虑发明的技术方案本身，还要考虑发明所属技术领域、所解决的技术问题和所产生的技术效果
D. 如果发明是所属技术领域的技术人员在现有技术的基础上仅仅通过合乎逻辑的分析、推理即可得到，则该发明是显而易见的，也就不具备突出的实质性特点

【解题思路】
对于创造性的判断，是在一项发明具有了实用性、新颖性之后才进行判断的，选项A正确。创造性的判断主体是所属领域的技术人员，选项B正确。在评价发明的创造性时，要把发明的技术方案本身、发明所属技术领域、所解决的技术问题和所产生的技术效果作为一个整体来看待，选项C正确。一项发明具备创造性，需要具有非显而易见性，不能是所属技术领域的技术人员在现有技术的基础上仅仅通过合乎逻辑的分析、推理就可得到的，选项D正确。

【参考答案】ABCD

【例K20-3】关于创造性，下列说法正确的是？
A. 判断一项发明是否具备创造性，可以用抵触申请作为对比文件
B. 如果某项从属权利要求具备创造性，则从属于同一独立权利要求的其他权利要求一定具备创造性
C. 判断发明是否显而易见，需要本领域技术人员从最接近的现有技术和发明实际解决的技术问题出发进行判断
D. 发明具有显著的进步，就是要求发明不能有任何负面的技术效果

【解题思路】
只有现有技术才可以用来判断一项发明是否具有创造性，抵触申请不能用来判断创造性，选项A错误。从属权利要求之间需要在其引用的同一独立权利要求基础上增加附

加的技术特征，如果该独立权利要求不具备创造性，则其从属权利要求是否具有创造性，完全取决于其增加的附加技术特征是否对现有技术作出了贡献，因此一项从属权利要求具有创造性，与其他从属权利要求是否具有创造性无关，选项B错误。判断要求保护的发明对于本领域的技术人员来说是否显而易见的，要从最接近的现有技术和发明实际解决的技术问题出发，选项C正确。如果一项发明在某些方面有负面效果，但在其他方面具有明显积极的技术效果，则仍然具有显著的进步，选项D错误。　【参考答案】C

【例 K20-4】下列关于发明的创造性的说法哪些是正确的？

A. 独立权利要求限定的技术方案具备创造性，其从属权利要求限定的技术方案不一定具备创造性

B. 如果发明所产生的技术效果与现有技术相同，即可得出该发明不具有创造性的结论

C. 如果发明在商业上获得的成功是由于其技术特征直接导致的，则该发明具备创造性

D. 对创造性的评价无需考虑创立发明的途径

【解题思路】

从属于某项独立权利要求的从属权利要求，包含了该独立权利要求的全部技术特征。如果该项独立权利要求具备创造性，那么使其具备创造性的技术特征必然包含在从属权利要求中，因此会同样使得从属权利要求具备创造性，因此选项A错误。即使发明所产生的技术效果与现有技术相同，只要技术方案不同，即用不同的方法解决了相同的技术问题，达到了相同的技术效果，该发明仍然是在推动技术进步，是具有创造性的，选项B错误。当发明的产品在商业上获得成功时，如果这种成功是由于发明的技术特征直接导致的，则一方面反映了发明具有有益效果，另一方面也说明了发明是非显而易见的，因而这类发明具备创造性，选项C正确。不管发明者在创立发明的过程中是历尽艰辛，还是唾手可得，都不应当影响对该发明创造性的评价，选项D正确。

【参考答案】CD

【例 K20-5】下列关于创造性的说法正确的是？

A. 如果发明仅仅是从一些已知的可能性中进行选择，而选出的方案未能取得预料不到的技术效果，则该发明不具备创造性

B. 尽管一项产品发明与现有技术相比，省去了一个或多个零部件，但依然能保持该产品原有的全部功能，则该发明具备创造性

C. 对于转用发明而言，只有所述转用能够产生预料不到的技术效果，该转用发明才具备创造性

D. 对于新的化学产品，如果其用途不能从结构或者组成相似的已知产品预见到，可以认为这种用途具备创造性

【解题思路】

如果发明仅是从一些已知的可能性中进行选择，或者发明仅仅是从一些具有相同可能性的技术方案中选出一种，而选出的方案未能取得预料不到的技术效果，则该发明不具备创造性，选项A正确。如果发明与现有技术相比，省去一项或多项要素后，依然保持原有的全部功能，或者带来预料不到的技术效果，则该发明具备创造性，选项B正确。如果转用能够产生预料不到的技术效果，或者克服了原技术领域中未曾遇到的困难，则这种转用发明具备创造性，因此选项C错误。对于新的化学产品，如果该用途不

能从结构或者组成相似的已知产品预见到，可认为这种新产品的用途发明有创造性，选项 D 正确。

【参考答案】 ABD

【例 K20-6】 一件发明专利申请的权利要求如下：

"1. 一种生产化合物 X 的方法，该方法包括：①向化合物 Y 中加入稳定剂 Z，反应 1～3 小时；②分离获得化合物 X。

2. 权利要求 1 所述的方法，其中所述的稳定剂 Z 是植物组合物。

3. 权利要求 1 所述的方法，其中所述的反应时间为 1.5 小时。

4. 权利要求 1 所述的方法制得的化合物 X，该化合物用于医疗仪器的消毒。"

一份对比文件中公开了一种以 Y 为底物生产具有抗菌活性化合物 X 的方法，使用稳定剂 M，反应时间为 1.5 小时。使用稳定剂 Z 对于本领域技术人员来说不是显而易见的，且使用 Z 能取得更好的效果。在上述权利要求得到说明书支持的情况下，哪些权利要求相对于该对比文件具备创造性？

A. 权利要求 1　　　　B. 权利要求 2　　　　C. 权利要求 3　　　　D. 权利要求 4

【解题思路】

本题中对比文件中公开的是一种以 Y 为底物生产具有抗菌活性化合物 X 的方法，使用稳定剂 M，反应时间为 1.5 小时；待评价发明专利申请中权利要求 1～4 要求保护的生产化合物 X 的方法中使用的是稳定剂 Z，该稳定剂 Z 在对比文件中没有披露，因此待评价专利申请中的权利要求 1～3 具备新颖性。因为使用稳定剂 Z 应用于生产化合物 X 的方法对于本领域技术人员来说不是显而易见的，且使用 Z 效果更好，从而说明权利要求 1～3 具有突出的实质性特点和显著的进步，因此具有创造性，选项 A、B、C 均符合题意。由于对比文件中已经披露了具有抗菌活性的化合物 X，因此化合物 X 不具备创造性，即权利要求 4 不具有创造性，选项 D 不符合题意。

【参考答案】 ABC

【K21】 实用性的判断

1. 本考点的主要考查角度分析

本考点中包含的关键词有：能够制造或者使用、能够产生积极效果、无再现性、永动机、南水北调、污染环境、文眉、采熊胆、动物耐受极限温度、烹调、医生处方。本考点考查角度如图 2-11 所示。

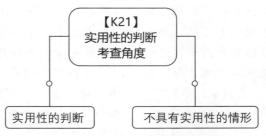

图 2-11 "实用性的判断"考查角度

2. 关键词释义

（1）含义：在产业上能够制造或者使用，并且能够产生积极效果的主题，具有实用性。

（2）判断原则：以申请日提交的专利申请文件记载是整体技术内容为依据。与"是怎样创造出来的"或者"是否已经实施"无关。

（3）实用性的判断基准：①不得无再现性。②不得违背自然规律。③不得是利用自然条件的独一无二的产品。④不得无积极效果。⑤不得是非治疗目的的外科手术方法。⑥不得是用于测量人或动物极限参数。

（4）无实用性的化学发明：菜肴、烹饪方法、医生处方、医生对处方的调剂、具有很大随机性的方法。

3. 典型例题及解析

【例 K21-1】 下列关于实用性的说法哪些是正确的？

A. 具备实用性的发明或者实用新型必须已经实施

B. 具备实用性的发明或者实用新型必须能够重复实施

C. 具备实用性的发明或者实用新型必须符合自然规律

D. 具备实用性的发明或者实用新型必须具备较高的成品率

【解题思路】

实用性与所申请的发明或者实用新型是怎样创造出来的与是否已经实施无关，因此选项 A 错误。具备实用性的发明或者实用新型不能是由自然条件限定的独一无二的产品，应该能够重复实施，因此选项 B 正确。具有实用性的发明或者实用新型专利申请应当符合自然规律。违背自然规律的发明或者实用新型专利申请是不能实施的，因此不具备实用性，选项 C 正确。由于实施过程中未能确保某些技术条件而导致成品率低的，不等于无再现性，选项 D 错误。

【参考答案】 BC

【例 K21-2】 下列发明专利申请所涉及的技术方案哪些不具备实用性？

A. 一种采用双眼皮贴的美容方法，黏性强，不易脱落

B. 一种通过逐渐降低熊的体温，来检测其对寒冷耐受程度的方法

C. 一种利用喜马拉雅山上的无污染空气制造的氧气瓶

D. 一种利用黄河某段的独特地形建造水电站的方法

【解题思路】

选项 A 中的美容方法属于非治疗目的，且采用的是粘贴的方式，对人体不会造成某种程度的危害，因此能够在产业上使用，具备实用性，选项 A 不符合题意。通过逐渐降低人或动物的体温，以测量人或动物对寒冷耐受程度的测量方法属于不具备实用性的方法，严重危害动物的生命安全，选项 B 不具备实用性，符合题意。虽然喜马拉雅山是独一无二的，但该发明并不是利用喜马拉雅山本身，而是利用喜马拉雅山上的无污染空气去制造氧气瓶，因此能够在产业上应用，具备实用性，选项 C 不符合题意。利用黄河某段的独特地形建造水电站，该方法属于利用独一无二的地形地貌特征，因此不具有可再现性，故不具备实用性，选项 D 符合题意。

【参考答案】 BD

【例 K21-3】 下列哪些发明创造符合专利法对实用性的要求？

A. 一种在鸡饲料中添加花粉提高鸡产蛋量的方法

B. 一种采用高压电枪屠宰牛的方法，其特征在于高压电枪电压在 10kV 以上

C. 一种无菌盆景的制作方法，其特征在于把离体培养的无菌苗与装饰材料置于无菌透明的容器内

D. 一种美容方法，其特征在于向人脸部皱纹处填充苹果肌

【解题思路】

在鸡饲料中添加花粉提高鸡产蛋量的方法，具有提高经济效益的积极效果，可以在工业上应用，具备实用性，选项 A 符合题意。采用高电压枪屠宰牛的方法，提高屠宰效率，减少活牲畜的痛苦时间，具有积极有益的效果，具备实用性，选项 B 符合题意。制作无菌盆景方法中的无菌苗、装饰材料、容器等均可以在工业上应用，因此具备实用性，选项 C 符合题意。向人脸部皱纹处填充苹果肌的美容方法，是以人为实施对象的，不具备实用性，选项 D 不符合题意。

【参考答案】 ABC

【例 K21-4】以下关于权利要求的说法哪些是正确的？

A. 独立权利要求不具有新颖性，从属于该独立权利要求的从属权利要求有可能具有新颖性

B. 独立权利要求具有新颖性，从属于该独立权利要求的从属权利要求有可能不具有新颖性

C. 从属权利要求不具有创造性，其所从属的独立权利要求不能具有创造性

D. 从属权利要求不具有实用性，其所从属的独立权利要求有可能具有实用性

【解题思路】

从属权利要求中的附加技术特征，可以是对所引用的权利要求的技术特征作进一步限定的技术特征，也可以是增加的技术特征。因此，从属权利要求与它引用的独立权利要求相比，多了附加的技术特征。当独立权利要求记载的技术特征被对比文件全部披露而不具有新颖性时，如果附加的技术特征是对比文件中没有被披露过的，则该从属权利要求有可能具有新颖性，选项 A 正确。当独立权利要求记载的技术特征没有被对比文件全部披露而具有了新颖性时，其从属权利要求因为必然继承了这个没有被披露的技术特征而具有新颖性，选项 B 错误。由于从属权利要求与它引用的独立权利要求相比，多了附加的技术特征，因此从属权利要求限定的保护范围属于它引用的独立权利要求限定的保护范围的一部分。如果从属权利要求不具有创造性，则说明它引用的独立权利要求中包含有不具有创造性的技术方案，因此该独立权利要求也不具备创造性，选项 C 正确。由于从属权利要求与它引用的独立权利要求相比，多了附加的技术特征，因此如果该附加的技术特征使得该从属权利要求不具备实用性，其所从属的独立权利要求不包含该附加技术特征的情况下，有可能是能够制造或使用，并具有积极效果的，因此具有实用性，选项 D 正确。

【参考答案】ACD

【K22】外观设计新颖性的判断

1. 本考点的主要考查角度分析

本考点中包含的关键词有：一般消费者、现有设计、抵触申请、相同、实质相同。本考点考查角度如图 2-12 所示。

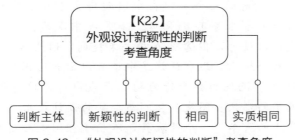

图 2-12 "外观设计新颖性的判断"考查角度

2. 关键词释义

（1）判断主体：外观设计的判断主体为一般消费者。

（2）具备新颖性的条件：①不属于现有设计：是指现有设计中，既没有相同的外观设计，也没有实质相同的外观设计。②不存在抵触申请：在涉案专利申请日以前任何单位或者个人向专利局提出并且在申请日以后（含申请日）公告的同样的外观设计专利申请。

（3）同样的外观设计，是指外观设计相同或者实质相同。

（4）相同的外观设计：产品种类相同、全部设计要素相同。仅属于常用材料的替换，或者仅存在产品功能、内部结构、技术性能或尺寸的不同，而未导致产品外观设计的变化。

（5）实质相同的外观设计，与对比设计相比，区别仅在于：①不易觉察的局部细微差异。②使用时不容易看到或者看不到的部位。③将某一设计要素整体置换为该类产品的惯常设计。④将对比设计作为设计单元做常规重复排列或将其排列的数量做增减变化。⑤互为镜像对称。

3. 典型例题及解析

【例 K22-1】 判断外观设计是否具备新颖性、创造性的判断主体是？

A. 一般消费者 B. 实际消费者
C. 普通设计人员 D. 所属技术领域的技术人员

【解题思路】

在判断外观设计是否符合专利法第二十三条第一款、第二款规定时，应当基于涉案专利产品的一般消费者的知识水平和认知能力进行评价。因此选项 A 正确，其他选项均错误。

【参考答案】A

【例 K22-2】 李某的一项儿童玩具外观设计专利申请的申请日为 2020 年 9 月 23 日，下列属于该申请的现有设计的是？

A. 2020 年 6 月 23 日李某在中国政府主办的上海国际展览会上首次展出了该外观设计产品

B. 2020 年 7 月 14 日法国人托尼在法国香榭丽舍大街老佛爷百货橱窗中陈列的同样的外观设计

C. 现有甲壳虫汽车的形状、图案、色彩与李某的设计在形状、图案、色彩上仅有细微差别

D. 2020 年 8 月 12 日张某就同样的外观设计向国务院专利行政部门提出申请，并于 2020 年 12 月 25 日记载在公告的专利文件中

【解题思路】

申请人在提出专利申请前的 6 个月内在中国政府主办或承认的国际展览会上展出的，可以在提出申请时声明要求享有宽限期。选项 A 中李某需在提出申请时主张宽限期，才对其设计不构成现有设计，但选项 A 中并未提到，因此李某在国际展览会上展出的行为构成现有设计，符合题意。现有设计是申请日以前为国内外公众所知的设计，因此没有地域限制，选项 B 中托尼的公开行为构成李某申请的现有设计，选项 B 符合题意。虽然现有甲壳虫汽车的形状、图案、色彩与李某的设计在形状、图案、色彩上仅有细微差别，但一个是真正的汽车，一个是玩具，不属于相同或相近种类的产品，不构成现有设计，选项 C 不符合题意。选项 D 中张某的外观设计申请日在李某的申请日之前，公告授权在李某的申请日之后，构成抵触申请，不构成现有设计，选项 D 不符合题意。

【参考答案】AB

【例 K22-3】 关于相同或实质相同的外观设计的说法正确的是？

A. 外观设计实质相同的判断仅限于相同种类的产品外观设计
B. 玩具和小摆设的用途是相近的，二者属于相近种类的产品
C. 带 MP3 的手表与手表都具有计时的用途，二者属于相同种类的产品

D. 机械表和电子表内部结构不同，属于相同种类的产品

【解题思路】

外观设计实质相同的判断仅限于相同或者相近种类的产品外观设计，选项 A 错误。玩具和小摆设的用途是相近的，二者属于相近种类的产品，选项 B 正确。带 MP3 的手表与手表都具有计时的用途，二者属于相近种类的产品，选项 C 错误。机械表和电子表尽管内部结构不同，但是它们的用途是相同的，所以属于相同种类的产品，选项 D 正确。

【参考答案】 BD

【例 K22-4】 涉案外观设计专利与对比设计的区别属于下列哪些情形时，涉案专利与对比设计实质相同？

A. 两个装饰外壳设计，区别仅在于一个采用塑料，一个采用新型复合材料
B. 两台设备外观设计，区别仅在于一台是电动机，一台是发电机
C. 两个多用插座，区别仅在于五孔一组的插头，一个包含有 3 组，一个包含有 5 组
D. 两个电饭煲，区别仅在于靠近底部的内插电源接头设计的不同

【解题思路】

外观设计实质相同的判断仅限于相同或者相近种类的产品外观设计，选项 A 中的装饰外壳设计，区别仅在于材料的不同，因此属于相同外观设计，不符合题意。选项 B 中的两台设备，区别仅在于功能的不同，因此属于相同外观设计，不符合题意。选项 C 中的多用插座，区别仅在于数量的不同，属于实质相同的外观设计，符合题意。选项 D 中的电饭煲，区别仅在于不易觉察的部位的设计，因此属于实质相同的外观设计，符合题意。

【参考答案】 CD

【K23】外观设计创造性的判断

1. 本考点的主要考查角度分析

本考点中包含的关键词有：现有设计特征、明显区别、细微变化、自然物、建筑物、转用、组合。本考点考查角度如图 2-13 所示。

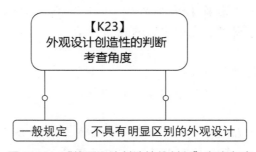

图 2-13 "外观设计创造性的判断"考查角度

2. 关键词释义

（1）创造性判断：该外观设计与现有设计或现有设计特征的组合相比，应当具有明显区别。

（2）对比设计：仅限于相同或者相近种类产品的现有设计。

（3）判断时应综合考虑的因素：①整体观察，区别是否在不易觉察的部位。②区别是否是惯常设计。③区别是否仅在于由产品的功能唯一限定的特定形状。④区别是否仅在于局部

细微变化。⑤包括图形用户界面的产品外观设计,其图形用户界面是否对整体视觉效果具有显著的影响。

(4) 不具有明显区别的转用设计:①单纯采用基本几何形状或者对其仅作细微变化得到的外观设计。②单纯模仿自然物、自然景象的原有形态得到的外观设计。③单纯模仿著名建筑物、著名作品的全部或部分形状、图案、色彩得到的外观设计。④由其他种类产品的外观设计转用得到的玩具、装饰品、食品类产品的外观设计。

(5) 不具有明显区别的组合设计:①将多项现有设计原样或作细微变化后进行直接拼合得到的外观设计。②将产品外观设计的设计特征用另一项产品的设计特征原样或作细微变化后替换得到的外观设计。③将产品现有的形状设计与现有的图案、色彩或其结合通过直接拼合得到该产品的外观设计。④将现有设计中的图案、色彩或其结合替换成其他现有设计的图案、色彩或其结合得到的外观设计。

3. 典型例题及解析

【例 K23-1】甲公司发明了一种冰激凌月饼,在中秋节到来之前销售火爆。之后,甲公司就该冰激凌月饼的相关内容提出专利申请。上述销售行为在下列哪些情形下会构成该专利申请的现有技术/设计?

A. 甲公司提出的是该冰激凌月饼的外观设计专利申请
B. 甲公司提出的是关于该冰激凌月饼形状、构造的实用新型专利申请
C. 甲公司提出的是关于该冰激凌月饼原料配方的专利申请
D. 甲公司提出的是关于该冰激凌月饼的制作方法的专利申请

【解题思路】

甲公司的销售行为构成使用公开,相对于选项 A 中的外观设计专利申请和选项 B 中的实用新型专利申请来说,构成现有设计及现有技术,选项 A、B 均符合题意。由于甲公司的销售行为不会导致原料配方的公开以及制作方法的公开,因此不会影响选项 C 中的关于原料配方的专利申请和选项 D 中的制作方法的专利申请,选项 C、D 均不符合题意。

【参考答案】AB

【例 K23-2】下列哪些情形属于专利法第二十三条第二款所述的"现有设计特征"?

A. 现有设计的形状、图案、色彩要素或者其结合
B. 现有设计的产品名称
C. 现有设计的某组成部分的设计
D. 现有设计整体外观设计产品中的零部件的设计

【解题思路】

现有设计特征,是指现有设计的部分设计要素或者其结合,如现有设计的形状、图案、色彩要素或者其结合,或者现有设计的某组成部分的设计,如整体外观设计产品中的零部件的设计。因此选项 A、C、D 均属于现有设计特征,符合题意。选项 B 中现有设计的产品名称仅仅是一个称谓,不属于规定的现有设计特征,不符合题意。

【参考答案】ACD

【例 K23-3】除产生独特视觉效果外,下列哪些外观设计与现有设计相比不具有明显区别?

A. 单纯采用基本几何形状得到的外观设计
B. 单纯模仿自然景象的原有形态得到的外观设计

C. 单纯模仿著名建筑物的形状、图案、色彩得到的外观设计

D. 由其他种类产品的外观设计转用得到的装饰品的外观设计

【解题思路】

选项 A 属于单纯采用基本几何形状或者对其仅作细微变化得到的外观设计；选项 B 属于单纯模仿自然物、自然景象的原有形态得到的外观设计；选项 C 属于单纯模仿著名建筑物、著名作品的全部或者部分形状、图案、色彩得到的外观设计；选项 D 属于由其他种类产品的外观设计转用得到的玩具、装饰品、食品类产品的外观设计。在没有产生独特视觉效果的情况下，上述外观设计均属于与现有设计相比不具有明显区别的情形，选项 A、B、C、D 均符合题意。

【参考答案】 ABCD

【K24】不与在先权利相冲突

1. 本考点的主要考查角度分析

本考点中包含的关键词有：合法权利、商标权、著作权、企业名称权、商号权、肖像权、知名商品特有包装或者装潢使用权、相同或相似、相同或实质性相似。本考点考查角度如图 2-14 所示。

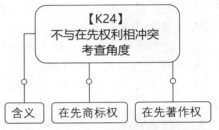

图 2-14 "不与在先权利相冲突"考查角度

2. 关键词释义

（1）含义：一项外观设计不得与他人在申请日（有优先权的为优先权日）之前已经取得的合法权利相冲突。"合法权利"，是指依照我国法律享有并且在涉案专利申请日仍然有效的权利或者权益。

（2）在先合法权利的类型：商标权、著作权、企业名称权（包括商号权）、肖像权以及知名商品特有包装或者装潢使用权等，不包括专利权。

（3）与在先商标权相冲突，是指未经商标所有人许可在外观设计中使用了与在先商标相同或相似的设计，引起误导或产生混淆，从而损害了商标所有人的合法权益。

（4）与在先著作权相冲突，是指未经著作权人许可，使用与其作品相同或实质性相似的设计，从而导致损害了在先著作权人的相关合法权利或权益。

3. 典型例题及解析

【例 K24-1】 授予专利权的外观设计不得与他人在先取得的哪些合法权利相冲突？

A. 商标权   B. 专利权

C. 肖像权   D. 知名商品特有包装使用权

【解题思路】

外观设计不得与他人在先取得的合法权利相冲突。在先合法权利包括商标权、著作权、企业名称权（包括商号权）、肖像权以及知名商品特有包装或者装潢使用权等，但不包括专利权，因此选项 A、C、D 均符合题意，选项 B 不符合题意，在先专利权可以用于评价外观设计的新颖性、创造性。

【参考答案】 ACD

【例 K24-2】 授予专利权的外观设计不得与他人在申请日以前已经取得的合法权利相冲突。判定外观设计专利权与在先权利相冲突的标准是？

A. 外观设计与作品中的设计相同或者实质相同

B. 外观设计与作品中的设计相同或者实质性相似

C. 外观设计与商标权中的商标设计相同或者相似

D. 外观设计与商标权中的商标设计相同或者无明显差别

【解题思路】

与在先著作权相冲突，是指使用了与作品相同或实质性相似的设计，选项 A 错误，选项 B 正确。与在先商标权相冲突，是指使用了与在先商标相同或相似的设计，选项 C 正确，选项 D 错误。

【参考答案】 BC

三、本章同步训练题目

1. 下列哪些主题属于实用新型专利保护的客体？

A. 一种由反光材料制成的跳绳

B. 一种展开后的横截面为半圆形的降落伞

C. 一种主体为空心圆柱体，圆柱体内灌有水银的温度计

D. 一种采用新程序控制的垃圾桶

2. 下列哪项属于实用新型专利保护的客体？

A. 一种复合齿轮，其特征在于将熔制的钢水浇铸到齿模内，冷却、保温后而成

B. 一种药片，其特征在于：该药片是由20％的A组分、40％的B组分及40％的C组分组成

C. 一种建筑沙子，其特征在于将其堆积成圆台状

D. 一种葫芦容器，其特征在于容器主体为葫芦型，容器上口内镶有衬套

3. 下列属于不授予外观设计专利权情形的是？

A. 一种瓶贴，其图案主要用于产生标识作用

B. 一种冰雕，其设计主要是在特定温度下以冰为主要材料雕刻而成

C. 一种电饭煲，其设计要点在于采用了卡通图案的操作面板设计

D. 一种车的外观设计，其设计要点在于汽车底面的外观设计

4. 下列属于外观设计专利保护的客体的是？

A. 可以进行人机交互的网站网页的图文排版   B. 某款游戏的游戏界面

C. 电子屏幕壁纸   D. 依山而建的别墅

5. 下列属于可授予专利权的主题的是？

A. 一种人口统计的方法

B. 一种以治疗为目的的人体增高方法

C. 一种改良被污染海域的方法

D. 一种通过水稻杂交获得超级水稻品种

6. 下列属于不授予专利权的主题的是？

A. 一种实现原子核变换而增加粒子能量的粒子加速方法

B. 一种α射线探伤仪

C. 一种恒温热水器的操作说明

D. 一种以治疗为目的采用冷冻方式的治疗方法

7. 下列各项可授予专利权的是？

A. 一种驯兽的方法   B. 一种同位素质谱计

C. 金银花具有清热解毒的功效   D. 一种伪造汉代文物的方法

8. 下列关于现有技术的说法正确的是？

A. 云南白药的保密配方采取了严格的保密措施，不属于现有技术

B. 放置在展览橱窗内的样品，需要经过破坏才能够得知其结构和功能，不属于使用公开

C. 通过口头交谈披露的技术内容，并没有形成书面文字，不属于现有技术

D. 存在于互联网或其他在线数据库中的资料，不属于出版物公开

9. 张某的一件专利申请的申请日是2020年2月5日，下列哪些技术构成该申请的现有技术？

A. 2020年2月5日在美国出版公开的一项技术

B. 由他人于2020年1月在国际性学术会议上首次发表的技术

C. 在印刷日是2020年2月但无其他证据证明其公开日的某科技杂志上记载的技术

D. 2020年2月5日前出版的印有"内部资料"字样，且确系在特定范围内发行并要求保密的出版物上记载的技术

10. 甲的一项发明专利申请的申请日为2021年2月5日，优先权日为2020年3月6日。下列哪些技术构成了该申请的现有技术？

A. 2020年3月出版的国外某科技专著上公开的与该申请相关的技术

B. 2020年2月在欧洲公开使用的与该申请相关的技术

C. 2020年3月6日在国内某期刊上公开的与该申请相关的技术

D. 2020年2月5日在国内某展览会上公开的与该申请相关的技术

11. 就判断新颖性而言，下列说法正确的是？

A. 一项新技术在一行业研究会举办的学术会议上首次发表，且会议期间对记载该技术的资料未采取任何保密措施，则该技术属于被公开的技术方案

B. 一企业内部发行的刊物上记载的技术方案属于尚未公开的技术方案

C. 李某的学术专著出版后，未销售出一本，同时在情报所的收藏信息中发现该专著也从未被借阅过，因此在李某的专著中记载的技术方案属于尚未公开的技术方案

D. 产品仅仅在一次国际展览会的展示柜中展示不构成对该产品所含发明创造的公开

12. 某发明专利申请的权利要求撰写如下：

"1. 一种铝合金的生产方法，其特征在于加热温度为100～400℃。

2. 一种根据权利要求1的铝合金生产方法，其特征在于加热温度为350℃。"

下列哪些说法是正确的？

A. 如果对比文件公开的铝合金的生产方法中加热温度为400～500℃，则权利要求1不具备新颖性，权利要求2具备新颖性

B. 如果对比文件公开的铝合金的生产方法中加热温度为50～500℃，则权利要求1和权利要求2都具备新颖性

C. 如果对比文件公开的铝合金的生产方法中加热温度为200～500℃，则权利要求1和权利要求2都具备新颖性

D. 如果对比文件公开的铝合金的生产方法中加热温度为250℃，则权利要求1不具备新颖性，权利要求2具备新颖性

13. 以下关于新颖性的判断正确的是？

A. 一种抗拉强度为500MPa钢板相对于抗拉强度为300MPa的普通钢板具备新颖性

B. 一种用于抗病毒的化合物X与一种用作洗涤剂的化合物X相比具备新颖性

C. 一种使用 X 方法制备的钢化玻璃杯与一种用 Y 方法制作的普通玻璃杯相比一定具备新颖性

D. 一种木质锅铲与一种金属锅铲相比具备新颖性

14. 一件申请日为 2021 年 6 月 1 日的发明专利申请中公开了一种组合物，该组合物由植物材料 X 经过步骤 a、b 和 c 加工处理制得，并公开了该组合物可用来杀菌。一篇 2020 年 3 月 1 日公开的文献记载了一种由植物材料 X 经过步骤 a、b 和 c 加工处理制得的染料组合物，该文献没有公开所得组合物可用来杀菌。相对于该篇文献，该申请的下列哪项权利要求具备新颖性？

A. 一种由植物材料 X 经过步骤 a、b 和 c 加工处理制得的组合物，其特征在于该组合物可以杀菌

B. 一种杀菌组合物，该组合物由植物材料 X 经过步骤 a、b 和 c 加工处理制得

C. 一种制备杀菌组合物的方法，该方法包括将植物材料 X 经过步骤 a、b 和 c 加工处理

D. 一种杀菌方法，包括使用有效量的由植物材料 X 经过步骤 a、b 和 c 加工处理制得的一种组合物

15. 甲提出了一件请求保护化合物 X 的专利申请，申请日为 2020 年 7 月 12 日，公布日为 2021 年 12 月 16 日。下列向国家知识产权局提交的哪些申请构成该申请的抵触申请？

A. 乙的一件发明专利申请，申请日为 2020 年 6 月 11 日，公布日为 2021 年 12 月 9 日，其权利要求请求保护化合物 X 的制备方法，说明书中记载了化合物 X 及其制备方法

B. 丙的一件发明专利申请，申请日为 2020 年 6 月 12 日，公布日为 2021 年 12 月 9 日，其权利要求请求保护化合物 X 的制备方法，说明书中记载了化合物 X 的制备方法

C. 丁的一件发明专利申请，申请日为 2020 年 6 月 12 日，公布日为 2021 年 12 月 16 日，请求保护化合物 X1，X1 和 X 的区别仅在于，X 中的催化剂含量为 1%～10%，X1 中的催化剂含量为 3%～8%

D. 戊的一件发明专利申请，申请日为 2020 年 6 月 12 日，公布日为 2021 年 12 月 16 日，仅在说明书摘要中描述了化合物 X

16. 李某提出的一件中国发明专利申请的申请日为 2021 年 3 月 4 日，优先权日为 2020 年 4 月 5 日。下列记载相同发明内容的专利文献构成该申请的抵触申请的是？

A. 张某提出的一件中国实用新型专利申请，申请日为 2020 年 3 月 31 日，授权公告日为 2020 年 10 月 9 日

B. 赵某在韩国提出的一件发明专利申请，申请日为 2020 年 1 月 5 日，公布日为 2021 年 7 月 5 日

C. 刘某向国家知识产权局提出的一件 PCT 国际申请，国际申请日为 2019 年 3 月 9 日，国际公布日为 2020 年 9 月 9 日，进入日为 2021 年 3 月 4 日，中国国家公布日为 2021 年 10 月 16 日

D. 宋某提出的一件中国发明专利申请，申请日为 2020 年 3 月 1 日，申请人于 2021 年 3 月 1 日主动要求撤回专利申请，但该申请仍于 2021 年 3 月 9 日被公布

17. 关于不丧失新颖性的宽限期，下列说法正确的是？

A. 如果申请人在中国政府主办的国际展会上首次展出其发明创造后 6 个月内提出专利申请，在首次展出之后又进行过第二次展出，则申请人不能享有不丧失新颖性的宽限期

B. 如果申请人是为了公共利益而公开的，则自首次公开之日起 12 个月内提出专利申请的，可以要求享有不丧失新颖性的宽限期

C. 申请人将其发明创造在中国政府主办的国际学术会议上首次发表后 6 个月内提出专利申请的，申请人可以要求享有不丧失新颖性的宽限期

D. 申请人在规定的技术会议上首次发表之后，他人通过该学术会议知悉了该发明创造的内容，进而在宽限期内在出版物上公开发表了该发明创造的，将导致该申请丧失新颖性

18. 在专利申请人已办理了相关手续的情况下，下列哪些情形其申请专利的发明创造不丧失新颖性？

A. 专利申请人甲在申请日前 12 个月时在国家出现紧急状态时首次公开了其发明创造

B. 专利申请人乙在申请日前 5 个月时在某全国性学术团体召开的技术会议上首次发表了有关其发明创造的论文

C. 专利申请人丙由于不慎在申请日前 4 个月时将自己的发明创造公布在了互联网上

D. 戊未经专利申请人丁的同意在申请日前 7 个月时泄露了其发明创造的内容，丁在申请日前 2 个月时得知了戊的泄露行为

19. 下列哪些说法是正确的？

A. 在两件发明专利中存在保护范围相同的权利要求就构成重复授权

B. 为防止权利冲突，对于同样的发明创造，不能将多项专利权分别授予不同的申请人，但可以授予同一申请人

C. 两件专利申请或专利的说明书的内容相同的，应当认为所要求保护的发明创造相同

D. 区别仅在于数值范围的两项权利要求，只要数值范围不完全相同，就不构成同样的发明创造

20. 李某于 2020 年 2 月 15 日分别提交了说明书相同的实用新型专利申请 S 和发明专利申请 F，说明书记载了一种产品和制造该产品的方法。S 申请要求保护该产品，F 申请要求保护该产品和制造该产品的方法。S 申请在 2021 年 1 月 15 日被公告授予了实用新型专利权。若 F 申请满足其他授权条件，则下列说法正确的是？

A. 如果李某同意放弃 S 专利权，则 F 申请可以被授权

B. 如果李某不同意放弃 S 专利权，则 F 申请不可能被授权

C. 如果李某将 F 申请中的要求保护产品的权利要求删掉，则修改后的 F 申请可以被授权

D. 由于申请人相同，因此即使李某不同意放弃 S 专利权，F 申请也可以被授权

21. 李某于 2018 年 12 月 11 日向国务院专利行政部门就同样的发明创造同时提交了发明和实用新型专利申请，且根据专利法实施细则进行了说明；实用新型专利申请于 2019 年 6 月 15 日被公告授权；李某在收到审查意见通知书后，于 2020 年 10 月 15 日提交了放弃实用新型专利权的声明，国务院专利行政部门于 2021 年 2 月 15 日针对发明专利申请发出授权通知书并同意李某放弃实用新型专利权，发明专利申请于 2021 年 4 月 15 日被公告授权。下列哪些说法是正确的？

A. 实用新型专利权自 2019 年 6 月 15 日起生效，于 2021 年 2 月 15 日终止

B. 实用新型专利权自 2019 年 6 月 15 日起生效，于 2021 年 4 月 15 日终止

C. 发明专利权自 2021 年 4 月 15 日起生效，实用新型专利权视为自申请日 2018 年 12 月 11 日起即不存在

D. 发明专利权自 2021 年 4 月 15 日起生效，实用新型专利权自该日起终止

22. 下列关于创造性的说法正确的是？

A. 判断创造性时，应当考虑申请日当天公布的专利文献中的技术内容

B. 发明提供了一种技术构思不同的技术方案，其技术效果能够基本上达到现有技术的水平，则可以说明该发明具有显著的进步

C. 发明的某一技术特征与最接近的现有技术的对应特征有区别，则该发明必然具备创造性

D. 评价发明是否具有创造性，只需要考虑其技术方案和要解决的技术问题

23. 下列关于创造性的说法正确的是？

A. 如果发明解决了人们一直渴望解决但始终未能获得成功的技术难题，则该发明具备创造性

B. 如果发明克服了某种技术偏见，采用了人们由于技术偏见而舍弃的技术手段，从而解决了技术问题，则该发明具有创造性

C. 发明在商业上获得成功，则应该认定其具有创造性

D. 如果发明不是历尽艰辛，而是唾手可得的，则该发明不具备创造性

24. 下列发明具备创造性的有？

A. 将油漆组合物中的防腐蚀剂去掉，得到不具有防腐蚀功能的油漆，节约了成本

B. 将电子表粘贴在鱼缸上，得到一种带有电子表的鱼缸

C. 将已知的杀虫剂M用作除草剂，实现了除草效果

D. 甲把应当加入3％的原料因失误加入了30％，但性能上却取得了意料不到的性能提高

25. 某件发明专利申请的权利要求如下：

"1. 一种治疗心血管疾病的药物，其中包含有化合物a和化合物b等，a占60％～85％，b占15％～35％。

2. 权利要求1所述的药物，其中化合物a占80％、化合物b占20％。"

说明书中记载了所述药物的实验效果，化合物a和b联合治疗心血管疾病的有效率约为80％，副作用显著降低。当化合物a和b之间的比例为4∶1时，效果最好，能使药效时间延长。

对比文件1公开了化合物a及其用于治疗心血管疾病的用途，副作用小，但疗效差，有效率近40％。对比文件2公开了化合物b及其用于治疗心血管疾病的用途，化合物b治疗心血管疾病效果较好，有效率约为50％，但副作用明显。下列哪些说法是正确的？

A. 权利要求1相对于对比文件1和2的组合具备创造性

B. 权利要求1相对于对比文件1和2的组合不具备创造性

C. 权利要求2相对于对比文件1和2的组合具备创造性

D. 权利要求2相对于对比文件1和2的组合不具备创造性

26. 下列哪些专利申请中的技术方案不具备实用性？

A. 一种汽车用发动机，其特征在于该发动机能够在汽车运动的过程中产生动力，带动发电机运行，为汽车提供动能

B. 一种提取黑熊胆汁的方法，其特征在于向活体黑熊体内植入连通胆囊的导管，方便提取

C. 一种永久性消除疤痕的美体方法，包括用激光刀头根据疤痕方向去疤痕

D. 一种在奶牛饲料中添加含硒物质得到富硒牛奶的方法

27. 关于专利申请实用性的判断，以下说法正确的是？

A. 实用性要求专利申请主题必须能够在产业上制造或使用，因此专利申请主题为产品

的，该产品都需要由机器设备来制造

B. 一种产品的生产方法，但其成品率极低，因此属于发明无再现性，不具备实用性

C. 非治疗目的的外科手术方法，由于是以有生命的人或者动物为实施对象，无法在产业上使用，不具备实用性

D. 即使专利申请请求保护的产品已经投入生产和销售，也不可依此判断该申请符合有关实用性的规定

28. 在确定外观设计产品种类时，可以考虑的内容有？

A. 产品的名称
B. 国际外观设计分类
C. 产品销售时的货架分类位置
D. 应当以产品的用途是否相同为准

29. 下列属于相近种类的外观设计产品的是？

A. 机械表和电子表
B. 飞机模型和飞机
C. 只有笔尖设计不同的圆珠笔和自动铅笔
D. 毛巾和地毯

30. 李某的一项外观设计专利申请的申请日为 2020 年 9 月 30 日，下列哪些设计能够破坏该申请的新颖性？

A. 2020 年 6 月 1 日李某本人在日本政府主办的展览会上展出了该外观设计产品

B. 2020 年 7 月 7 日在法国某商场橱窗中陈列的设计

C. 2020 年 9 月 30 日公开在某杂志中的设计

D. 2020 年 8 月 12 日张某提出的一件相同外观设计申请，该申请于 2021 年 4 月 20 日公告授予了外观设计专利权

31. 涉案外观设计与现有设计相比，存在下列哪些情形时，该设计不具有明显的区别？

A. 二者的相应设计部分仅有细微差别，且该现有设计中存在启示

B. 将多项现有设计原样进行直接拼合得到的外观设计，但取得了预料不到的视觉效果

C. 将产品外观设计的设计特征用另一项产品的设计特征作细微变化后替换得到的外观设计

D. 将现有设计中的图案与色彩的结合替换成其他现有设计的图案与色彩的结合得到的外观设计

32. 下列哪些情形属于涉案专利与现有设计或者现有设计特征的组合相比不具有明显区别？

A. 涉案专利为蛋糕的外观设计，其设计为常规的圆柱形设计

B. 涉案专利为玩具飞机的外观设计，其形状、图案、色彩与现有波音飞机的形状、图案、色彩仅有细微差别

C. 涉案专利为电冰箱的外观设计，其与申请日前已经公开销售的一款电冰箱仅在开盖方向的设计上对称

D. 涉案专利为一项带花瓶的鱼缸设计，该设计在鱼缸顶部盖板四角粘贴了四个常规形状的花瓶

33. 外观设计专利权不得与他人在申请日以前已经取得的合法权利相冲突，下列选项中，不属于法律规定的在先合法权利的是？

A. 某个即时通信软件的卡通形象

B. 某个著名电影明星的宣传海报

C. 某家百年老店的企业商号

D. 某件基于 VR 视频的人机交互的发明专利

34.李某委托张某设计并制作月饼礼盒,该月饼礼盒以一幅《月儿弯弯》为背景图案。不久,宋某在市场上发现该包装盒上的图案是他的作品《月儿弯弯》并且未经其许可。如果该月饼礼盒的整体设计也构成美术图案,则下列说法正确的是?
A. 李某可以对该月饼礼盒获得外观设计专利
B. 张某可以对该月饼礼盒获得外观设计专利
C. 张某可以对该月饼礼盒获得实用新型专利
D. 李某不能对产品包装盒获得外观设计专利

第三章
对专利申请文件的要求

一、本章核心考点

本章包含的核心考点如图 3-1 所示。

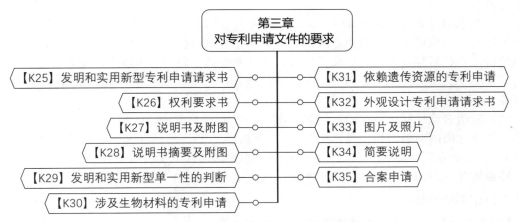

图 3-1 对专利申请文件的要求之核心考点

二、核心考点分析

【K25】发明和实用新型专利申请请求书

1. 本考点的主要考查角度分析

本考点中包含的关键词有：发明人、申请人、真实姓名、真实名称、真实地址、发明名称、优先权声明、宽限期声明、同日申请一发明一实用新型声明、提前公布声明、分案申请。本考点考查角度如图 3-2 所示。

2. 关键词释义

（1）主体信息：①发明人信息；②申请人信息；③请求费减声明；④联系人信息；⑤代表人信息；⑥专利代理机构及专利代理师信息。

（2）与申请有关的主要信息：①发明的名称；②要求优先权的声明；③不丧失新颖性宽限期声明；④同样的发明创造同日申请了发明和实用新型的声明；⑤保密请求；⑥生物材料保藏；⑦遗传资源声明；⑧提前公布申请；⑨摘要附图指定；⑩提出实质审查请求；⑪申请

057

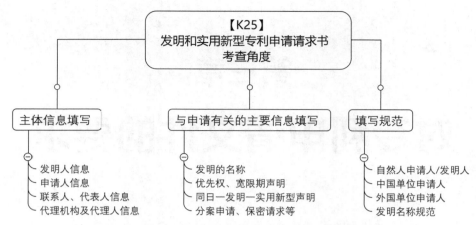

图 3-2 "发明和实用新型专利申请请求书"考查角度

分案等。

(3) 由国家知识产权局填写：①申请号；②分案提交日；③申请日；④费减审批；⑤向外申请审批。

(4) 信息填写规范：①申请人/发明人是自然人的，填写真实姓名，且不得含有学位、职务等称号。②申请人是中国企业或组织的，填写与单位公章一致的正式全称，以及申请人的地址信息，包括邮政编码，以及详细通信地址和电话号码。③申请人是外国企业或其他组织的，填写中文正式译文的全称、中文的外国地址，注明国别、市（县、州），并附具外文详细地址。

(5) 发明名称填写规范：①发明名称中不得含有非技术词语，如人名、商标、型号等；也不得含有含糊的词语，如"及其他""及其类似物"等；也不得仅使用笼统的词语，如仅用"方法""装置""组合物""化合物"等词作为发明名称。②发明名称一般不得超过 25 个字，特殊情况下，如化学领域的某些发明，可以允许最多 40 个字。

3. 典型例题及解析

【例 K25-1】以下有关申请人的说法哪些是正确的？
A. 申请人是个人的，其姓名中不应当含有学位、职务等称号
B. 申请人是单位的，应当填写与公章一致的全称，不得使用缩写或者简称
C. 申请人是个人的，应当使用本人真实姓名，不得使用笔名或者其他非正式的姓名
D. 申请人是外国单位的，请求书中填写中文的单位名称和中文的外国地址，不需要填写外文地址

【解题思路】
申请人是中国单位或者个人的，应当填写其名称或者姓名、地址、邮政编码、组织机构代码或者居民身份证件号码。申请人是个人的，应当使用本人真实姓名，不得使用笔名或者其他非正式的姓名。申请人是单位的，应当使用正式全称，不得使用缩写或者简称。请求书中填写的单位名称应当与所使用的公章上的单位名称一致。因此选项 A、B、C 均正确。请求书中外国的地址应当注明国别、市（县、州），并附具外文详细地址，因此选项 D 错误，外文详细地址也需要填写清楚。

【参考答案】ABC

【例 K25-2】请求书中出现的下列哪些情形不符合规定？
A. XX 大学提交的专利申请中，专利申请人一栏填写的是"XX 大学科研处"

B. 发明名称一栏填写"一种化合物"

C. 正式名称为上海慧杰尚智教育科技有限公司的,在其提交的专利申请中,专利申请人一栏填写的是"慧杰尚智公司"

D. 发明人一栏填写"太阳能自行车研究课题组"

【解题思路】

本题考查的知识点为发明或者实用新型专利申请请求书。

根据专利审查指南的规定,申请人是单位的,应当具有申请人资格,应当使用正式全称,不得使用缩写或者简称。选项A中的"XX大学科研处"明显不具有民事主体资格,因此选项A中的填写不符合规定。选项C中专利申请人一栏未填写单位全称,因此也不符合规定。选项A、C均当选。

请求书中的发明名称应当简短、准确地表明发明专利申请要求保护的主题和类型。发明名称中不得仅使用笼统的词语,致使未给出任何发明信息,如仅用"方法""装置""组合物""化合物"等词作为发明名称。因此,选项B中发明名称一栏填写"一种化合物"不符合规定,选项B当选。

发明人应当是个人,请求书中不得填写单位或者集体,如不得写成"××课题组"等。选项D中发明人一栏填写的"太阳能自行车研究课题组"不是自然人,因此不符合规定,选项D当选。

【参考答案】ABCD

【K26】权利要求书

1. 本考点的主要考查角度分析

本考点中包含的关键词有:化学式、数学式、表格、插图、商业性宣传用语、前序部分、特征部分、必要技术特征、区别技术特征、引用部分、限定部分、附加技术特征、择一、多项引多项、清楚、以说明书为依据、得到说明书的支持。本考点考查角度如图3-3所示。

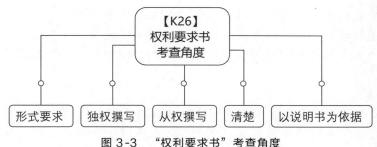

图3-3 "权利要求书"考查角度

2. 关键词释义

(1) 形式要求:权利要求中可以有化学式或数学式,必要时也可以有表格,但不得有插图。不得使用商业性宣传用语。

(2) 独权撰写:①独立权利要求应当从整体上反映发明或者实用新型的技术方案,记载解决技术问题的必要技术特征。②发明或实用新型的独立权利要求应当包括前序部分和特征部分。前序部分写明(i)序号和(ii)主题名称和(iii)与最接近的现有技术共有的必要技术特征;特征部分写明区别于最接近的现有技术的技术特征。

(3) 从权撰写:发明或实用新型的从属权利要求应当包括引用部分和限定部分。①引用部分:写明引用的(i)权利要求的编号及(ii)其主题名称;②限定部分:写明附加的技术特征。③只能以择一方式引用在前的权利要求。④一项多项从属权利要求不得作为另一项多项从属权利要求的引用基础,即不得多项引多项。

(4) 内容要求清楚:①主题名称不得模糊不清,如"一种……技术",不允许在一项权利要求的主题名称中既包含有产品又包含有方法。②内容中不得使用含义不确定的用语;不得出现"例如""最好是"等;不得使用"约""或类似物"等;应尽量避免使用括号。

(5) 权利要求要以说明书为依据,即应当得到说明书的支持:①权利要求中的技术方案在说明书中要有记载。②本领域技术人员依照说明书记载能够重复实施技术方案。③不允许有纯功能性的权利要求。

(6) 满足得到说明书支持的条件:权利要求中的技术方案在说明书中有记载,且能够实现。

3. 典型例题及解析

【例 K26-1】 下列哪些权利要求的主题名称是不符合相关规定的?
A. 一种用于钢水浇铸的模具及其制造方法
B. 一种用于冰块成型的塑料模盒
C. 一种关于钢化玻璃的发明
D. 一种用于消毒杀菌的化合物 X

【解题思路】

权利要求的主题名称应当能够清楚地表明该权利要求的类型是产品权利要求还是方法权利要求,二者只能居其一,选项 A 中既包含了产品又包含了方法,不符合相关规定,选项 A 符合题意。选项 B、D 中的主题名称均为产品,符合规定,均不符合题意。选项 C 中的表述未表明希望保护的是产品还是方法,不符合规定,符合题意。

【参考答案】 AC

【例 K26-2】 下列关于必要技术特征的说法哪些是正确的?
A. 必要技术特征是发明或者实用新型为解决其技术问题所不可缺少的技术特征
B. 实施例中的技术特征通常可以直接认定为必要技术特征
C. 必要技术特征的总和足以构成发明或者实用新型的技术方案
D. 任何一个必要技术特征均可使发明或者实用新型的技术方案区别于背景技术的其他技术方案

【解题思路】

必要技术特征是指发明或者实用新型为解决其技术问题所不可缺少的技术特征,其总和足以构成发明或者实用新型的技术方案,使之区别于背景技术中所述的其他技术方案,选项 A、C 均正确。选项 B 错误,判断某一技术特征是否为必要技术特征,应当从所要解决的技术问题出发并考虑说明书描述的整体内容,不应简单地将实施例中的技术特征直接认定为必要技术特征。选项 D 错误,通常写在独立权利要求前序部分的必要技术特征,是发明或实用新型主题与最接近的现有技术共有的必要技术特征,而不是区别于背景技术的技术特征。

【参考答案】 AC

【例 K26-3】 关于权利要求是否得到说明书的支持,下列哪些说法是正确的?
A. 权利要求概括的技术方案不得超出说明书公开的范围
B. 由于独立权利要求的保护范围大于其从属权利要求,因此如果独立权利要求得到说明书的支持,则应当认为其从属权利要求也得到说明书的支持
C. 权利要求的技术方案在说明书中存在一致性的表述,并不意味着权利要求必然得

到说明书的支持

  D. 纯功能性的权利要求一定得不到说明书的支持

【解题思路】

  权利要求书应当以说明书为依据，是指权利要求应当得到说明书的支持，选项A正确。从属权利要求与其引用的独立权利要求相比，多了附加技术特征。如果从属权利要求的附加技术特征在说明书中没有记载，在其引用的独立权利要求得到说明书支持的情况下，该从属权利要求依然得不到说明书的支持，选项B错误。权利要求的技术方案在说明书中存在一致性的表述，并不意味着权利要求必然得到说明书的支持。只有当所属技术领域的技术人员能够从说明书充分公开的内容中得到或概括得出该项权利要求所要求保护的技术方案时，记载该技术方案的权利要求才被认为得到了说明书的支持。因此选项C正确。纯功能性的权利要求得不到说明书的支持，也是不允许的，选项D正确。

【参考答案】ACD

【例K26-4】下列关于发明专利申请权利要求书的说法哪些是正确的？

  A. 权利要求书有几项权利要求的，应当用阿拉伯数字顺序编号
  B. 独立权利要求应当记载解决发明所有技术问题的必要技术特征
  C. 如果一项权利要求引用了在前的其他权利要求，则该权利要求为从属权利要求
  D. 当发明或者实用新型涉及的某特定形状仅能用图形限定而无法用语言表达时，权利要求可以使用"如图……所示"等类似用语

【解题思路】

  权利要求书有几项权利要求的，应当用阿拉伯数字顺序编号，选项A正确。权利要求书应当记载发明或者实用新型的技术特征，选项B正确。如果一项权利要求引用了在前的其他权利要求，并且属于相同主题，该权利要求才是其所引用的权利要求书的从属权利要求，如果改变了主题，如在前的权利要求保护的是产品，而引用它的权利要求保护的是制造该产品的方法，则后者也是独立权利要求，因此选项C错误。在绝对必要时，可以使用"如说明书……部分所述"或者"如图……所示"的用语，如当发明或者实用新型涉及的某特定形状仅能用图形限定而无法用语言表达时，权利要求可以使用"如图……所示"等类似用语，选项D正确。

【参考答案】ABD

【例K26-5】下列权利要求表述清楚的是？

  A. 一种电磁波微波炉，由电源、磁控管、控制电路和烹调腔等部分组成。
  B. 一种电磁波微波炉，电源向磁控管提供4kV高压。
  C. 一种中央信号报警装置，包括中央处理器、图形处理器和高频放大器。
  D. 一种组合物X，其包括组分a和组分b，其中a的含量占20%～40%（重量）。

【解题思路】

  在一般情况下，权利要求中不得使用"约""接近""等""或类似物"等类似的用语，因为这类用语通常会使权利要求的范围不清楚。选项A中含有"等"字，导致其保护范围不清楚，不符合题意。权利要求中不得使用含义不确定的用语，如"厚""薄""强""弱""高温""高压""很宽范围"等，除非这种用语在特定技术领域中具有公认的确切含义，如放大器中的"高频"。选项B中含有"高压"一词，导致其保护范围不清楚，不符合题意。选项C中的"高频"一词，因为在特定技术领域中具有公认的确切含义，因此不会导致保护范围不清楚，符合题意。除附图标记或者化学式及数学式中使用的括号之外，权利要求中应尽量避免使用括号，以免造成权利要求不清楚，但是选项

D 中括号内的"重量"一词,更加清楚地表明了组分 a 的含量,其表达是清楚的,符合题意。

【参考答案】CD

【例 K26-6】下列哪些权利要求的撰写不符合相关规定?
A. 根据权利要求 1 所述的连接装置,其特征是所述的连接装置的截面为圆环形。
B. 根据权利要求 1 和 2 和 3 所述的连接装置,其特征是所述的连接装置的制作材料为铝。
C. 根据权利要求 2 所述的连接装置,其特征是所述的连接装置与管道采用热熔连接。
D. 根据权利要求 3 所述的连接装置,其特征是可以弯折(例如 45°)。

【解题思路】

从属权利要求应当用附加的技术特征,对引用的权利要求作进一步限定。选项 A、C 均为在引用的权利要求的基础上作了进一步限定,因此其撰写符合规定,不符合题意。选项 B 中没有采用择一连接方式,因此其撰写不符合规定,符合题意。选项 D 中括号内的"例如"一词,导致该权利要求保护的范围不清楚,符合题意。

【参考答案】BD

【K27】说明书及附图

1. 本考点的主要考查角度分析

本考点中包含的关键词有:所属或直接应用的技术领域、引证中国专利文件、引证中国非专利文件和外国文件、所要解决的技术问题、解决该技术问题采用的技术方案、有益效果、优选实施方式、最好给出两端值、工程蓝图、照片。本考点考查角度如图 3-4 所示。

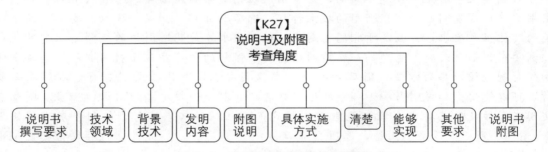

图 3-4 "说明书及附图"考查角度

2. 关键词释义

(1) 说明书撰写要求:①形式上包括:发明名称、技术领域、背景技术、发明内容、附图说明、具体实施方式;②内容上需满足:清楚、完整、能够实现。

(2) 技术领域:写明要求保护的技术方案所属或直接应用的技术领域。

(3) 背景技术:最好引证文件中包括最接近的现有技术。所引证的中国专利文件的公开日不能晚于本申请的公开日;所引证的中国非专利文件和外国文件的公开日应当在本申请的申请日之前。

(4) 发明内容:写明所要解决的技术问题、解决该技术问题采用的技术方案以及有益效果。技术方案中至少应包含独立权利要求的全部必要技术特征,还可以给出包含其他进一步改进的附加技术特征。

(5) 具体实施方式:详细写明申请人认为实现发明或者实用新型的优选方式。涉及数值范围时,最好给出两端值的实施例。

（6）清楚：说明书不得有含糊不清或者模棱两可的表达。

（7）能够实现，是指所属技术领域的技术人员按照说明书记载的内容，就能够实现该发明或者实用新型的技术方案，解决其技术问题，并且产生预期的技术效果。

（8）其他要求：不得使用"如权利要求……所述的……"一类的引用语。说明书文字部分可以有化学式、数学式或者表格，但不得有插图。不得使用商业性宣传用语。

（9）说明书附图：发明专利申请，用文字足以满足清楚、完整、能实现要求的，可以没有附图；实用新型专利申请的说明书必须有附图。附图不得使用工程蓝图、照片，必要时可以增加局部放大图。

3. 典型例题及解析

【例 K27-1】 一项关于挖掘机悬臂的发明，其改进之处是将背景技术中的长方形悬臂截面改为椭圆形截面。其所属技术领域的撰写，符合规定的是？

A. 本发明涉及一种建筑机械

B. 本发明涉及一种挖掘机，特别是涉及一种挖掘机悬臂

C. 本发明涉及挖掘机悬臂的椭圆形截面

D. 本发明涉及一种截面为椭圆形的挖掘机悬臂

【解题思路】

发明或者实用新型的技术领域应当是要求保护的发明或者实用新型技术方案所属或者直接应用的具体技术领域，而不是上位的或者相邻的技术领域，也不是发明或者实用新型本身。选项 A 属于上位的技术领域，选项 C、D 均属于发明本身，因此均不符合规定。选项 B 属于具体的技术领域，符合规定，当选。

【参考答案】 B

【例 K27-2】 在满足其他条件的情况下，下列哪些文件可以作为说明书"背景技术"部分的引证文件？

A. 一份外国专利文件，其公开日在本申请的申请日和公开日之间

B. 一份外国非专利文件，其公开日在本申请的申请日之前

C. 一份中国专利文件，其公开日在本申请的申请日和公开日之间

D. 一份中国非专利文件，其公开日在本申请的申请日和公开日之间

【解题思路】

"背景技术"中的引证文件需满足以下要求：所引证的非专利文件和外国专利文件的公开日应当在本申请的申请日之前；所引证的中国专利文件的公开日不能晚于本申请的公开日。因此选项 A 中的外国专利文件和选项 B 中的外国非专利文件的公开日均应当在本申请的申请日之前，选项 A 不符合题意，选项 B 符合题意。选项 C 中的中国专利文件，其公开日最迟应当在本申请公开日之前，选项 C 符合题意。选项 D 中的中国非专利文件，其公开日应当在本申请的申请日之前，因此选项 D 不符合题意。

【参考答案】 BC

【例 K27-3】 下列关于说明书的说法正确的是？

A. 说明书第一页第一行居中位置应当写明发明名称，并与请求书中的名称一致

B. 说明书应当用阿拉伯数字顺序编写页码

C. 除绝对必要外，发明或者实用新型的说明书中不得使用"如权利要求……所述的……"一类的引用语

D. 原始说明书附图不清晰，可以补交一张清晰的放大图

【解题思路】

说明书第一页第一行应当写明发明名称，该名称应当与请求书中的名称一致，并左右居中，选项A正确。说明书应当用阿拉伯数字顺序编写页码，选项B正确。发明或者实用新型说明书应当用词规范、语句清楚，并不得使用"如权利要求……所述的……"一类的引用语，没有例外，选项C错误。原始说明书附图不清晰的，如果补交一张清晰的放大图，则属于修改超范围，是不允许的，选项D错误。

【参考答案】AB

【例 K27-4】下列关于说明书的说法正确的是？

A. 一项权利要求涉及数值范围100～200，说明书中必须给出100和200两个端值的实施例

B. 说明书文字部分可以有数学式、表格，必要时也可以有插图

C. 涉及计算机程序的发明专利申请，说明书附图中应当给出该计算机程序的主要流程图

D. 发明或者实用新型说明书中出现的附图标记应当加括号

【解题思路】

当权利要求相对于背景技术的改进涉及数值范围时，通常应给出两端值附近（最好是两端值）的实施例。因此选项A错误，不要求必须给出两个端值的实施例。说明书文字部分可以有化学式、数学式或者表格，但不得有插图。因此选项B错误，说明书中不能有插图，但可以有附图。为了清楚、完整地描述该计算机程序的主要技术特征，说明书附图中应当给出该计算机程序的主要流程图，选项C正确。权利要求中的技术特征可以引用说明书附图中相应的标记，该标记应当放在相应的技术特征后并置于括号内，便于理解权利要求。因此选项D错误，附图标记最初出现在说明书中，不需要加括号，在权利要求书中引用时才需要加括号。

【参考答案】C

【例 K27-5】下列关于发明或者实用新型说明书附图的说法哪些是正确的？

A. 如果发明专利申请的文字足以清楚、完整地描述其技术方案，则可以没有附图

B. 如果实用新型专利申请的文字足以清楚、完整地描述其技术方案，则可以没有附图

C. 说明书文字部分中未提及的附图标记不得在附图中出现

D. 说明书附图中不得使用工程蓝图、照片，不得出现文字和符号

【解题思路】

对于发明专利申请，用文字足以清楚、完整地描述其技术方案的，可以没有附图。实用新型专利申请的说明书必须有附图。因此选项A正确，选项B错误。说明书文字部分中未提及的附图标记不得在附图中出现，附图中未出现的附图标记也不得在说明书文字部分中提及，选项C正确。说明书附图不得使用工程蓝图、照片，结构框图、逻辑框图、工艺流程图应当在其框内给出必要的文字和符号。因此选项D错误，对于结构框图这样的附图，必须给出一定的文字、符号加以说明。

【参考答案】AC

【例 K27-6】下列哪些表述属于说明书未充分公开发明或实用新型的情况？

A. 一种用高频电能影响物质的方法，在说明书中只给出一个"用高频电能从气体中除尘"的实施方式

B. 一种控制冷冻时间和冷冻程度来处理植物种子的方法，说明书中仅记载了适用于处理一种植物种子的方法

C. 说明书中仅给出了虽能解决技术问题但效果较差的技术方案，却将最佳实施方案

作为技术秘密保留而未写入说明书

D. 请求保护的发明是一种液态燃料。该燃料包含稳定剂 X。但说明书中并未对该稳定剂 X 作任何具体说明，仅在背景技术部分指出某保密专利具体记载了该稳定剂 X，并提供了具体的保密专利的申请号、授权公告日。

【解题思路】

选项 A 属于一个概括较宽的权利要求，如果说明书中只给出一个"用高频电能从气体中除尘"的实施方式，对高频电能影响其他物质的方法未作说明，而且所属技术领域的技术人员也难以预先确定或评价高频电能影响其他物质的效果，则该权利要求被认为未得到说明书的支持。故选项 A 符合题意。选项 B 属于一个概括较宽的权利要求，如果说明书中仅记载了适用于处理一种植物种子的方法，未涉及其他种类植物种子的处理方法，则该权利要求也被认为未得到说明书的支持。故选项 B 符合题意。选项 C 不属于说明书未充分公开发明或实用新型的情况，原因在于虽然说明书给出的是效果较差的实施方案，但只要能够解决技术问题，就满足了充分公开的要求。故选项 C 不符合题意。选项 D 属于说明书未充分公开发明的情况，原因在于该发明要求保护的产品中包含的稳定剂 X 在说明书中没有具体说明，在背景技术中指出的记载在某保密专利中，由于保密专利是不公开专利的说明书、权利要求书的，因此审查员依然难以获得稳定剂 X 的信息，这样就导致发明记载的技术方案无法实现。故选项 D 符合题意。【参考答案】ABD

【K28】说明书摘要及附图

1. 本考点的主要考查角度分析

本考点中包含的关键词有：技术信息、技术领域、技术方案、技术问题、技术效果、主要用途、摘要附图、300 个字、商业性宣传用语。本考点考查角度如图 3-5 所示。

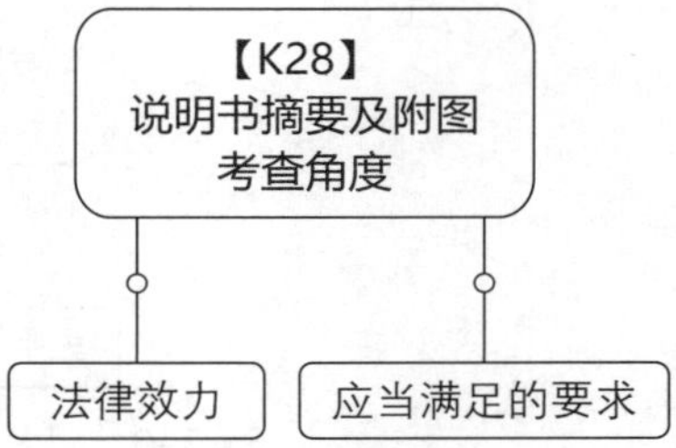

2. 关键词释义

（1）法律效力：摘要是一种技术信息，不具有法律效力，不能作为修改说明书或权利要求书的依据。

图 3-5 "说明书摘要及附图"考查角度

（2）说明书摘要应当满足的要求：①应当写明发明或者实用新型的名称；②应当写明所属技术领域、技术方案、技术问题、技术效果、主要用途；③可以包含最能说明发明的化学式；④有附图的，应当指定一幅摘要附图；⑤文字部分不得超过 300 个字；⑥不得使用商业性宣传用语。

3. 典型例题及解析

【例 K28-1】下列有关说明书摘要的说法哪些是正确的？

A. 说明书摘要是一种技术情报
B. 说明书摘要属于发明原始公开的内容
C. 说明书摘要不能用来解释专利权的保护范围
D. 说明书摘要可以作为修改说明书的依据

【解题思路】

说明书摘要是说明书记载内容的概述，它仅是一种技术信息，不具有法律效力。摘要的内容不属于发明或者实用新型原始记载的内容，不能作为以后修改说明书或者权利要求书的根据，也不能用来解释专利权的保护范围。因此选项 A、C 均正确，选项 B、

D 均错误。

【参考答案】AC

【例 K28-2】关于实用新型专利申请的附图，下列说法哪些是错误的？
A. 说明书摘要附图可以不是说明书附图之一
B. 说明书摘要附图可以是彩色照片
C. 结构复杂的实用新型专利申请允许有两幅摘要附图
D. 说明书摘要和摘要附图不属于实用新型原始记载的内容

【解题思路】

说明书摘要应当有摘要附图，申请人应当提交一幅从说明书附图中选出的能够反映技术方案的附图作为摘要附图。因此选项 A、C 均错误，符合题意，摘要附图需从说明书附图中选取，且只能选取一幅附图作为摘要附图。说明书附图不得使用工程蓝图、照片，摘要附图也是如此，因此选项 B 错误，符合题意。说明书摘要及摘要附图不属于原始记载的内容，不能作为以后修改说明书或者权利要求书的根据，因此选项 D 正确，不符合题意。

【参考答案】ABC

【K29】发明和实用新型单一性的判断

1. 本考点的主要考查角度分析

本考点中包含的关键词有：总的发明构思、相同或相应、特定技术特征。本考点考查角度如图 3-6 所示。

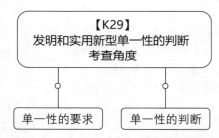

图 3-6 "发明和实用新型单一性的判断"考查角度

2. 关键词释义

（1）单一性的要求：属于一个总的发明构思的两项以上发明，可以作为一件申请提出。具有单一性的权利要求之间，应当包含至少一个相同或相应的特定技术特征。特定技术特征是指让权利要求具有创造性的技术特征。

（2）单一性的判断：①判断权利要求书中各权利要求是否具有对现有技术作出贡献的区别技术特征；②判断权利要求之间是否存在相同或相应的区别技术特征，若存在，则为特定技术特征；③具有相同或相应的特定技术特征的权利要求之间具有单一性，否则不具有单一性。

3. 典型例题及解析

【例 K29-1】一件发明专利申请的权利要求书包括下列权利要求：

权利要求 1：一种新型复合材料 X。

权利要求 2：制备新型复合材料 X 的方法，其特征在于使用 Y 为原料。

权利要求 3：根据权利要求 2 制备新型复合材料 X 的方法，其特征在于所述的原料 Y 是由原料 Z 制备的。

权利要求 4：一种制备原料 Z 的方法，其特征在于使用的高温高压炉，具有形状特征 P。

其中 X、Y、Z、P 均为对现有技术作出贡献的技术特征。请判断以下结论正确的是？

A. 权利要求 1 与权利要求 3 具有单一性
B. 权利要求 1 与权利要求 4 具有单一性
C. 权利要求 2 与权利要求 3 具有单一性
D. 权利要求 3 与权利要求 4 具有单一性

【解题思路】
一件发明或者实用新型专利申请应当限于一项发明或者实用新型。可以作为一件专利申请提出的属于一个总的发明构思的两项以上的发明或者实用新型，应当在技术上相互关联，包含一个或者多个相同或者相应的特定技术特征，其中特定技术特征是指每一项发明或者实用新型作为整体，对现有技术作出贡献的技术特征。本题中由于 X、Y、Z、P 均为对现有技术作出贡献的技术特征，因此权利要求 1~3 因为都具有技术特征 X 而包含有相同的特定技术特征，所以权利要求 1~3 均具有单一性，选项 A、C 均正确。权利要求 1 和权利要求 4 之间没有特定技术特征，因此不具有单一性，选项 B 错误。权利要求 2 和权利要求 3 之间存在特定技术特征 Z，因此具有单一性，选项 D 正确。

【参考答案】ACD

【例 K29-2】一件发明专利申请的权利要求书包括下列权利要求：
权利要求 1：一种制造方法，包括步骤 L 和 M。
权利要求 2：为实施步骤 L 而专门设计的设备。
权利要求 3：为实施步骤 M 而专门设计的设备。
权利要求 4：采用权利要求 1 的制造方法制造的产品 N。
其中 L、M、N 均为对现有技术作出贡献的技术特征。下列说法正确的是？

A. 权利要求 1 和权利要求 2 具有单一性
B. 权利要求 2 和权利要求 3 具有单一性
C. 权利要求 1 和权利要求 4 具有单一性
D. 权利要求 3 和权利要求 4 具有单一性

【解题思路】
可以作为一件专利申请提出的属于一个总的发明构思的两项以上的发明或者实用新型，应当在技术上相互关联，包含一个或者多个相同或者相应的特定技术特征，其中特定技术特征是指每一项发明或者实用新型作为整体，对现有技术作出贡献的技术特征。本题中权利要求 1 和权利要求 2 之间具有特定技术特征 L，因此具有单一性，选项 A 正确。权利要求 2 和权利要求 3 之间没有特定技术特征，因此不具有单一性，选项 B 错误。权利要求 1 和权利要求 4 之间具有特定技术特征 L 和 M，因此具有单一性，选项 C 正确。权利要求 3 和权利要求 4 之间具有特定技术特征 M，因此具有单一性，选项 D 正确。

【参考答案】ACD

【K30】涉及生物材料的专利申请

1. 本考点的主要考查角度分析

本考点中包含的关键词有：保藏单位、申请日当天、4 个月、保藏证明、存活证明。本考点考查角度如图 3-7 所示。

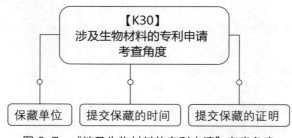

图 3-7 "涉及生物材料的专利申请"考查角度

2. 关键词释义

（1）保藏单位：申请人需向国家知识产权局认可的保藏单位提交保藏。

（2）提交保藏的时间：在申请日前或者最迟在申请日当天；有优先权的，指优先权日。

（3）申请手续：①国内申请：应当自申请日起 4 个月内提交生物材料样品保藏证明及存活证明。②PCT 国际申请：应当在办理进入中国国家阶段手续之日起 4 个月内向国务院专利行政部门提交保藏证明及存活证明。

3. 典型例题及解析

【例 K30-1】下列哪些情形符合生物材料保藏要求？

A. 申请人在申请日前在国家知识产权局认可的保藏单位进行了生物保藏，在申请日当天提交了保藏证明和存活证明

B. 申请人于申请日起第 4 个月在国家知识产权局认可的保藏单位进行了生物保藏，在申请日后的第 5 个月提交了保藏证明和存活证明

C. 申请人于申请日前向某国家重点实验室提交了生物保藏材料，在申请日后的第 2 个月提交了保藏证明和存活证明

D. 申请人于申请日当天在国家知识产权局认可的保藏单位进行了生物保藏，在申请日后的第 2 个月提交了保藏证明和存活证明

【解题思路】

申请人应当在申请日前或者最迟在申请日（有优先权的，指优先权日），将该生物材料的样品提交国务院专利行政部门认可的保藏单位保藏，并在申请时或者最迟自申请日起 4 个月内提交保藏单位出具的保藏证明和存活证明。期满未提交证明的，该样品视为未提交保藏。选项 A、D 中的保藏单位符合规定，提交保藏的时间和提交证明的时间均符合规定，选项 A、D 均符合题意。选项 B 中提交保藏证明和存活证明的时间超过了申请日后 4 个月，因此不符合要求，选项 B 不符合题意。选项 C 中的保藏单位不是国家知识产权局认可的，不符合规定，选项 C 不符合题意。【参考答案】AD

【例 K30-2】对于一件涉及生物材料的 PCT 国际申请，如果申请人请求进入中国国家阶段，则下列说法哪些是正确的？

A. 申请人应当在进入日前最迟在进入日当天向布达佩斯条约承认的生物材料样品国际保藏单位提交生物材料的保藏

B. 申请人应当在国际阶段对生物材料样品的保藏作出说明，包括保藏单位名称和地址、保藏日期、保藏编号

C. 申请人应当在进入声明中指明记载生物材料样品保藏事项的文件以及在该文件中

的具体记载位置

D. 申请人未在进入声明中指明生物材料样品保藏事项的，应当自进入日起4个月内补正，期满未补正的，该申请视为撤回

【解题思路】

申请人应当在国际申请日前最迟在国际申请日当天向布达佩斯条约承认的生物材料样品国际保藏单位提交生物材料的保藏。因此选项A错误，提交保藏的时间与进入日无关。申请人在国际阶段对生物材料样品的保藏应当作出说明的事项包括保藏单位的名称和地址、保藏的日期、对保藏物给予的保藏号，因此选项B正确。申请人应当在进入中国国家阶段声明中指明记载生物材料样品保藏事项的文件以及在该文件中的具体记载位置，选项C正确。申请人在原始提交的国际申请的说明书中已记载生物材料样品保藏事项，但是没有在进入中国国家阶段声明中指明的，应当自进入日起4个月内补正。期满未补正的，该生物材料视为未提交保藏。因此选项D错误，申请人期满未补正的，视为未提交保藏而不是该申请视为撤回。

【参考答案】 BC

【K31】依赖遗传资源的专利申请

1. 本考点的主要考查角度分析

本考点中包含的关键词有：人体、动物、植物、微生物、依赖遗传资源完成、直接来源、原始来源、驳回。本考点考查角度如图3-8所示。

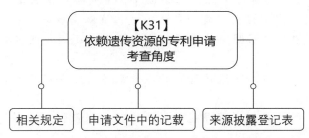

图3-8 "依赖遗传资源的专利申请"考查角度

2. 关键词释义

（1）遗传资源，是指取自人体、动物、植物或微生物等含有遗传功能单位并具有实际或者潜在价值的材料。

（2）法律规定：①专利申请是依赖遗传资源完成发明创造的，申请人应当在专利申请文件中说明该遗传资源的直接来源和原始来源；申请人无法说明原始来源的，应陈述理由。②对违反法律、行政法规的规定获取或者利用遗传资源的，不授予专利权。

（3）申请文件中的记载：①国内申请：申请人应当在请求书中说明，并填写遗传资源来源披露登记表。②PCT国际申请：申请人应当在进入中国国家阶段声明中指明，并填写国务院专利行政部门制定的表格。

（4）来源披露登记表：申请人填写不符合规定的，审查员应当发出补正通知书，通知申请人补正；期满未补正或补正不合格的，驳回其专利申请。

3. 典型例题及解析

【例K31-1】 下列说法正确的是？

A. 专利法所称遗传资源包括取自人体、动物或植物的材料，不包括取自微生物的材料

B. 专利法所称依赖遗传资源完成的发明创造，是指利用了遗传资源完成的发明创造

C. 对违反法律的规定获取遗传资源，并依赖该遗传资源完成的发明创造，不授予专利权，不包括违反行政法规的规定获取的遗传资源

D. 依赖遗传资源完成的发明创造可以授予专利权的，是指该遗传资源的获取或利用事先得到了有关行政管理部门的批准或者相关权利人的许可

【解题思路】

专利法所称遗传资源，是指取自人体、动物、植物或者微生物等含有遗传功能单位并具有实际或者潜在价值的材料；专利法所称依赖遗传资源完成的发明创造，是指利用了遗传资源的遗传功能完成的发明创造。选项 A 错误，遗传资源还包括取自微生物的材料。选项 B 错误，专利法所称依赖遗传资源完成的发明创造，不仅仅是指利用了遗传资源，还需要明确是利用了遗传资源的遗传功能。专利法规定，对违反法律、行政法规的规定获取或者利用遗传资源，并依赖该遗传资源完成的发明创造，不授予专利权，因此遗传资源的获取包括不违反行政法规，选项 C 错误。违反法律、行政法规的规定获取或者利用遗传资源，是指遗传资源的获取或者利用未按照我国有关法律、行政法规的规定事先获得有关行政管理部门的批准或者相关权利人的许可，因此选项 D 正确。

【参考答案】D

【例 K31-2】申请人李某就一件依赖遗传资源完成的发明向国家知识产权局提出了专利申请，并同时提交了遗传资源来源披露登记表。下列哪些说法是正确的？

A. 李某应当在请求书中说明该发明是依赖遗传资源完成的

B. 李某在登记表中应当写明遗传资源的直接来源，无法说明直接来源的，应当陈述理由

C. 李某在登记表中应当写明遗传资源的原始来源，无法说明原始来源的，应当陈述理由

D. 李某的登记表经补正仍不符合规定的，国家知识产权局应当将其视为未依赖遗传资源

【解题思路】

就依赖遗传资源完成的发明创造申请专利，申请人应当在请求书中予以说明，并且在专利局制定的遗传资源来源披露登记表中填写有关遗传资源直接来源和原始来源的具体信息。申请人声称无法说明原始来源的，应当陈述理由，必要时提供有关证据。因此选项 A、C 均正确，选项 B 错误，李某必须说明直接来源的途径、手段符合相关法律、行政法规的规定。经申请人陈述意见或者进行修改后仍不符合规定的，应当驳回其专利申请，选项 D 错误。

【参考答案】AC

【K32】外观设计专利申请请求书

1. 本考点的主要考查角度分析

本考点中包含的关键词有：人名、地名、商标、过于抽象、技术效果、内部构造、产品规格、数量、图形用户界面、动态、同一产品、同一大类产品、成套出售或使用、外国优先权、本国优先权、6 个月。本考点考查角度如图 3-9 所示。

2. 关键词释义

（1）外观设计名称：①不得是含有人名、地名、商标及型号等命名的产品名称。②要避免概括不当、过于抽象的名称。③不能使用描述技术效果、内部构造的名称。④不能使用带

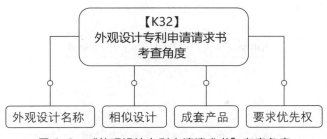

图 3-9 "外观设计专利申请请求书"考查角度

有产品规格、大小、数量单位等的名称。⑤包括图形用户界面的，一般要有"图形用户界面""动态图形用户界面"字样的关键词，不应笼统仅以"图形用户界面"名称作为产品名称。

(2) 相似设计：同一产品两项以上的相似外观设计，可以作为一件申请提出。一件外观设计专利申请中的相似外观设计不得超过 10 项。

(3) 成套产品：用于同一大类并且成套出售或使用的产品的两项以上外观设计，可以作为一件申请提出。成套产品外观设计专利申请中不应包含某一件或者几件产品的相似外观设计。

(4) 要求优先权：申请人自外观设计在外国或中国第一次提出专利申请之日起 6 个月内，又在中国就相同主题提出专利申请的，可以要求享有优先权。

3. 典型例题及解析

【例 K32-1】下列在请求书中写明的使用外观设计的产品名称正确的是？
A. 软件图形用户界面　　　　　　　　B. 装有新型发动机的汽车
C. 电吉他　　　　　　　　　　　　　D. 建筑用物品

【解题思路】

使用外观设计的产品名称对图片或者照片中表示的外观设计所应用的产品种类具有说明作用。选项 A 中的软件图形用户界面，没有明确使用它的产品，是不允许的，选项 A 错误。选项 B 中的装有新型发动机的汽车，名称中包含技术效果，是不允许的，选项 B 错误。选项 C 中的电吉他属于具体产品，符合命名规范，选项 C 正确。选项 D 中的建筑用物品太过于抽象、宽泛，不符合规定，选项 D 错误。　　　　　　　　【参考答案】C

【例 K32-2】下列使用外观设计的产品名称哪些是正确的？
A. Iphone XII　　　　　　　　　　　B. 带有温控图形用户界面的冰箱
C. 一套茶具　　　　　　　　　　　　D. USB 集线器

【解题思路】

选项 A 中的 Iphone XII，使用了产品名称及型号，是不允许的，选项 A 错误。选项 B 中的带有温控图形用户界面的冰箱，有明确的使用它的产品，是允许的，选项 B 正确。选项 C 中的一套茶具，带有产品规格，不符合规定，选项 C 错误。选项 D 中的 USB 集线器，其中的字母缩写已经属于众所周知并且含义确定，符合命名规范，选项 D 正确。　　　　　　　　　　　　　　　　　　　　　　　　【参考答案】BD

【K33】图片及照片

1. 本考点的主要考查角度分析

本考点中包含的关键词有：正下方、套件 n、设计 n、视图、色彩、GUI、实线、制图工具、黑色水笔、正确表达。本考点考查角度如图 3-10 所示。

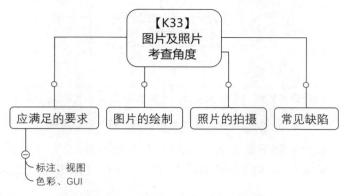

图 3-10　"图片及照片"考查角度

2. 关键词释义

（1）标注：各视图的视图名称应当标注在相应视图的正下方。①对于成套产品，应当在每件产品的视图名称前加"套件 1""套件 2"等字样，按顺序标注。②对于同一产品的相似外观设计，应当在每个设计的视图名称前加"设计 1""设计 2"等字样，按顺序标注。③对于组装关系唯一的组件产品，应当提交组合状态的产品视图；对于无组装关系或者组装关系不唯一的组件产品，应当提交各构件的视图。

（2）视图：关于平面产品或立体产品的视图，申请人应当提交产品设计要点涉及一个或几个面的正投影视图和立体图，并应当在简要说明中写明省略视图的原因。

（3）色彩：对于简要说明中声明请求保护色彩的外观设计专利申请，图片的颜色应当着色牢固、不易褪色。

（4）包含 GUI 的外观设计：①对于设计要点仅在于图形用户界面（GUI）的，至少提交一幅包含该 GUI 的显示屏幕面板的正投影视图。②需要清楚地显示 GUI 在最终产品中的大小、位置和比例关系，需要提交一幅正投影最终产品视图。③图形用户界面为动态图案的，申请人应当至少提交一个状态的包含 GUI 的正投影视图作为主视图；其余状态可仅提交关键帧的视图，并能唯一确定动态图案中动画完整的变化过程。④对于用于操作投影设备的图形用户界面，应提交图形用户界面的视图，以及至少一幅清楚显示投影设备的视图。

（5）图片的绘制：不得以阴影线、指示线、虚线、中心线、尺寸线等线条表达外观设计的形状。图片可以使用包括计算机在内的制图工具绘制，但不得使用铅笔、蜡笔、圆珠笔绘制，也不得使用蓝图、草图、油印件。

（6）照片的拍摄：照片应当避免因强光、反光、阴影、倒影等影响产品的外观设计的表达。对于必须依靠内装物或者衬托物才能清楚地显示产品的外观设计的，允许保留。外层与内层有两种以上形状、图案和色彩时，应当分别表示出来。

（7）常见缺陷：视图投影关系有错误。外观设计图片或者照片不清晰。各视图比例不一致。含有应删除或修改的线条。

3. 典型例题及解析

【例 K33-1】以下有关外观设计专利申请的说法哪些是正确的？

A. 申请人应当就每件外观设计产品所需要保护的内容提交有关视图或者照片，清楚地显示请求保护的对象

B. 各视图的视图名称应当标注在相应视图的正下方

C. 对于成套产品，应当在其中每件产品的视图名称前以阿拉伯数字顺序编号标注，并在编号前加"套件"字样

D. 对于设计要点仅在于图形用户界面的，至少提交一幅包含该图形用户界面的显示屏幕面板的正投影视图

【解题思路】

申请人提交的有关图片或者照片应当清楚地显示要求专利保护的产品的外观设计，选项A正确。各视图的视图名称应当标注在相应视图的正下方，选项B正确。对于成套产品，应当在每件产品的视图名称前加"套件1""套件2"等字样，按顺序标注，选项C正确。对于设计要点仅在于图形用户界面的，至少提交一幅包含该图形用户界面的显示屏幕面板的正投影视图，选项D正确。 【参考答案】ABCD

【例K33-2】下列关于外观设计专利申请中的图片或者照片的说法哪些是正确的？

A. 照片中的产品不允许包含内装物或者衬托物

B. 图片可以使用蓝图、草图等

C. 照片的拍摄通常应当遵循正投影规则，避免因强光、反光等产生的变形影响产品的外观设计的表达

D. 需要清楚地显示图形用户界面设计在最终产品中的位置关系的，需要提交图形用户界面所涉及面的一幅正投影最终产品视图

【解题思路】

照片中的产品通常应当避免包含内装物或者衬托物，但对于必须依靠内装物或者衬托物才能清楚地显示产品的外观设计的，则允许保留内装物或者衬托物，选项A错误。图片可以使用包括计算机在内的制图工具绘制，但不得使用铅笔、蜡笔、圆珠笔绘制，也不得使用蓝图、草图、油印件，选项B错误。照片应当避免因强光、反光、阴影、倒影等影响产品的外观设计的表达，选项C正确。如果需要清楚地显示图形用户界面设计在最终产品中的大小、位置和比例关系，需要提交图形用户界面所涉及面的一幅正投影最终产品视图，选项D正确。 【参考答案】CD

【例K33-3】下列各图是一只照相机外观设计专利申请图片的视图。已知立体图和主视图正确，下列哪些视图明显错误？

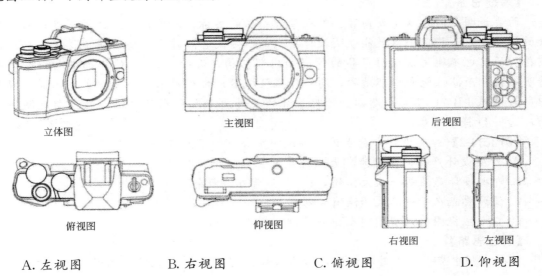

A. 左视图　　　B. 右视图　　　C. 俯视图　　　D. 仰视图

【解题思路】

本题中给定的条件是主视图和立体图是正确的，则可以看出，照相机顶部有三个圆形旋钮，因此俯视时三个圆形在左手侧，同样左视图应当首先看到圆形状旋钮，由此可判断俯视图、仰视图均正确，左视图、右视图颠倒，即选项A、B均错误，符合题意；选项C、D均正确，不符合题意。

【参考答案】AB

【K34】简要说明

1. 本考点的主要考查角度分析

本考点中包含的关键词有：名称、用途、设计要点、基本设计、透明材料、套件产品名称、图形用户界面的用途、商业性、性能、内部结构。本考点考查角度如图3-11所示。

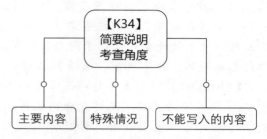

图3-11 "简要说明"考查角度

2. 关键词释义

(1) 主要内容：①名称：请求书中的产品名称。②用途：有助于确定产品类别的一种或多种用途。③设计要点：是指与现有设计相区别的产品的特点或者部位。④指定一幅专利公报出版附图。

(2) 特殊情况：①指出省略了某一视图、要求保护色彩。②指定相似外观设计的其中一项作为基本设计。③指出外观设计由透明材料制成，或包含具有特殊视觉效果的新材料。④写明成套产品中各套件所对应的产品名称。⑤说明图形用户界面在外观设计产品中的用途，并与产品名称中体现的用途相对应。穷举该图形用户界面显示屏幕面板所应用的最终产品。必要时说明图形用户界面在产品中的区域、人机交互方式以及变化过程等。

(3) 不能写入的内容：①商业性宣传用语。②产品的性能和内部结构。

3. 典型例题及解析

【例 K34-1】以下内容可以在外观设计简要说明中写明的是？

A. 产品由具有特殊视觉效果的新材料制成
B. 外观设计产品的底部是透明的
C. 产品的性能和内部结构
D. 设计要点及其所在部位

【解题思路】

简要说明应当包括下列内容：外观设计产品的名称；外观设计产品的用途；外观设计的设计要点；指定一幅最能表明设计要点的图片或者照片。简要说明不得使用商业性宣传用语，也不能用来说明产品的性能和内部结构。选项A、B、C中的新材料、底部透明结构、产品性能和内部结构，均对外观设计不产生视觉影响，不应当写入简要说明中，选项A、B、C不符合题意。外观设计的设计要点及所在部位应当在简要说明中写明，选项D符合题意。

【参考答案】D

【例 K34-2】外观设计专利申请简要说明中含有的下列哪些内容不符合相关规定？

A. 外观设计产品的名称为"太阳镜"
B. 外观设计产品是一款太阳镜，100%防紫外线照射，美容养颜
C. 设计要点在于产品表面涂有特殊材料
D. 指定主视图和左视图用于出版专利公报

【解题思路】

简要说明中应当写入外观设计产品的名称，因此选项A把产品名称写入简要说明，

符合相关规定，不符合题意。简要说明不得使用商业性宣传用语，也不能用来说明产品的性能和内部结构。选项B中的夸张表述，选项C中强调产品使用的材料，都对外观设计本身不产生影响，不属于应当写入简要说明中的内容，选项B、C符合题意。在简要说明中应当指定一幅最能表明设计要点的图片或者照片，但不能指定两幅图，选项D不符合相关规定，符合题意。

【参考答案】BCD

【K35】合案申请

1. 本考点的主要考查角度分析

本考点中包含的关键词有：同一产品、相似、10项、同一大类、同时出售、同时使用、成套出售或使用、使用联想、设计构思相同。本考点考查角度如图3-12所示。

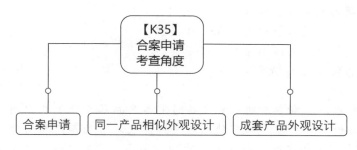

图3-12　"合案申请"考查角度

2. 关键词释义

（1）合案申请：同一产品两项以上的相似外观设计，或属于同一大类并且成套出售或使用的产品的两项以上的外观设计，可以作为一件申请提出。

（2）同一产品相似外观设计：同一产品两项以上的相似外观设计可以作为一件申请提出。一件申请中的相似外观设计不超过10项。

（3）相似外观设计的判断：①将其他外观设计与基本外观设计单独进行对比。②具有相同或者相似的设计特征，二者之间的区别点仅在于局部细微变化、属于该类产品的惯常设计、设计单元重复排列或者仅色彩要素的变化等情形，则通常认为二者属于相似的外观设计。

（4）成套产品外观设计：①属于同一大类并且成套出售或使用的产品的两项以上的外观设计。②各产品的设计构思相同，单件产品及组合后产品均具有其特有的使用价值。③授权时各单件产品均应符合授权条件。④成套产品不得再包含单件产品的相似外观设计。

（5）成套产品外观设计判断：①同时出售，是指外观设计产品习惯上同时出售。②同时使用，是指使用其中一件产品时，会习惯性地产生使用联想，从而想到另一件或另几件产品的存在。③设计构思相同，是指各产品的设计风格是统一的，即对各产品的形状、图案或者其结合以及色彩与形状、图案的结合所作出的设计是统一的。

3. 典型例题及解析

【例K35-1】下列哪些情况下的多项发明创造可以作为一件专利申请提出？

A. 同一产品两项以上的相似外观设计

B. 用于同一类别并且成套出售或者使用的产品的两项以上外观设计

C. 属于同一大类并且习惯上同时出售的两项以上的外观设计

D. 属于同一大类并且习惯地产生使用联想的两项以上的外观设计

【解题思路】

同一产品两项以上的相似外观设计，或者用于同一类别并且成套出售或者使用的产品的两项以上外观设计，可以作为一件申请提出，因此选项A、B均符合题意。成套出售或者使用，指习惯上同时出售或者同时使用并具有组合使用价值。用于同一类别并且成套出售或者使用的产品并且具有相同设计构思的两项以上外观设计，可以作为一件申请提出，由此看出，属于同一大类并且习惯上同时出售或同时使用的两项以上外观设计，还需要具有相同设计构思，因此选项C、D均缺少"相同设计构思"这一可以作为一件专利申请提出的条件，选项C、D不符合题意。

【参考答案】AB

【例K35-2】在设计构思相同的情况下，下列哪组产品的外观设计可以合案申请？

A. 皮鞋和销售时用来盛装该皮鞋的鞋盒
B. 具有相同设计构思的餐用盘、碟、杯、碗
C. 做工和材质相同的两张书桌
D. 书包和销售时赠送的铅笔盒

【解题思路】

专利法中规定可以合案申请的成套产品通常各产品属于分类表中同一大类，习惯上同时出售或者同时使用，各个产品有独立的使用价值，而且各产品的外观设计具有相同的设计构思。选项A中的皮鞋与鞋盒不属于同一大类，且鞋盒作为销售者售卖鞋子时的外包装，通常不会明示消费者让其为鞋盒付费；人们穿鞋子的时候，也不会同时带着鞋盒子，因此不构成专利法意义上的同时出售或同时使用，故不能合案申请，选项A不符合题意。选项B中的餐用盘、碟、杯、碗，具有相同设计构思，属于同一大类，且常常会同时销售或同时使用，可以合案申请，选项B符合题意。选项C中的两张书桌，做工和材质相同，且具有相同设计构思，属于同一产品的相似外观设计，可以合案申请，选项C符合题意。选项D中的书包和铅笔盒属于为促销而随意搭配出售的产品，不应认为是习惯上同时出售，因此不能作为成套产品合案申请，选项D不符合题意。

【参考答案】BC

三、本章同步训练题目

1. 下列哪些情形中专利申请人的填写不符合规定？

   A. 甲大学提交的专利申请中，专利申请人一栏填写的是"甲大学科技创新部"
   B. 某美国公司提交的专利申请中，发明人一栏中填写的是"Henry Smith"
   C. 拥有博士学位的李娜提交的专利申请中，专利申请人一栏填写的是"李娜博士"
   D. 杰瑞·M.查尔斯提交的专利申请中，专利发明人和申请人一栏中均填写的是"杰瑞·M.查尔斯"

2. 下列权利要求的主题名称的撰写符合规定的是？

   A. 一种用于消毒杀菌的化合物X及其制备方法
   B. 一种双向回转的汽缸密封技术
   C. 一种尾气处理催化剂的制备方案
   D. 一种制造防弹玻璃的方法

3. 下列权利要求属于方法权利要求的是？

   A. 一种用化合物X作为杀虫剂

B. 一种化合物 X 作为杀虫剂的应用
C. 一种用化合物 X 制成的杀虫剂
D. 一种含化合物 X 的杀虫剂

4. 以下哪种撰写方式不会导致所在的权利要求保护范围不清楚？
A. 一种储气罐，其外壳是由金属，例如钢材料制成。
B. 一种燃烧炉，其特征在于混合燃烧室至少有两个正切方向的燃料进料口。
C. 一种空气净化器，含有三层活性炭滤网，其中活性炭是由椰子壳等制成的。
D. 一种等仿石漆喷涂方法，其特征在于喷涂时喷枪速度为 0.3～0.5m/s，最好是 0.4m/s。

5. 下列关于权利要求是否得到说明书的支持的说法正确的是？
A. 当制造某一产品的方法得到说明书的支持时，该产品也必然得到说明书的支持
B. 独立权利要求得到说明书的支持，其从属权利要求必然得到说明书的支持
C. 只要将权利要求的技术方案拷贝到说明书中，就可以克服权利要求得不到说明书支持的缺陷
D. 在判断权利要求是否得到说明书的支持时，应当考虑说明书的全部内容

6. 下列关于权利要求的说法正确的是？
A. 权利要求除记载技术特征外，可以对原因或者理由作少量的描述，以便使权利要求简要，但不得使用商业性宣传用语
B. 一项发明专利可以有多个独立的权利要求，应当写在多项从属权利要求之前
C. 附图标记不得解释为对权利要求保护范围的限制
D. 权利要求中可以有化学式、数学式或者插图，但不能有表格

7. 某发明专利申请是一种铝合金电线杆，由铝合金圆盘形底座、铝合金圆锥形电线杆、铝合金加强筋三部分组成，权利要求书撰写如下：
"1. 一种铝合金电线杆，包括铝合金圆锥形电线杆、铝合金加强筋。
2. 根据权利要求 1 所述的铝合金电线杆，其特征是所述的铝合金圆盘形底座中间与铝合金圆锥形电线杆直径较大的一端焊接固定。
3. 根据权利要求 1 所述的铝合金电线杆，其特征是所述铝合金加强筋均匀间隔焊接于铝合金圆锥形电线杆四周。
4. 根据权利要求 1 所述的铝合金电线杆，其特征是所述若干铝合金加强筋为若干条，最好是 8～12 条。"
上述权利要求中哪些权利要求的撰写不符合相关规定？
A. 权利要求 1　　　B. 权利要求 2　　　C. 权利要求 3　　　D. 权利要求 4

8. 发明专利申请的说明书应当包括下列哪些内容？
A. 背景技术　　　　　　　　　B. 发明内容
C. 附图说明　　　　　　　　　D. 具体实施方式

9. 李某的一项中国发明专利申请的申请日为 2019 年 6 月 1 日，公布日为 2021 年 3 月 1 日。该申请的说明书背景技术部分不能引证下列哪些文件？
A. 申请日为 2019 年 5 月 31 日、公布日为 2021 年 2 月 25 日的美国专利申请
B. 申请日为 2019 年 5 月 31 日、公布日为 2021 年 2 月 25 日的中国专利申请
C. 印刷日为 2019 年 5 月的某中文期刊
D. 公开日为 2019 年 6 月 19 日存在于互联网的相关文件

10. 下列关于说明书的说法错误的是？

A. 说明书中不得使用商品名称
B. 说明书中不得采用自定义词
C. 实施例的数量由申请人根据其要求保护的范围确定即可
D. 发明或者实用新型的权利要求书中不得使用商业性宣传用语，但说明书中可以使用

11. 下列关于说明书的说法正确的是？
A. 说明书文字部分可以有化学式和数学式，必要时可以有表格
B. 发明或者实用新型的几幅附图应当按照"图1，图2，……"顺序编号排列
C. 所引用的外国专利文献、专利申请、非专利文献的出处和名称应当使用中文
D. 当一个实施例足以支持权利要求所概括的技术方案时，说明书中可以只给出一个实施例

12. 下列哪些情形将导致说明书不能满足充分公开发明的要求？
A. 一项设备发明有四组组装部件，说明书中记载了其中三组组装部件，缺少未记载的部件无法组装出该设备
B. 一项组合物发明，其中一种组分是公知产品，但使用效果不佳，不及采用发明人制备的该组分，说明书中未记载发明人制备的该组分
C. 一项化合物制备方法发明，其中一项工艺参数对于化合物性能较为重要，但说明书中未提及该参数，不掌握该参数就不能使用该制备方法
D. 一项新化合物发明，说明书中未记载该化合物的确认和用途

13. 下列有关说明书摘要的说法哪些是正确的？
A. 摘要可以包含最能说明发明的化学式
B. 摘要文字部分不得超过300个字
C. 摘要不得写入功能、主要用途、广告用语
D. 摘要可以写明要求保护的实用新型相对于背景技术在形状和构造上作出改进的技术特征

14. 一件发明专利申请的权利要求书包括下列权利要求：
权利要求1：一种汽车，其特征在于包括底盘a、车身b和发动机c。
权利要求2：根据权利要求1所述的汽车，其特征在于底盘a由合金材料M制成。
权利要求3：根据权利要求2所述的汽车，其特征在于车身b的造型为X。
权利要求4：根据权利要求1所述的汽车，其特征在于轮胎由橡胶材料Y制成。
权利要求5：用于权利要求2所述汽车的合金材料M。
已知现有技术中已经公开了包括底盘a、车身b和发动机c的汽车，权利要求1不具备新颖性，M、X、Y均为对现有技术作出贡献的技术特征且互不相关。以下评价正确的是？
A. 权利要求2、3、4和5具有单一性
B. 权利要求2与权利要求3具有单一性
C. 权利要求3与权利要求4不具有单一性
D. 权利要求4与权利要求5具有单一性

15. 某件发明专利申请的权利要求撰写如下：
权利要求1：一种产品，具有特征M和N。
权利要求2：如权利要求1所述的产品，进一步具有特征L。
权利要求3：如权利要求1所述的产品，进一步具有特征S。
权利要求4：如权利要求1所述的产品，以特征P替换特征N。
其中，N是对现有技术作出贡献的技术特征，M已经被公开，对发明的创造性没有贡

献，且 M、N、L、S、P 互不相关。下列哪些说法是正确的？

A. 权利要求 1、3 之间具有单一性
B. 权利要求 2、3 之间不具有单一性
C. 权利要求 1、4 之间具有单一性
D. 权利要求 2、4 之间不具有单一性

16. 涉及生物材料的国际申请进入中国国家阶段时，申请人应当在下列哪个期限内提交生物材料样品的保藏证明和存活证明？

A. 进入实质审查程序之前
B. 国家公布技术准备工作完成之前
C. 办理进入国家阶段手续之日起 6 个月内
D. 办理进入国家阶段手续之日起 4 个月内

17. 李某于 2020 年 3 月 2 日向国家知识产权局提交了一件涉及新生物材料的发明专利申请，该申请需要办理生物材料样品保藏手续。下列哪些说法是正确的？

A. 李某应当在 2020 年 7 月 2 日前将该生物材料样品提交国家知识产权局认可的保藏单位保藏
B. 李某应当在 2020 年 3 月 2 日前或者最迟在 2020 年 3 月 2 日当天，将该生物材料样品提交国家知识产权局认可的保藏单位保藏
C. 李某应当自办理生物材料样品保藏手续之日起 4 个月内向国家知识产权局提交保藏单位出具的保藏证明和存活证明
D. 李某应当在 2020 年 7 月 2 日前向国家知识产权局提交保藏单位出具的保藏证明和存活证明

18. 关于涉及遗传资源的专利申请，下列说法正确的是？

A. 对违反法律的规定获取遗传资源，并依赖该遗传资源完成的发明创造，不授予专利权
B. 对违反行政法规的规定利用遗传资源，并依赖该遗传资源完成的发明创造，不授予专利权
C. 依赖遗传资源完成的发明创造，申请人应当在专利申请文件中说明遗传资源的直接来源和原始来源
D. 依赖遗传资源完成的发明创造，申请人无法说明原始来源的，应当在申请文件中陈述理由

19. 一件进入中国国家阶段的 PCT 国际申请涉及依赖于遗传资源完成的发明创造，下列说法正确的是？

A. 申请人应当在进入声明中予以说明，并填写遗传资源来源披露登记表
B. 申请人应当说明该遗传资源的直接来源和原始来源，无法说明直接来源的，应当陈述理由
C. 该申请未说明该遗传资源直接来源的，国家知识产权局将直接作出驳回该申请的决定
D. 遗传资源来源披露登记表中的内容可被视为原申请记载的内容，可以作为修改说明书和权利要求书的基础

20. 下列使用外观设计的产品名称正确的是？

A. 节能型热水器
B. 炊具
C. 人体增高鞋垫
D. 地、空两用飞行器

21. 下列含有图形用户界面的外观设计专利申请中写明的名称正确的是？

A. 动态图形用户界面

B. 操作图形用户界面
C. 手机的天气预报动态图形用户界面
D. 带视频点播图形用户界面的显示屏幕面板

22. 下列关于外观设计专利申请中的图片或者照片的说法哪些是正确的？
A. 图片的绘制使用指示线表示透明部位
B. 外观设计图片中的产品绘制线条不应当包含视图中的阴影线、点划线等
C. 对需要依靠衬托物来清楚显示产品外观设计的申请，拍摄照片时保留了衬托物
D. 图形用户界面为动态图案的，申请人提交一个状态的图形用户界面所涉及面的正投影视图作为主视图即可

23. 下列各图是一款手机外观设计专利申请图片的视图。已知立体图和后视图正确，下列哪些视图明显错误？

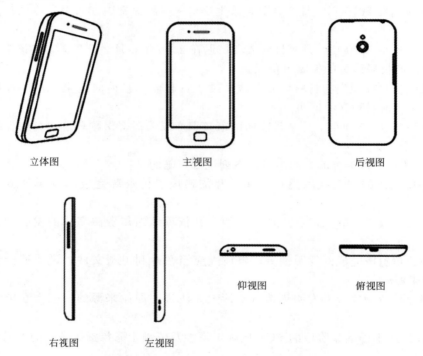

A. 左视图　　　　　　B. 右视图　　　　　　C. 俯视图　　　　　　D. 仰视图

24. 申请外观设计专利时，下列哪些内容应当在简要说明中写明？
A. 外观设计产品的技术效果
B. 请求保护的外观设计包含色彩
C. 省略了仰视图
D. 外观设计产品的性能

25. 下列哪些内容可以在外观设计简要说明中写明？
A. 外观设计产品名称是工艺花瓶
B. 外观设计产品是茶壶，内部设有旋转装置
C. 外观设计产品是汽车，其动力来自车顶的光伏板
D. 外观设计产品是窗帘，其单元图案为四方连续无限定边界并请求保护色彩

26. 在设计构思相同的情况下，下列哪组产品的外观设计可以合案申请？

A. 药品独立包装瓶和该包装瓶的外包装盒
B. 浴室用浴缸、花洒和盥洗镜
C. 床单、被罩和枕套组成的多件套床上用品
D. 材质相同的沙发和抱枕

27. 下列关于可以合案申请的成套产品的说法正确的是？
A. 构成成套产品的各产品应当属于国际外观设计分类表中的同一小类
B. 成套产品应当是习惯上同时出售并且同时使用的两件以上的产品
C. 成套产品的设计构思应当相同
D. 构成成套产品的各产品的外观设计必须分别符合授予专利权的条件，才能对该申请授予专利权

第四章

申请获得专利权的程序及手续

一、本章核心考点

本章包含的核心考点如图 4-1 所示。

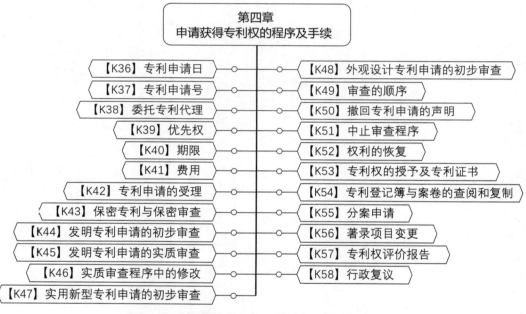

图 4-1 申请获得专利权的程序及手续之核心考点

二、核心考点分析

【K36】专利申请日

1. 本考点的主要考查角度分析

本考点中包含的关键词有：收到日、邮戳日、国际申请日、母案申请日、补交附图、需要保密的。本考点考查角度如图 4-2 所示。

2. 关键词释义

（1）申请日的确定：①直接递交的，收到日为申请日。②邮局邮寄的，邮戳日为申请

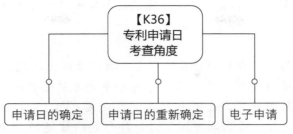

图 4-2 "专利申请日"考查角度

日。③快递公司寄交的,收到日为申请日。④电子申请的,国家电子申请系统收到日为申请日。⑤PCT 申请:国际申请日为实际申请日。⑥分案申请:母案申请日为其申请日。

(2) 申请日的重新确定:①说明书中有附图说明但无附图;②申请人补交附图的,以邮寄附图之日或收到日为申请日。

(3) 电子申请受理范围:①发明、实用新型和外观设计专利申请。②进入国家阶段的国际申请。③复审和无效宣告请求。④涉及国家安全或者重大利益需要保密的专利申请,不得采用电子申请方式。

3. 典型例题及解析

【例 K36-1】关于申请日的确定,以下说法正确的是?

A. 通过邮局邮寄递交到国家知识产权局受理处的中国专利申请,以寄出的邮戳日为申请日

B. 通过邮局邮寄递交到国家知识产权局受理处的 PCT 国际专利申请,以寄出的邮戳日为申请日

C. 通过邮局邮寄到国家知识产权局收发室的中国专利申请,以收发室收到日为申请日

D. 向国家知识产权局受理处窗口直接递交的分案申请,以收到日为申请日

【解题思路】

申请人向专利局受理处或者代办处窗口直接递交的专利申请,以收到日为申请日;通过邮局邮寄递交到专利局受理处或者代办处的专利申请,以信封上的寄出邮戳日为申请日。因此选项 A 正确,选项 C 错误,国家知识产权局的收发室不是法律规定的受理部门,其收到日不具有申请日效力。PCT 国际专利申请的申请日以国家知识产权局收到符合规定的申请文件的收到日为申请日,因此选项 B 错误。分案申请可以保留原申请日,享有优先权的,可以保留优先权日,但是不得超出原申请记载的范围。这里的"原申请日"是指该分案申请所依据的原申请的申请日,因此选项 D 错误,分案申请以原案的申请日为申请日。

【参考答案】A

【例 K36-2】下列关于电子申请的说法正确的是?

A. 以电子文件形式提交申请的,以国家知识产权局电子专利申请系统收到电子文件的日期为申请日

B. 申请人提出电子申请并被受理的,办理专利申请的各种手续即可以电子文件形式提交,也可以邮寄方式提交

C. 自发文日起 15 日内申请人未接收电子文件形式的通知书的,专利局应当重新通过电子专利申请系统再次发送并提醒申请人接收

D. 涉及国家安全的专利申请，可以通过发送加密邮件的方式在电子专利申请系统提交中提交

【解题思路】

申请人通过专利局电子专利申请系统提交专利申请的，收到符合规定的专利申请文件之日为申请日，选项A正确。申请人提出电子申请并被受理的，办理专利申请的各种手续应当以电子文件形式提交，选项B错误。自发文日起15日内申请人未接收电子文件形式的通知书和决定的，专利局可以发出纸件形式的该通知书和决定的副本，选项C错误。涉及国家安全或者重大利益需要保密的专利申请，不得通过电子专利申请系统提交文件，选项D错误。

【参考答案】 A

【例K36-3】 申请人李某通过邮局向国家知识产权局递交了一件专利申请，寄出的邮戳日为2021年1月17日，国家知识产权局2021年1月21日收到了该申请。由于李某的疏忽，在邮寄的申请文件中少放了说明书摘要和说明书中提及的附图2。李某于2021年1月22日通过顺丰快递向国家知识产权局补寄了所缺的说明书附图，国家知识产权局2021年1月24日收到了该附图。李某于2021年1月25日直接向国家知识产权局受理处补交了说明书摘要。据此，李某的该项专利申请的申请日是？

A. 2021年1月17日　　　　　　B. 2021年1月22日
C. 2021年1月24日　　　　　　D. 2021年1月25日

【解题思路】

国务院专利行政部门收到专利申请文件之日为申请日。如果申请文件是邮寄的，以寄出的邮戳日为申请日。说明书中写有对附图的说明但无附图或者缺少部分附图的，申请人补交附图的，以向国务院专利行政部门提交或者邮寄附图之日为申请日。本题中由于李某在第一次提交专利申请文件之后补交了说明书附图，因此其原邮戳日不具有申请日效力。李某通过快递公司补寄说明书附图的，以国家知识产权局的收到日为申请日，因此李某的该项专利申请的申请日为2021年1月24日，选项A、B均错误，选项C正确。由于说明书摘要的提交时间不影响申请日的确定，因此选项D错误。

【参考答案】 C

【例K36-4】 下列关于电子申请的说法哪些是正确的？

A. 以电子形式提交专利申请和各种文件的，以国务院专利行政部门电子系统收到之日为递交日

B. 一般情况下，专利局以电子文件形式通过电子专利申请系统向电子申请用户发送各种通知书和决定

C. 电子申请用户未及时接收电子文件形式的通知书的，专利局将作出公告送达

D. 电子方式送达的通知和决定，自发文日起满15日推定为当事人收到日

【解题思路】

以电子形式提交专利申请和各种文件的，以国务院专利行政部门电子系统收到之日为递交日，选项A正确。专利局以电子文件形式通过电子专利申请系统向电子申请用户发送各种通知书和决定。电子申请用户应当及时接收专利局电子文件形式的通知书和决定，选项B正确。选项C错误，电子申请用户未及时接收的，不作公告送达。国家知识产权局以电子文件形式向申请人发出的各种通知书、决定或者其他文件，自文件发出之日起满15日，推定为申请人收到文件之日，选项D正确。

【参考答案】 ABD

【K37】专利申请号

1. 本考点的主要考查角度分析

本考点中包含的关键词有：第1~4位、第5位、1、2、3、8、9。本考点考查角度如图4-3所示。

2. 关键词释义

（1）申请号的组成：申请号是用12位阿拉伯数字表示的，其中：①第1~4位：表示申请年号；②第5位：表示申请种类号；③后7位：表示申请流水号。

（2）申请种类号：①1表示发明专利申请；②2表示实用新型专利申请；③3表示外观设计专利申请；④8表示进入中国国家阶段的PCT发明专利申请；⑤9表示进入中国国家阶段的PCT实用新型专利申请。

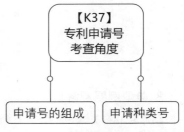

图4-3 "专利申请号"考查角度

3. 典型例题及解析

【例K37-1】下列哪些号码是发明专利申请的申请号？

A. 202010077832.3　　　　　B. 201930143483.0
C. 201780002090.2　　　　　D. 201890000001.3

【解题思路】

专利申请号用12位阿拉伯数字表示，包括申请年号、申请种类号和申请流水号三个部分。按照由左向右的次序，专利申请号中的第1~4位数字表示受理专利申请的年号，第5位数字表示专利申请的种类，第6~12位数字为申请流水号，表示受理专利申请的相对顺序。其中第5位的1表示发明专利申请；2表示实用新型专利申请；3表示外观设计专利申请；8表示进入中国国家阶段的PCT发明专利申请；9表示进入中国国家阶段的PCT实用新型专利申请。选项A第5位是1，表示是一项中国的发明专利申请；选项B第5位是3，表示是一项中国的外观设计专利申请；选项C第5位是8，表示是一项进入中国国家阶段的PCT发明专利申请；选项D第5位是9，表示是一项进入中国国家阶段的PCT实用新型专利申请。因此选项A、C均符合题意，当选。

【参考答案】AC

【K38】委托专利代理

1. 本考点的主要考查角度分析

本考点中包含的关键词有：委托方、受托方、委托书、签字或盖章、解聘、辞去。本考点考查角度如图4-4所示。

2. 关键词释义

（1）委托：委托关系中的受托方是专利代理机构，而不是专利代理师。申请人有委托的，应当提交带有全体委托人签章和代理机构签章的委托书。委托书应包括：发明创造名称；专利代理机构名称；专利代理师姓名；委托权限等。

（2）解除委托：申请人（或专利权人）应当提交著录项目变更申报书＋全体委托人签章的解聘书；或者带有全体委托人签章的著录项目变更申报书。

（3）辞去委托：专利代理机构应当提交著录项目变更申报书＋委托人或代表人同意辞去委托声明；或者著录项目变更申报书＋专利代理机构盖章的表明已通知委托人的声明。

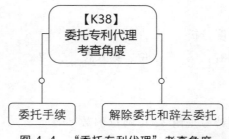

图 4-4 "委托专利代理"考查角度

3. 典型例题及解析

【例 K38-1】 下列关于专利代理的要求的说法正确的是？
A. 专利代理师承办专利代理业务的，应当与委托人签订委托合同
B. 申请人提出专利申请时委托了专利代理机构的，应当提交委托书
C. 委托书中应当写明发明创造名称、委托事项和委托权限
D. 在专利申请确定申请号后提交委托书的，应当注明专利申请号

【解题思路】

申请人委托专利代理机构向专利局申请专利和办理其他专利事务的，应当提交委托书。委托书应当使用专利局制定的标准表格，写明委托权限、发明创造名称、专利代理机构名称、专利代理师姓名。在专利申请确定申请号后提交委托书的，还应当注明专利申请号。因此选项 A 错误，委托关系建立在委托人和专利代理机构之间，而不是委托人和专利代理师。选项 B、C、D 均正确。

【参考答案】 BCD

【例 K38-2】 下列关于解除或者辞去专利代理委托的说法哪些是正确的？
A. 委托方有随时提出解除委托合同的权利，受托人无此权利
B. 办理解除委托或者辞去委托手续的，应当事先通知对方当事人
C. 专利申请人解除委托时，应当提交著录项目变更申报书
D. 办理解除委托或者辞去委托的手续生效前，原专利代理关系依然有效

【解题思路】

签订委托合同的双方当事人均有权随时提出解除委托合同的要求，但因解除合同给对方造成的损失应当予以赔偿，选项 A 错误。办理解除委托或者辞去委托手续的，应当事先通知对方当事人，选项 B 正确。专利申请人解除委托时，应当提交著录项目变更申报书，办理著录事项变更手续，选项 C 正确。在著录项目变更手续完成之前，原专利代理关系依然有效，选项 D 正确。

【参考答案】 BCD

【例 K38-3】 专利代理机构接受委托人的委托办理无效宣告事宜，在没有特别授权委托书的情况下，专利代理师的下列哪些做法不符合相关规定？
A. 受专利权人委托的，专利代理师当庭放弃了部分权利要求
B. 受专利权人委托的，专利代理师当庭承认了请求人的部分无效宣告请求
C. 受请求人委托的，专利代理师代为撤回了部分无效宣告请求
D. 受请求人委托的，专利代理师当庭与对方达成了和解

【解题思路】

对于下列事项，代理人需要具有特别授权的委托书：①专利权人的代理人代为承认请求人的无效宣告请求；②专利权人的代理人代为修改权利要求书；③代理人代为和

解；④请求人的代理人代为撤回无效宣告请求。因此选项 A、B、C、D 中的事项均需要委托人的特别授权，专利代理师在没有得到委托人授权的情况下，处分委托人的权利是不符合相关规定的，选项 A、B、C、D 均符合题意。【参考答案】ABCD

【K39】优先权

1. 本考点的主要考查角度分析

本考点中包含的关键词有：声明、16 个月、3 个月、前后类型、完全不一致、不一致、无要求、首次申请、未授权、非分案、视为撤回、撤回优先权、有优先权的指优先权日、不能恢复的、可以请求恢复的。本考点考查角度如图 4-5 所示。

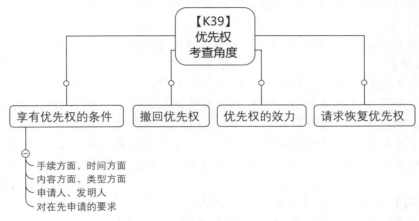

图 4-5 "优先权"考查角度

2. 关键词释义

（1）享有优先权的条件：①手续方面：提出专利申请时应当在请求书中声明，写明原受理机构、在先申请日、在先申请号。在缴纳申请费时同时缴纳优先权要求费。申请人自优先权日起 16 个月内提交发明或实用新型在先申请文件的副本；自申请日起 3 个月内提交外观设计在先申请文件的副本；期满未提交的，视为未要求优先权。②时间方面：发明或者实用新型，前后申请时间差不超过 12 个月；外观设计，前后申请时间差不超过 6 个月。③内容方面，需满足前后申请为相同主题。④类型方面：在先申请是发明的，在后申请可以是发明或者实用新型；在先申请是实用新型的，在后申请可以是发明或实用新型。⑤申请人：要求外国优先权的前后申请的申请人完全不一致的，要求本国优先权的前后申请人不一致的，自在后申请的申请日起 3 个月内提交证明文件。⑥发明人：无论是外国优先权还是本国优先权，前后发明人均可相同可不同。⑦对在先申请的要求：(i) 外国优先权的在先申请是在中国申请人享有国民待遇的外国提出的申请，不得是已经过要求优先权的，但是否已经授权在所不问。(ii) 本国优先权的在先申请是中国的专利申请；不得是已经要求过优先权的；不得是已经授权的；不得是分案申请；且自在后申请提出之日起即视为撤回。

（2）撤回优先权：①申请人可以撤回全部或部分优先权要求。②申请人应当提交全体申请人签字或者盖章的撤回优先权声明。③已经被视为撤回的在先申请不得因优先权要求的撤回而请求恢复。④已缴纳的优先权要求费不予退回。

（3）优先权的效力：除专利法 A28（申请日的确定）和 A42（专利权的保护期限）规定的情形外，专利法所称申请日，有优先权的指优先权日。

（4）请求恢复优先权：①不能恢复的：没有在优先权期限内提出在后申请的，不能请求恢复优先权。②可以请求恢复的：在优先权期限内提出了在后申请，且在请求书中填写优先权声明时在先申请的受理机构、在先申请日、在先申请号三项内容中至少一项填写正确。

3. 典型例题及解析

【例 K39-1】 在判断是否享有优先权时，下列关于"相同主题的发明创造"的说法哪些是错误的？

A. 对发明或者实用新型而言，相同主题的发明创造仅指权利要求相同

B. 相同主题的发明或者实用新型，是指技术领域、所解决的技术问题、技术方案和预期的效果相同的发明或者实用新型

C. 相同主题的发明或者实用新型，可以是记载在在先申请的权利要求书中、说明书或者摘要中的

D. 相同主题的发明或者实用新型，意味着在文字记载或者叙述方式上完全一致

【解题思路】

要求享有优先权的相同主题的发明或者实用新型，是指技术领域、所解决的技术问题、技术方案和预期的效果相同的发明或者实用新型。这里所谓的相同，并不意味着在文字记载或者叙述方式上完全一致。因此选项A、D均错误，选项B正确。要求享有优先权的技术方案既可以是记载在说明书中的，也可以是记载在权力要求书中的，但不能是记载在说明书摘要中的，选项C错误。故选项A、C、D均符合题意。

【参考答案】 ACD

【例 K39-2】 下列关于优先权的说法正确的是？

A. 要求外国优先权的发明专利申请，其在先申请只能是发明申请

B. 要求本国优先权的发明专利申请，其在先申请可以是发明专利申请，也可以是实用新型专利申请

C. 要求优先权的实用新型申请，其在先申请可以是发明专利申请，也可以是实用新型专利申请

D. 外观设计专利申请不能作为本国优先权的基础

【解题思路】

发明或者实用新型专利申请无论是要求外国优先权还是本国优先权，其在先申请均不要求与在后申请的专利类型一致，即在先申请是发明的，在后申请可以是发明，也可以是实用新型；在先申请是实用新型的，在后申请可以是实用新型，也可以是发明。因此选项A错误，选项B、C均正确。外观设计可以要求享有本国优先权，可以作为本国优先权的基础，选项D错误。

【参考答案】 BC

【例 K39-3】 下列有关优先权的说法正确的是？

A. 申请人要求外国优先权的，应当在提出专利申请时提出书面声明

B. 申请人要求增加优先权的，可以自申请日起2个月内提出书面请求

C. 申请人要求外国优先权的，应当自在先申请日起16个月内提交在先申请文件的副本

D. 申请人要求本国优先权的，应当自在先申请日起3个月内提交在先申请文件的副本

【解题思路】

申请人要求发明专利、实用新型专利优先权的，应当在申请的时候提出书面声明，

因此选项A正确。选项B错误，我国专利法中未规定允许增加优先权，只能在提出专利申请时同时提出。申请人在第一次提出发明、实用新型专利申请之日起16个月内，提交第一次提出的专利申请文件的副本。申请人要求外观设计专利优先权的，应当在3个月内提交第一次提出的专利申请文件的副本。由此可见，提交在先申请文件的副本的时间与是本国优先权还是外国优先权无关，而与专利类型相关，选项C、D均错误。

【参考答案】A

【例K39-4】关于本国优先权，下列哪些说法是正确的？
A. 申请人要求本国优先权的，其在先申请不得是已经享受过优先权的专利申请
B. 申请人要求本国优先权的，其在先申请不得是已经授予专利权的专利申请
C. 申请人要求本国优先权的，其在先申请不得是已经提出过分案的专利申请
D. 申请人要求本国优先权的，其在先申请不得是已经被视为撤回的专利申请

【解题思路】
申请人要求本国优先权，提出后一申请时，在先申请的主题有下列情形之一的，不得作为要求本国优先权的基础：①已经要求外国优先权或者本国优先权的；②已经被授予专利权的；③属于按照规定提出的分案申请的。因此选项A、B均正确，已经享受过优先权的和已经授予专利权的，不得作为本国优先权的基础。选项C错误，不得作为优先权基础的是分案申请，而不是提出过分案的申请。选项D错误，在先申请被视为撤回的，不影响其作为优先权基础的资格。

【参考答案】AB

【例K39-5】申请人李某于2021年6月18日向国家知识产权局提交了一件发明专利申请。下列由李某就相同主题提出的在先申请，哪些可以作为其要求本国优先权的基础？
A. 申请日为2020年5月14日的中国发明专利申请，李某在声明要求优先权的同时提出了恢复优先权的请求
B. 申请日为2020年9月14日的中国实用新型专利申请，该申请是李某的另一件申请日为2020年6月20日的实用新型专利申请的分案申请
C. 申请日为2020年6月20日的中国发明专利申请，但该申请因为没有缴纳申请费已被视为撤回
D. 申请日为2020年6月22日的中国实用新型专利申请，国家知识产权局已经对该申请发出授予专利权通知书，申请人尚未办理登记手续

【解题思路】
申请人提出的发明专利申请要求优先权的，该申请应当自在先的发明或者实用新型专利申请的申请日起12个月内提出，选项A中的在先申请距在后申请已经超过了12个月，因此李某不能将其作为优先权基础，选项A不符合题意。作为本国优先权基础的在先申请不得是分案申请，因此选项B中李某的申请日为2020年9月14日的中国实用新型专利申请，不能作为其在后发明专利申请的优先权基础，选项B不符合题意。作为本国优先权基础的在先专利申请不得是要求过优先权的，不得是分案申请，不得是已经授权的专利申请，选项C、D中的被视为撤回的、未办理授权登记的在先申请均不在被限制之列，因此可以作为优先权基础，选项C、D均符合题意。

【参考答案】CD

【例K39-6】甲公司向中国提交了发明专利申请X，之后向美国提交了发明专利申请Y，之后甲公司向国家知识产权局提交的发明专利申请Z要求享有X和Y的优先权，并依照规定办理了相关手续。在专利申请Z被国家知识产权局公布之后，甲公司申请撤回

了优先权X。下列说法正确的是?

A. 甲公司的专利申请X和Y,自Z提出之日起被视为撤回
B. 甲公司撤回优先权X的,原来自优先权X的申请日起计算的各种期限尚未届满的,之后按照优先权Y的申请日起算
C. 甲公司撤回优先权X的,原来因为优先权X缴纳的优先权要求费可以申请退回
D. 甲公司撤回优先权X的,可以申请恢复已被视为撤回的在先申请X

【解题思路】

申请人要求本国优先权的,其在先申请自后一申请提出之日起即视为撤回。因此本题中甲公司提出专利申请Z要求在先申请X和Y为优先权的,在先申请X自提出专利申请Z之日起被视为撤回,但不影响专利申请Y的存在,选项A错误。优先权要求撤回后,导致该专利申请的最早优先权日变更时,自该优先权日起算的各种期限尚未届满的,该期限应当自变更后的最早优先权日或者申请日起算,选项B正确。申请人要求优先权之后,可以撤回优先权要求,但所缴纳的优先权要求费不予退回,选项C错误。要求本国优先权的,撤回优先权后,已被视为撤回的在先申请不得因优先权要求的撤回而请求恢复,因此选项D错误。

【参考答案】 B

【例K39-7】 在专利申请享有优先权的情况下,下列期限以优先权日作为起算日的是?

A. 专利权的保护期限
B. 判断是否构成现有技术的起算日
C. 缴纳优先权要求费的期限
D. 缴纳专利年费的期限

【解题思路】

专利权的保护期限自申请日起算,选项A不符合题意。判断是否构成现有技术的,有优先权的,按照优先权日判断,选项B符合题意。缴纳优先权要求费的期限为自申请日起2个月内,或者自申请人接到受理通知书之日起15日内,以后到期为准,与优先权日无关,选项C不符合题意。缴纳专利年费的期限按照实际申请日计算,与优先权日无关,选项D不符合题意。

【参考答案】 B

【K40】期限

1. 本考点的主要考查角度分析

本考点中包含的关键词有:交付日、15日、1个月、不可抗力、正当理由、期限届满前、1个月、2个月、处分决定。本考点考查角度如图4-6所示。

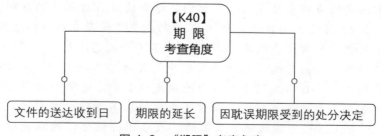

图4-6 "期限"考查角度

2. 关键词释义

(1) 文件的送达收到日:①直接送交的,交付日为收到日。②邮寄的,自文件发出之日

起满 15 日为推定收到日。③通过电子申请系统的，自文件发出之日起满 15 日为推定收到日。④公告送达的，自公告之日起满 1 个月视为收到日。

（2）期限的延长：当事人因不可抗力或者正当理由不能在期限内进行或完成某一行为或程序时，可以请求延长期限。可以请求延长的期限仅限于指定期限，且不包括在无效宣告程序中的指定期限。因正当理由请求延长期限应在期限届满前提交延长期限请求书，说明理由，并缴纳延长期限请求费。延长的期限限于 1 个月、2 个月，只此两种。

（3）因耽误期限受到的处分决定：视为撤回申请、视为放弃取得专利权的权利、视为未委托等。

3. 典型例题及解析

【例 K40-1】国家知识产权局作出的通知和决定通过下列哪些方式送达当事人的，适用于推定 15 日收到？

A. 邮寄　　　　　B. 直接送交　　　　　C. 电子方式送达　　　　　D. 公告送达

【解题思路】

国家知识产权局通过邮寄送达的，自文件发出之日起满 15 日为推定收到日，选项 A 符合题意。直接送达的，交付日为送达日，选项 B 不符合题意。通过电子申请系统的，自文件发出之日起满 15 日为推定收到日，选项 C 符合题意。采用公告方式送达的，自公告之日起满 1 个月视为收到日，选项 D 不符合题意。　　　　　【参考答案】AC

【例 K40-2】在专利审查程序中，下列有关期限延长的说法哪些是正确的？

A. 可以请求延长的期限仅限于指定期限

B. 延长期限请求应当在相应期限届满前提出

C. 无效宣告请求补正通知书中指定的补正期限可以延长

D. 第一次审查意见通知书中指定的答复期限可以请求多次延长

【解题思路】

当事人因正当理由不能在期限内进行或完成某一行为或者程序时，可以请求延长期限。可以请求延长的期限仅限于指定期限，选项 A 正确。请求延长期限的，应当在期限届满前提交延长期限请求书，说明理由，并缴纳延长期限请求费，选项 B 正确。选项 C 错误，在无效宣告程序中，国家知识产权局指定的期限不得延长，选项 C 中无效宣告请求补正通知书中指定的补正期限属于无效宣告程序中的指定期限，不得延长。选项 D 错误，第一次审查意见通知书中指定的答复期限不属于不能延长的范围，因此可以申请延长。但是对同一通知或者决定中指定的期限一般只允许延长一次。　　　　　【参考答案】AB

【例 K40-3】申请人李某于 2021 年 4 月 10 日收到了第二次审查意见通知书，该通知书指定其应当于收到之日起 2 个月内答复。如果李某请求延长答复期限，以下哪些情况延长答复期限的请求不应当被批准？

A. 李某于 2021 年 5 月 29 日提交延长期限请求书，请求延长 3 个月的答复期限；之后于 6 月 3 日缴纳了延长期限请求费

B. 李某于 2021 年 4 月 27 日提交延长期限请求书，请求延长 2 个月的答复期限；之后于 2021 年 6 月 1 日缴纳了延长期限请求费

C. 李某于 2021 年 6 月 8 日提交延长期限请求书，请求延长 2 个月的答复期限，并于一周后缴纳了延长期限请求费

D. 李某于 2021 年 5 月 1 日提交延长期限请求书，请求延长 1 个月的答复期限，并

于该日后 1 个月内缴纳了延长期限请求费

【解题思路】

当事人请求延长国务院专利行政部门指定的期限的，应当在期限届满前，向国务院专利行政部门说明理由并办理有关手续。延长期限请求费应当在相应期限届满之日前缴纳；期满未缴纳或者未缴足的，视为未提出请求。延长的期限不足 1 个月的，以 1 个月计算。延长的期限不得超过 2 个月。本题中请求延长期限的是实质审查过程中的指定期限，因此可以请求延长。申请人于 2021 年 4 月 10 日收到第二次审查意见通知书，则其答复该通知书的最后期限是 2021 年 6 月 10 日。该申请人请求延长期限的，应当在 2021 年 6 月 10 日前提交延长期限请求书，并缴纳延长期限请求费。请求延长的期限可以是 1 个月或者 2 个月。选项 A 中请求延长的期限为 3 个月，不符合规定，应当不予批准，选项 A 符合题意。选项 B、D 中李某提出延长期限请求的时间、延长的期限和缴纳费用的时间均符合规定，因此均应当予以批准，选项 B、D 均不符合题意。选项 C 中李某提出延长期限请求的时间、延长的期限均符合规定，但是缴纳费用的时间超过了 2021 年 6 月 10 日，因此不应当予以批准，选项 C 符合题意。

【参考答案】 AC

【例 K40-4】 下列哪些是国家知识产权局因申请人或专利权人耽误期限而可能作出的处分决定？

A. 视为放弃取得专利权的权利　　B. 视为未提出请求
C. 视为未委托　　　　　　　　　D. 视为未要求优先权

【解题思路】

因耽误期限作出的处分决定主要包括：视为撤回专利申请权、视为放弃取得专利权的权利、专利权终止、不予受理、视为未提出请求和视为未要求优先权等。因此选项 A、B、C、D 均为因耽误期限可能受到的处分决定，均当选。

【参考答案】 ABCD

【K41】费用

1. 本考点的主要考查角度分析

本考点中包含的关键词有：2 个月、15 日、后到期、3 个月、3 年、2 个月、1 个月、10 年、2.5 个月、5000 元、100 万。本考点考查角度如图 4-7 所示。

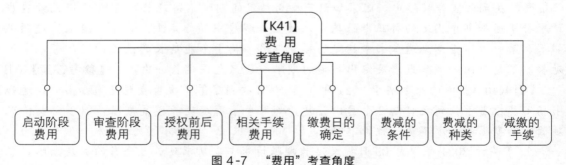

图 4-7 "费用"考查角度

2. 关键词释义

（1）启动阶段费用：①申请费；②申请附加费；③公布印刷费；④优先权要求费。缴纳期限是自申请日起 2 个月内，或自收到受理通知书之日起 15 日内，以后到期为准。

（2）审查阶段费用：①实质审查费：缴纳期限是自申请日（享有优先权的，为优先权日）起 3 年内。②复审费：缴纳期限是自申请人收到专利局作出的驳回决定之日起 3 个月内。

（3）授权前后费用：授权当年的年费及之后的年费。授权当年的年费缴纳期限为自申请人收到办理登记手续通知书之日起2个月内。授权后的年费在上一年度期满前缴纳。

（4）相关手续费用：①无效宣告请求费：缴纳期限是自提出无效宣告请求之日起1个月内。②恢复权利请求费：因正当理由耽误期限的，费用的缴纳期限是自当事人收到专利局确认权利丧失通知之日起2个月内。③延长期限请求费：缴纳期限是在相应指定期限届满之日前缴纳。④著录事项变更请求费（变更代理机构和专利代理师的不再缴纳）：缴纳期限是自提出请求之日起1个月内。⑤专利权评价报告请求费：缴纳期限是自提出请求之日起1个月内。

（5）缴费日确定：直接缴纳的，以缴纳当日为缴费日；以邮局汇付的，以邮局汇出的邮戳日为缴费日；以银行汇付的，以银行实际汇出日为缴费日。费用通过邮局或者银行汇付时遗漏必要缴费信息的，应当在汇款当日通过专利局规定的方式及要求补充。当日补充不完整而再次补充的，以专利局收到完整缴费信息之日为缴费日。

（6）费减条件：①个人：上一年度月均收入低于5000元，附带所在单位出具的年度收入证明；无固定工作的，提交户籍所在地或经常居住地县级民政部门或乡镇人民政府（街道办事处）出具的关于其经济困难情况证明。②小微企业：上年度企业应纳税所得额低于100万元；需提交上年度企业所得税年度纳税申报表复印件。③事业单位、社会团体、非营利性科研机构视为小型微利企业，应当提交法人证明材料复印件。

（7）费减种类：申请费（不包括公布印刷费、申请附加费）；发明专利申请实质审查费；复审费；年费（自授予专利权当年起10年的年费）；国际申请的申请人缴纳复审费和年费确有困难的，可以提出费用减缴的请求。

（8）减缴手续：减缴申请费的请求应当与专利申请同时提出；其他费减请求可与专利申请同时提出，也可以在缴纳期限届满日2.5个月之前提出。

3. 典型例题及解析

【例K41-1】 申请人在国家知识产权局办理下列哪项手续时需要缴纳费用？

A. 请求撤回其专利申请
B. 请求提前公布其发明专利申请
C. 对驳回其专利申请的决定不服请求复审
D. 请求将其委托的代理机构由甲变更为乙

【解题思路】

请求撤回其专利申请、请求提前公布其发明专利申请、请求将其委托的代理机构由甲变更为乙的，均不需要缴纳费用，选项A、B、D不符合题意。申请人对驳回其专利申请的决定不服请求复审的，应当缴纳复审费，选项C符合题意。 **【参考答案】** C

【例K41-2】 申请人李某提交了一件要求本国优先权的实用新型专利申请，申请日为2021年1月16日，该申请包括20项权利要求，50页说明书。国家知识产权局于2021年2月20日向李某发出了受理通知书。下列表述正确的是？

A. 李某应当在提交申请时缴纳申请费、公布印刷费
B. 李某最迟应当在2021年3月16日前缴纳申请费、公布印刷费、优先权要求费
C. 李某最迟应当在2021年3月16日前缴纳申请费、优先权要求费、申请附加费
D. 李某最迟应当在2021年3月20日前缴纳申请费、优先权要求费、申请附加费

【解题思路】

本题中李某提交的是一件实用新型专利申请，因此不需要缴纳公布印刷费。由于李某要求了优先权，且权利要求超过了10项，说明书超过了30页，因此李某应当在缴纳申请费时缴纳优先权要求费、申请附加费。专利申请费的缴纳期限是自申请日起2个月内或者在申请人收到受理通知书之日起15日内，即李某的最迟缴费日为2021年3月20日，因此选项D正确，其他选项均错误。

【参考答案】 D

【例K41-3】 下列关于缴纳专利费用的说法正确的是？

A. 申请人通过邮局汇付专利费用的，应当在汇单上写明正确的申请号（或专利号）以及缴纳的费用名称

B. 申请人通过银行汇付专利费用时遗漏必要缴费信息的，应当在汇款当日通过专利局规定的方式及要求补充

C. 申请人通过银行汇付专利费用时遗漏必要缴费信息且当日补充不完整而再次补充的，以专利局收到完整缴费信息之日为缴费日

D. 申请人将多件专利申请的费用经同一汇单汇出，缴费总额少于各项费用之和的，视为未办理缴费手续

【解题思路】

费用通过邮局或者银行汇付的，应当在汇单上写明正确的申请号（或专利号）以及缴纳的费用名称，且不得设置取款密码，因此选项A正确。费用通过邮局或者银行汇付时遗漏必要缴费信息的，应当在汇款当日通过专利局规定的方式及要求补充。当日补充不完整而再次补充的，以专利局收到完整缴费信息之日为缴费日。因此选项B、C均正确。同一汇单中包括多个专利申请（或专利），其缴纳费用的总额少于各项专利申请（或专利）费用金额之和的，专利局将按照汇款单中填写的费用顺序进行分割。造成其中部分专利申请（或专利）费用金额不足或者无费用的，视为未办理缴费手续。因此选项D错误。

【参考答案】 ABC

【例K41-4】 在符合其他费用减缴条件下，专利申请人或专利权人提出下列哪项减缴请求能获得批准？

A. 李某请求减缴申请费、自授予专利权当年起三年内的年费、复审费

B. 王某请求减缴申请费、申请附加费、复审费、自授予专利权当年起六年内的年费

C. 张某请求减缴申请费、实质审查费、复审费、自授予专利权当年起十年内的年费

D. 邓某请求减缴申请费、自授予专利权当年起十年内的年费、优先权要求费、复审费

【解题思路】

专利申请人或者专利权人可以请求减缴的专利收费包括：①申请费（不包括公布印刷费、申请附加费）；②发明专利申请实质审查费；③年费（自授予专利权当年起10年内的年费）；④复审费。选项A中李某请求的三项均属于可减缴的专利费用，在符合其他减缴条件下，李某的请求能够获得批准，选项A符合题意。选项B中的申请附加费不在可以申请减缴的范围内，因此王某的请求不能获得批准，选项B不符合题意。选项C中张某请求的四项均属于可减缴的专利费用，因此张某的请求能够获得批准，选项C符合题意。选项D中的优先权要求费不在可以申请减缴的范围内，因此邓某的请求不能获得批准，选项D不符合题意。

【参考答案】 AC

【K42】专利申请的受理

1. 本考点的主要考查角度分析

本考点中包含的关键词有：中文、签字或盖章、受理处、专利代办处、请求书、说明书、附图、权利要求书、图片或照片、简要说明、申请人信息、代理机构信息、包裹、申请类型、分案申请。本考点考查角度如图4-8所示。

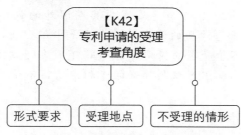

图4-8　"专利申请的受理"考查角度

2. 关键词释义

（1）形式要求：①语言：专利申请文件应当使用中文。②格式：按照规定撰写或绘制。③签章：有委托的，应由专利代理机构盖章；未委托的，由申请人签字或盖章；电子申请的，使用电子签名或盖章。

（2）受理地点：国家知识产权局受理处、专利代办处。

（3）不受理的情形：①发明专利申请缺少请求书、说明书或权利要求书的；实用新型专利申请缺少请求书、说明书、说明书附图或者权利要求书的；外观设计专利申请缺少请求书、图片或照片或简要说明的。②未使用中文的。③请求书中缺少申请人姓名或者名称，或者缺少地址的。④外国申请人因国籍或者居所原因，明显不具有提出专利申请的资格的。⑤未按照规定撰写或绘制的。⑥强制委托的申请人没有依法委托的。⑦直接从外国以及我国香港、澳门或者台湾地区向专利局邮寄的。⑧不明确或无法确定申请类型的。⑨分案申请与原案专利申请类型不一致的。

3. 典型例题及解析

【例K42-1】 下列哪些说法是正确的？
A. 申请人必须以书面方式提交其专利申请文件，书面形式包括电子形式和纸件形式
B. 向国家知识产权局提交的各种文件中涉及外国人名、地名和科技术语的，应当注明原文
C. 申请人委托专利代理机构的，应当同时提交委托书，写明委托权限
D. 国家知识产权局认为有必要时，可以要求申请人提交外观设计产品样品

【解题思路】
申请人办理专利事务，均应当以书面方式提交其专利申请文件，选项A正确。选项B错误，外国人名、地名和科技术语没有统一中文译文的，应当注明原文；对于已经具有公认的外国人名、地名、科技术语，没有必要注明原文。申请人委托专利代理机构的，应当同时提交委托书，写明委托权限，选项C正确。国家知识产权局认为有必要时，可以要求申请人提交外观设计产品样品，选项D正确。　　　　　　　　　　　　　　　　　　　　　【参考答案】ACD

【例K42-2】 对于下列哪些情形的专利申请，国家知识产权局将不予受理？
A. 分案申请为实用新型，其原案申请为发明

B. 申请人是在中国没有经常居所的外国人地址栏写的是其暂时居住的中国某酒店地址

C. 申请人是一家在上海注册的外商独资企业未委托专利代理机构

D. 直接从香港特别行政区向国家知识产权局邮寄的专利申请

【解题思路】

分案申请改变申请类别的，不予受理，选项 A 符合题意。申请人在中国没有经常居所的外国人，地址栏中应当以中文和英文写明其在国外的详细居住地址，否则不予受理，选项 B 符合题意。在上海注册的外商独资企业是中国企业，因此其申请专利未委托专利代理机构的，不属于不予受理的情形，选项 C 不符合题意。直接从外国以及我国香港、澳门、台湾地区向国家知识产权局邮寄的专利申请，不予受理，选项 D 符合题意。

【参考答案】ABD

【K43】保密专利与保密审查

1. 本考点的主要考查角度分析

本考点中包含的关键词有：发明和实用新型、发明、专利号、申请日、授权公告日、国内的中国单位或个人、向外国申请之前、擅自。本考点考查角度如图 4-9 所示。

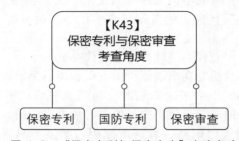

图 4-9 "保密专利与保密审查"考查角度

2. 关键词释义

（1）保密专利：包括发明、实用新型两种类型，均应按照与一般专利申请相同的基准进行审查。审查机构为国务院专利行政部门。保密专利申请只能以纸件的方式提出。授权公告仅公布专利号、申请日和授权公告日（两日一号）。

（2）国防专利：国防专利只有发明专利一种类型。国防专利只在专利公报上公告两日一号。对于国防专利申请，初步审查和实质审查按照与一般发明专利申请相同的基准进行。国防专利申请权和国防专利权经批准可以向国内的中国单位和个人转让。

（3）保密审查：申请人在向外国提出专利申请之前，应当事先向专利局提出保密审查请求。申请人向国务院专利行政部门提出 PCT 申请的，视为提出保密审查请求。仅包括发明和实用新型两种专利申请类型。擅自向外国申请专利的发明或实用新型，又向中国申请专利的，不授予专利权。

3. 典型例题及解析

【例 K43-1】以下关于保密专利申请审批程序的说法正确的是？

A. 申请人认为其发明或者实用新型专利申请涉及国家安全或者重大利益需要保密的，应当在提出专利申请的同时，在请求书上作出要求保密的表示，其申请文件不得以电子申请的形式提交

B. 保密专利只有发明专利一种类型

C. 保密专利的初步审查、实质审查按照与一般发明专利申请不同的基准进行

D. 对保密专利申请授予专利权不进行任何形式的公告

【解题思路】

申请人认为其发明或者实用新型专利申请涉及国家安全或者重大利益需要保密的，应当在提出专利申请的同时，在请求书上作出要求保密的表示，其申请文件应当以纸件形式提交，选项 A 正确。选项 B、C 均错误，保密专利包括发明和实用新型两种类型，其初步审查、实质审查均应按照与一般专利申请相同的基准进行审查。保密专利申请的授权公告仅公布专利号、申请日和授权公告日，选项 D 错误。

【参考答案】 A

【例 K43-2】 下列关于国防专利的说法正确的是？

A. 国防专利机构负责受理和审查国防专利申请

B. 国防专利申请经国防专利机构审查认为符合规定的，由国防专利机构授予国防专利权

C. 国防专利申请权和国防专利权经批准可以向国内的单位和个人转让

D. 经主管部门批准，国防专利权人可以向国外的单位或者个人转让国防专利权

【解题思路】

专利申请涉及国防利益需要保密的，由国防专利机构受理并进行审查。经国防专利机构审查没有发现驳回理由的，由国务院专利行政部门作出授予国防专利权的决定。因此选项 A 正确，选项 B 错误，国防专利授权的条件是经审查没有发现驳回理由；授权机关是国务院专利行政部门，而不是国防专利机构。国防专利经批准可以向国内的中国单位和个人转让，因此选项 C 错误，可以受让的单位还要排除"在国内的外国单位"。选项 D 错误，禁止向国外的单位和个人转让国防专利申请权和国防专利权。

【参考答案】 A

【例 K43-3】 关于向外国申请专利前的保密审查，下列说法正确的是？

A. 中国人拟就其在外国完成的发明创造向外国申请专利的，需事先报经国家知识产权局进行保密审查

B. 中国人拟就其在中国完成的发明创造向外国申请专利的，需事先报经国家知识产权局进行保密审查

C. 外国人拟就其在中国完成的发明创造向外国申请专利的，不需事先报经国家知识产权局进行保密审查

D. 申请人向国家知识产权局提出 PCT 国际专利申请的，无需再提出保密审查请求

【解题思路】

任何单位或者个人将在中国完成的发明或者实用新型向外国申请专利的，应当事先报经国务院专利行政部门进行保密审查。向外国申请专利之前进行保密审查，与完成发明创造的人的国籍无关，强调的是"在中国完成的"。中国人在外国完成的发明创造向外国申请专利的，不需要事先进行保密审查，选项 A 错误。无论是中国人还是外国人拟就其在中国完成的发明创造向外国申请发明或者实用新型的，才需事先进行保密审查，外观设计专利申请不需要进行保密审查，选项 B、C 均错误。申请人向国家知识产权局提交 PCT 国际专利申请的，视为同时提出了保密审查请求，无需再提出保密审查请求，选项 D 正确。

【参考答案】 D

【K44】发明专利申请的初步审查

1. 本考点的主要考查角度分析

本考点中包含的关键词有：初审合格、18 个月、申请提前公布、撤回提前公布申请。本考点考查角度如图 4-10 所示。

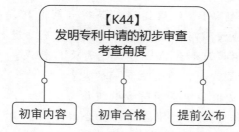

图 4-10 "发明专利申请的初步审查"考查角度

2. 关键词释义

（1）初审内容：发明专利申请初步审查范围包括形式审查、明显实质性缺陷的审查以及费用的审查。

（2）初审合格：对于申请文件符合规定且不存在明显实质性缺陷的专利申请，即认为初步审查合格。初步审查合格的，自申请日（有优先权的，为优先权日）起满 18 个月即行公布。

（3）提前公布：申请人提出提前公布声明不能附有任何条件。提前公布请求可以在专利申请请求书中提出，也可以在申请受理之后、公布之前单独提出。提前公布声明符合规定的，在专利申请初步审查合格后立即进入公布准备。进入公布准备后，申请人要求撤销提前公布声明的，视为未提出，申请文件照常公布。

3. 典型例题及解析

【例 K44-1】 关于对初审合格的发明专利申请的公布，下列说法正确的是？
A. 申请人应当在提出发明专利申请的同时提交提前公布声明
B. 申请人应当在发明专利申请初步审查合格之前提交提前公布声明
C. 申请人提出提前公布声明不能附有任何条件
D. 申请人提出的提前公布声明不符合规定的，审查员应当补正通知书

【解题思路】

申请人可以在提出申请时声明要求提前公布，也可以在提出申请后，满 18 个月公布之前单独提出，因此选项 A、B 均错误。申请人提出提前公布声明不能附有任何条件，选项 C 正确。选项 D 错误，提前公布声明不符合规定的，审查员应当发出视为未提出通知书，申请人收到视为未提出通知书的，可以修改后重新提交。

【参考答案】 C

【例 K44-2】 对于经初步审查符合相关规定的下列发明专利申请，有关公布的说法哪些是正确的？
A. 申请人请求早日公布的，应当在初审合格后立即予以公布
B. 进入公布准备后，申请人要求撤销提前公布声明的，该要求视为未提出
C. 申请人要求有优先权的，通常自申请日起满 18 个月即行公布
D. 申请人要求有优先权的，通常自优先权日起满 18 个月即行公布

【解题思路】

申请人声明请求早日公布其发明专利申请的，国务院专利行政部门对该申请进行初步审查后，除予以驳回的外，应当立即将申请予以公布，选项 A 正确。进入公布准备后，申请人要求撤销提前公布声明的，该要求视为未提出，申请文件照常公布，选项 B 正确。发明申请人享有优先权的，自优先权日起满 18 个月即行公布，选项 C 错误，选项 D 正确。

【参考答案】 ABD

【K45】发明专利申请的实质审查

1. 本考点的主要考查角度分析

本考点中包含的关键词有：请求原则、听证原则、程序节约原则、3 年内、视为未提出、视为撤回、会晤、电话交流、视频会议、电子邮件、现场调查、公众意见、驳回。本考点考查角度如图 4-11 所示。

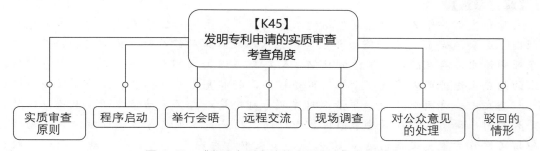

图 4-11 "发明专利申请的实质审查"考查角度

2. 关键词释义

（1）实质审查的原则：请求原则、听证原则、程序节约原则。

（2）程序启动：申请人自申请日（有优先权的，自优先权日）起 3 年内，向国务院专利行政部门提出实质审查请求，并缴纳实质审查费。申请人未在法定 3 年期限内提交实质审查请求书，审查员应当发出视为撤回通知书。申请人实质审查请求书合格，但实质审查费未缴纳或未缴足的，其实质审查请求视为未提出，其专利申请视为撤回。

（3）举行会晤：在实质审查过程中，审查员可以约请申请人会晤，以加快审查程序；申请人可以提出会晤请求，由审查员决定是否举行。会晤地点：应当在专利局指定的地点进行。会晤参加人：有委托的，必须有专利代理师参加；无委托的，全体申请人参加。

（4）远程交流：在实质审查过程中，审查员与申请人可以进行电话讨论，也可以通过视频会议、电子邮件等其他方式与申请人进行讨论。

（5）现场调查：审查员经过批准方可去现场调查，调查所需的费用由专利局承担。

（6）公众意见：授权前，任何人均有权利向国务院专利行政部门提出意见，并说明理由。公众提出的意见，应当存入该申请文档中供审查员在实质审查时考虑。如果公众的意见是在审查员发出授予专利权的通知之后收到的，就不必考虑。专利局对公众意见的处理情况，不必通知提出意见的公众。

（7）驳回条款：实质审查中经申请人陈述意见或者进行修改后，仍存在下列缺陷的，发明专利申请将被驳回：①申请属于 A5、A25 规定的不授予专利权的主题；或者属于 A9 规定的重复授权；②申请不符合 A2.2 发明专利保护的对象；属于 A19.1 私自向外国申请专利的、A20.1 违背诚信原则的、不符合 A22 发明专利应当具备新颖性、创造性、实用性的、A26.3 说明书未充分公开、A26.4 权利要求书未得到说明书的支持、A26.5 依赖遗传资源完成的发明创造不能说明直接来源的、A31.1不具有单一性、R20.2独立权利要求缺少必要技术特征的；③申请的修改不符合A33修改超范围的，或不符合R43.1分案申请超原案的范围的。

3. 典型例题及解析

【例K45-1】有关发明专利申请实质审查程序，下列说法正确的是？

A. 实质审查程序所遵循的原则有程序节约原则、公平原则、听证原则、请求原则

B. 实质审查程序中不会接受申请人主动提交的不符合有关修改时机规定的修改文本

C. 申请人主动修改的文本，即使内容超出了原申请文件记载的范围，也可以作为实质审查的文本

D. 第一次审查意见通知书都应当写明审查员对申请的实质方面和形式方面的全部意见

【解题思路】

实质审查程序中的基本原则包括请求原则、听证原则和程序节约原则，但不包括公平原则，选项A错误。如果审查员认为申请人不在规定的修改时机内提交的修改文本消除了原申请文件存在的应当消除的缺陷，又符合A33修改不超范围的规定，且在该修改文本的基础上进行审查将有利于节约审查程序，则审查员可以接受该经修改的申请文件作为审查文本，选项B错误。申请人对发明专利申请进行了主动修改的，无论修改的内容是否超出原说明书和权利要求书记载的范围，均应当以申请人提交的经过该主动修改的申请文件作为审查文本，选项C正确。如果申请存在严重的实质性缺陷而无授权前景，或者因申请缺乏单一性而暂缓继续审查的，审查员不必在第一次审查意见通知书中写明审查员对申请的实质方面和形式方面的全部意见，选项D错误。【参考答案】C

【例K45-2】在下列哪些情形下，实质审查请求将被视为未提出？

A. 申请人自申请日起两年内提交了实质审查请求书并缴纳了实质审查费，但实质审查请求书的形式不符合规定

B. 国家知识产权局对实质审查请求发出办理手续补正通知书，申请人在规定期限内补正，但补正后仍不符合要求

C. 申请人提交了符合规定的实质审查请求书，但未在规定期限内缴足实质审查费

D. 申请人在提交申请的同时提交了实质审查请求书，但未同时缴纳实质审查费

【解题思路】

申请人在实质审查请求的提出期限届满前3个月之前，已在规定期限内提交了实质审查请求书并缴纳了实质审查费，但实质审查请求书的形式仍不符合规定的，该请求视为未提出，选项A符合题意。国家知识产权局对实质审查请求发出办理手续补正通知书，申请人在规定期限内补正，但补正后仍不符合要求的，其实质审查请求视为未提出，选项B符合题意。申请人在规定的期限内提交实质审查请求书，或者未在规定的期限内缴纳或者缴足实质审查费的，其实质审查请求视为未提出，选项C符合题意。申请人在提交申请的同时提交了实质审查请求书，并不要求申请人同时缴纳实质审查费；如果申请人未同时缴纳实质审查费，不会影响其实质审查请求的有效性，选项D不符合题意。【参考答案】ABC

【例K45-3】下列关于专利审查程序中举行会晤的说法错误的是？

A. 在实质审查过程中，申请人可以申请要求与审查员会晤，审查员不得主动约请

申请人会晤

B. 申请人只有在收到审查员的第一次审查意见通知书之后才能提出会晤请求

C. 申请人提出会晤请求的，审查员不得拒绝

D. 会晤地点应当由审查员指定，申请人不得主动安排会晤地点

【解题思路】

在实质审查过程中，审查员可以约请申请人会晤，以加快审查程序。申请人亦可以要求会晤，此时，只要通过会晤能达到有益的目的，有利于澄清问题、消除分歧、促进理解，审查员就应当同意申请人提出的会晤要求。因此选项 A、B 均错误，申请人提出会晤请求的时间并没有限定在申请人收到第一次审查意见通知书之后。在某些情况下，审查员可以拒绝会晤要求，如通过书面方式、电话讨论等，双方意见已经表达充分、相关事实认定清楚的，选项 C 错误。会晤应当在专利局指定的地点进行，审查员不得在其他地点同申请人就有关申请的问题进行会晤。因此选项 D 错误，审查员和申请人均不能决定会晤地点。综上，选项 A、B、C、D 均符合题意。

【参考答案】ABCD

【例 K45-4】下列哪些情形属于发明专利申请经实质审查应当予以驳回的情形？

A. 申请属于专利法第二十五条规定的情形

B. 申请不符合专利法第二条第二款规定的

C. 申请不符合专利法第二十六条第三款规定的

D. 申请的修改不符合专利法第三十三条规定的

【解题思路】

申请属于专利法第二十五条规定的不授予专利权的主题的，应当予以驳回；申请不符合专利法第二条第二款的规定，即发明专利的定义的，应当予以驳回；申请不符合专利法第二十六条第三款的规定，即说明书不满足充分公开要求的，应当予以驳回；申请的修改不符合专利法第三十三条的规定，即修改超出了原说明书和权利要求书记载的范围的，应当予以驳回。因此选项 A、B、C、D 均属于应当驳回的情形，均符合题意。

【参考答案】ABCD

【K46】实质审查程序中的修改

1. 本考点的主要考查角度分析

本考点中包含的关键词有：4 个月、指出的缺陷、时点＋3 个月内、不超范围、明显错误。本考点考查角度如图 4-12 所示。

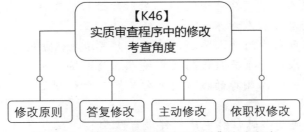

图 4-12 "实质审查程序中的修改"考查角度

2. 关键词释义

（1）修改基本原则：修改不得超出原说明书和权利要求书记载的范围。

(2) 答复修改：答复第一次审查意见通知书的期限为 4 个月。代表人可以代表共有申请人在答复意见书上签字或者盖章。答复修改应当针对通知书指出的缺陷进行。

(3) 答复修改方式：①不允许主动删除独立权利要求中的技术特征，扩大了该权利要求请求保护的范围。②不允许主动改变独立权利要求中的技术特征，导致扩大了请求保护的范围。③不允许将因为缺乏单一性而删掉的技术内容作为修改后权利要求的主题。④不允许主动增加新的独立权利要求。⑤不允许主动增加新的从属权利要求。

(4) 主动修改时机：①提出实质审查请求时；②在收到进入实质审查阶段通知书之日起的 3 个月内。

(5) 主动修改方式：①允许修改独立权利要求。②允许增加或删除一项或多项权利要求。③允许修改独立权利要求，使其相对于最接近的现有技术重新划界。④允许修改从属权利要求。

(6) 依职权修改：审查员可以依职权对申请文件中文字和符号的明显错误进行修改，并通知申请人。

3. 典型例题及解析

【例 K46-1】 赵某和李某是一项发明专利申请的共同申请人，其中赵某是该申请的代表人。2020 年 7 月 16 日赵某接到了国家知识产权局向其发出的发文日为 2020 年 7 月 13 日的第一次审查意见通知书，要求其在 4 个月内进行答复。关于该审查意见通知书的答复，以下说法哪些是正确的？

A. 赵某和李某应在 2020 年 11 月 16 日前答复该审查意见通知书
B. 赵某和李某的答复可以仅仅是意见陈述书，也可以进一步包括经修改的申请文件
C. 提交的审查意见通知书答复可以仅由赵某签字或者盖章
D. 对审查意见通知书的答复可以直接提交给审查员

【解题思路】

国务院专利行政部门邮寄的各种文件，自文件发出之日起满 15 日，推定为当事人收到文件之日。因此本题中赵某的推定收到日为 2020 年 7 月 28 日，则赵某和李某应在 2020 年 11 月 28 日前答复该审查意见通知书，选项 A 错误。申请人的答复可以仅仅是意见陈述书，也可以进一步包括经修改的申请文件，选项 B 正确。对于答复审查意见的陈述书，可以由其代表人签字或者盖章，选项 C 正确。申请人的答复应当提交给专利局受理部门。直接提交给审查员的答复文件或征询意见的信件不视为正式答复，不具备法律效力，选项 D 错误。

【参考答案】 BC

【例 K46-2】 申请人在答复审查意见通知书时所进行的下列修改可以被接受的是？

A. 主动增加新的从属权利要求
B. 删除一项权利要求中的技术特征，导致扩大了请求保护的范围
C. 将独立权利要求相对于最接近的现有技术正确划界
D. 将因为缺乏单一性而删掉的技术内容作为修改后权利要求的主题

【解题思路】

在答复审查意见通知书时，对申请文件进行修改的，应当针对通知书指出的缺陷进行修改。不允许主动增加新的从属权利要求。不允许主动删除独立权利要求中的技术特征，扩大了该权利要求请求保护的范围。不允许将因为缺乏单一性而删掉的技术内容作为修改后权利要求的主题。因此选项 A、B、D 中的修改均是不允许的，不符合题意。将独立权利要求相对于最接近的现有技术正确划界，属于改正申请文件存在的缺陷的修

改，不会导致扩大保护范围，是可以被接受的修改，选项C符合题意。 【参考答案】C

【例K46-3】申请人在提出实质审查请求时，对其发明专利申请进行的下述哪些修改是可以被允许的？
A. 删除一项或多项权利要求
B. 将附图中的词语和注释补入说明书文字部分
C. 将仅记载在原说明书摘要中的技术特征增加到权利要求中
D. 修改说明书中背景技术部分，使其与独立权利要求前序部分所述技术特征相适应

【解题思路】
申请人的主动修改只要不超出原说明书和权利要求书记载的范围，就可以被接受的，因此"删除一项或多项权利要求""将附图中的词语和注释补入说明书文字部分""修改说明书中背景技术部分，使其与独立权利要求前序部分所述技术特征相适应"三种修改方式均不会导致超出原说明书和权利要求书记载的范围，因此是被允许的，选项A、B、D均符合题意。说明书摘要的内容不属于发明或者实用新型原始记载的内容，不能作为以后修改说明书或者权利要求书的根据，因此"将仅记载在原说明书摘要中的技术特征增加到权利要求中"的修改方式将导致扩大了原说明书和权力要求书记载的内容，是不允许的。选项C不符合题意。 【参考答案】ABD

【例K46-4】下列申请人在提出实质审查请求时作出的主动修改中被允许的是？
A. 原说明书和权利要求书仅公开了"橡胶"，修改后的说明书和权利要求书将"橡胶"改为"绝缘材料"
B. 原说明书和独立权利要求1仅公开了"塑料"，从属权利要求2将所引用的权利要求1中的"塑料"进一步限定为"聚乙烯"，修改后的说明书增加新内容："该塑料可以是聚乙烯"
C. 原说明书和权利要求书对其中所述"锅铲"没有定义和解释，修改后的说明书对该"锅铲"给出定义："该锅铲由手柄、锅铲柄以及金属制成的锅铲头组成"
D. 原权利要求书和说明书仅公开了"合金材料"，修改后的权利要求书和说明书将"合金材料"改为"铜铝合金材料"

【解题思路】
申请人对发明和实用新型专利申请文件的修改不得超出原说明书和权利要求书记载的范围。选项A中将"橡胶"修改为"绝缘材料"，扩大了保护范围，超出原说明书和权利要求书记载的范围，是不允许的，选项A不符合题意。选项B中的"塑料"和"聚乙烯"均在原说明书和权利要求书中有记载，因此修改后增加的内容"该塑料可以是聚乙烯"没有超出原记载范围，是允许的，选项B符合题意。选项C中增加的定义中包含有多个技术特征，如手柄、锅铲柄等都是原说明书和权利要求书中没有记载的，因此该修改超出了原记载范围，是不允许的，选项C不符合题意。选项D中的修改中增加了新的下位概念"铜铝合金材料"，超出了原说明书和权利要求书记载的范围，因此是不允许的，选项D不符合题意。 【参考答案】B

【例K46-5】下列哪些内容是审查员可以依职权进行修改的？
A. 修改摘要中的打印错误
B. 修改明显不适当的发明名称
C. 修改权利要求书中的错别字
D. 修改权利要求书中的技术术语

【解题思路】

审查员可以依职权修改由所属技术领域的技术人员能够识别出的明显错误，即语法错误、文字错误、打印错误。审查员可以对于申请文件中个别文字、标记的修改或者增删，以及对发明名称或者摘要的明显错误的修改，并通知申请人。选项A、B、C均属于审查员可以依职权修改的明显错误，符合题意。选项D中审查员对权利要求书中的技术术语的修改是不允许的，这样的技术问题不属于仅有唯一的正确答案的问题，选项D不符合题意。

【参考答案】ABC

【K47】实用新型专利申请的初步审查

1. 本考点的主要考查角度分析

本考点中包含的关键词有：明显实质性缺陷、明显不具备新颖性、10年、2个月。本考点考查角度如图4-13所示。

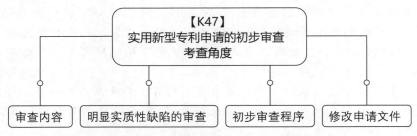

图4-13 "实用新型专利申请的初步审查"考查角度

2. 关键词释义

（1）审查内容：初步审查范围包括形式审查、明显实质性缺陷的审查以及费用的审查。

（2）明显实质性缺陷的审查：①是否属于不授予专利权的主题及客体（A5.1、A25、A2.3）的审查。②是否明显不具有新颖性（A22.2）。③是否明显不具有实用性（A22.4）。④说明书是否满足清楚、完整、能够实现的规定（A26.3）。⑤权利要求书是否满足清楚、简要、以说明书为依据的规定（A26.4）。⑥是否明显不具有单一性（A31.1）。⑦修改是否明显超范围（A33）。⑧是否存在重复授权（A9）等。

（3）初步审查程序：实用新型可能涉及非正常申请的，审查员根据检索获得的对比文件或其他途径获得的信息，审查其是否明显不具备新颖性。经初步审查没有发现驳回理由的，审查员作出授予实用新型专利权的通知。实用新型专利权的期限为10年，自申请日起算。

（4）修改申请文件：答复审查意见通知书时，申请人应当针对通知书指出的缺陷进行修改。申请人可以自申请日起2个月内对实用新型专利申请文件主动提出修改。审查员可以对申请文件中文字和符号的明显错误依职权进行修改。

3. 典型例题及解析

【例K47-1】下列关于实用新型专利申请的说法哪些是正确的？

A. 实用新型专利申请无附图的，国家知识产权局不予受理并通知申请人

B. 申请人可以自申请日起3个月内提出主动修改

C. 超出修改期限的修改文件，国家知识产权局一律不予接受

D. 对于存在不可能通过补正方式克服的明显实质性缺陷的实用新型专利申请，国家知识产权局将发出审查意见通知书

【解题思路】

实用新型专利申请必须有附图，无附图的不予受理，选项 A 正确。申请人可以自申请日起 2 个月内对实用新型专利申请主动提出修改，选项 B 错误。对于超出修改期限的修改文件，如果具有授权前景且消除了原文件中存在的缺陷，国家知识产权局会予以接受，选项 C 错误。初步审查中，如果审查员认为申请文件存在不可能通过补正方式克服的明显实质性缺陷，应当发出审查意见通知书，选项 D 正确。

【参考答案】AD

【例 K47-2】对于实用新型专利申请，下列哪些情况可能在初步审查程序中被驳回？

A. 明显属于非正常专利申请
B. 权利要求所要求保护的技术方案明显不具备新颖性
C. 权利要求所保护的技术方案明显不具备单一性
D. 权利要求所要求保护的技术方案明显不具备创造性

【解题思路】

对于实用新型专利申请进行初步审查，仅审查是否存在明显的实质性缺陷，因此选项 A 中的明显属于非正常专利申请、选项 B 中的明显不具备新颖性、选项 C 中的明显不具备单一性，均可能被驳回，选项 A、B、C 符合题意。选项 D 中的明显不具备创造性是不予审查的，因此不属于初步审查程序中的驳回理由，选项 D 不符合题意。

【参考答案】ABC

【K48】外观设计专利申请的初步审查

1. 本考点的主要考查角度分析

本考点中包含的关键词有：明显不具备新颖性、相同或实质相同、2 个月、15 年。本考点考查角度如图 4-14 所示。

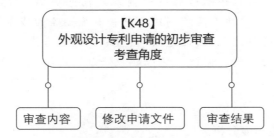

图 4-14 "外观设计专利申请的初步审查"考查角度

2. 关键词释义

（1）审查内容：①初步审查范围包括形式审查、明显实质性缺陷的审查以及费用的审查。②外观设计可能涉及非正常申请的，审查员根据检索获得的对比文件或其他途径获得的信息，审查其是否明显不具备新颖性。③同样的发明创造只能授予一项专利权；同样的外观设计是指两项外观设计相同或者实质相同。

（2）修改申请文件：①申请人对其外观设计专利申请文件的修改不得超出原图片或照片表示的范围。②答复审查意见通知书时，申请人应当针对通知书指出的缺陷进行修改。③申请人可以自申请日起 2 个月内对外观设计专利申请文件主动提出修改。④审查员可以对申请文件中文字和符号的明显错误依职权进行修改。

（3）审查结果：①驳回：申请人对驳回的决定不服的，可以在收到决定之日起 3 个月内请求复审。②授权：经初步审查没有发现驳回理由的，审查员作出授予外观设计专利权通知。③外观设计专利权的期限为15年,自申请日起算。

3. 典型例题及解析

【例K48-1】下列属于外观设计专利授权基本要求的是?
A. 是否违反国家法律与社会公德
B. 是否属于专利法意义下的发明创造
C. 是否属于不授予专利权的发明创造
D. 是否属于现有技术

【解题思路】

是否违反国家法律与社会公德的审查,属于专利法第五条第一款的规定;是否属于专利法意义下的发明创造,属于专利法第二条第四款的规定,是否属于不授予专利权的发明创造,属于专利法第二十五条的规定,因此选项A、B、C均属于判断外观设计能否授权的依据,符合题意。选项D中是否属于现有技术,是发明和实用新型专利能否授权的条件,不属于考察外观设计专利的要求,选项D不符合题意。

【参考答案】ABC

【例K48-2】对于外观设计专利申请,下列属于审查员可以依职权修改的是?
A. 修改明显的视图名称错误
B. 删除外观设计图片中的产品绘制线条包含有应删除的线条
C. 删除简要说明中关于产品内部结构、技术效果的描述
D. 相似外观设计申请,申请人在简要说明中未指定基本设计,审查员依职权确定基本设计

【解题思路】

初步审查中,审查员可以依职权修改的内容包括选项A、B、C中的"明显的视图名称错误""外观设计图片中的产品绘制线条包含有应删除的线条""简要说明中关于产品内部结构、技术效果的描述",因此选项A、B、C均符合题意。选项D中的指定基本设计,直接影响申请人的权利,因此不能依职权修改,选项D不符合题意。

【参考答案】ABC

【K49】审查的顺序

1. 本考点的主要考查角度分析

本考点中包含的关键词有:同时、1年、2年、3年、实质审查阶段、专利申请、复审、无效宣告、全体、电子申请、2个月、15天。本考点考查角度如图4-15所示。

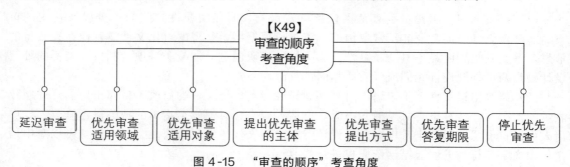

图4-15 "审查的顺序"考查角度

2. 关键词释义

（1）延迟审查：①适用对象：发明和外观设计专利申请。②提出的时机：发明专利申请人在提出实质审查请求的同时提出；外观设计专利申请人在提交外观设计申请的同时提出。③延迟期限，为自提出延迟审查请求生效之日起1年、2年或3年。

（2）优先审查适用领域：对涉及国家、地方政府重点发展或鼓励的产业；对国家利益或者公共利益具有重大意义的申请；在市场活动中具有一定需求的申请等。

（3）优先审查适用对象：①实质审查阶段的发明专利申请；②实用新型和外观设计专利申请；③三种专利申请的复审；④三种专利权的无效宣告。⑤排除：双报专利申请的，其中的发明一般不予优先审查。

（4）提出优先审查的主体：①全体专利申请人或全体复审请求人。②无效案件的全体请求人或者全体专利权人。③地方知识产权局、人民法院或仲裁机构可以对受理的专利侵权纠纷案件中涉及的无效宣告案件要求优先审查。

（5）优先审查提出方式：对专利申请或复审案件应当采用电子申请方式。

（6）优先审查中的答复期限：①发明，自通知书发文日起2个月。②实用新型和外观设计，自通知书发文日起15日。

（7）停止优先审查，转为普通程序：①专利申请人未在规定的期限内答复审查意见通知书，或者主动修改专利申请文件的。②复审请求人延期答复的。③无效宣告请求人要求补充证据和理由的；④专利权人以删除以外的方式修改权利要求书的。⑤专利复审或者无效宣告程序被中止的。⑥案件审理依赖于其他案件的审查结论。⑦属于疑难案件，并经国家知识产权局主任批准停止优先审查的。

3. 典型例题及解析

【例K49-1】关于审查的顺序，以下说法正确的是？

A. 对于专利申请，一般按照申请提交的先后顺序启动初步审查

B. 申请人可以对发明、实用新型、外观设计专利申请提出延迟审查请求

C. 申请人提出延迟审查请求的，应当在提交专利申请的同时提出

D. 延迟期限为自提出延迟审查请求生效之日起1年、2年或3年

【解题思路】

国务院专利行政部门一般按照专利申请提交的先后顺序启动初步审查，选项A正确。申请人可以对发明、外观设计专利申请提出延迟审查请求，不包括实用新型专利申请，选项B错误。发明专利的延迟审查请求应当在提出实质审查请求的同时提出，而不是提出专利申请时，选项C错误。延迟期限为自提出延迟审查请求生效之日起1年、2年或3年三种，选项D正确。

【参考答案】AD

【例K49-2】关于专利优先审查，以下说法正确的是？

A. 对涉及地方政府重点发展或鼓励的产业具有重大意义的专利申请，国家知识产权局可以依职权进行优先审查

B. 对在市场活动中具有一定需求的申请，适用于优先审查

C. 无效宣告案件涉及的专利对作为专利权人的企业的生存重大意义的，适用于优先审查

D. 同一申请人同日（仅指申请日）对同样的发明创造既申请实用新型又申请了发明，其中的发明专利申请适用于优先审查

【解题思路】

对涉及国家、地方政府重点发展或鼓励的产业，对国家利益或者公共利益具有重大

意义的申请，或者在市场活动中具有一定需求的申请等，由申请人提出请求，经批准后，可以优先审查，选项 B、C 均正确。选项 A 错误，对于专利申请的优先审查，仅适用依申请启动。同一申请人同日（仅指申请日）对同样的发明创造既申请实用新型又申请了发明，一般对于其中的发明专利申请不适用优先审查，选项 D 错误。

【参考答案】 BC

【例 K49-3】 关于提出优先审查，以下说法正确的是？
A. 全体申请人可以在提出发明专利申请时提出优先审查请求
B. 全体申请人可以在提出发明专利复审请求时要求进行优先审查
C. 对无效宣告案件进行优先审查的，需经全体请求人和全体专利权人的同意
D. 人民法院可以对受理的专利侵权纠纷案件中涉及的无效宣告案件要求优先审查

【解题思路】

对于发明专利申请的优先审查请求，只能在提出实质审查请求时提出，选项 A 错误。全体申请人可以对复审案件要求进行优先审查，选项 B 正确。无效宣告案件进行优先审查的，一方当事人同意即可，即需经全体请求人或者全体专利权人的同意，选项 C 错误。对于专利侵权纠纷案件涉及的专利权无效宣告，受理案件的地方知识产权局、人民法院和仲裁机构均可要求对无效宣告启动优先审查，选项 D 正确。

【参考答案】 BD

【例 K49-4】 关于优先审查，以下说法正确的是？
A. 对专利申请提出优先审查请求的，应当采用电子申请方式提交
B. 优先审查请求获得批准后，申请人答复审查意见通知书的时间为 2 个月，自通知书的发文日起算
C. 申请人不能在规定的期限内答复审查意见通知书的，停止优先审查
D. 无效宣告案件中专利权人采用进一步限定的方式修改权利要求书的，停止优先审查

【解题思路】

优先审查请求应当采用电子申请方式提出，选项 A 正确。优先审查程序中，对于发明专利申请，答复通知书的时间为 2 个月，答复实用新型和外观设计通知书的，时间为 15 天，均自通知书的发文日起算，选项 B 错误。申请人不能在规定的期限内答复审查意见通知书的，停止优先审查，选项 C 正确。专利权人以删除以外的方式修改权利要求书的，停止优先审查，选项 D 正确。

【参考答案】 ACD

【K50】撤回专利申请的声明

1. 本考点的主要考查角度分析

本考点中包含的关键词有：随时、不得附有条件、全体申请人、声明、生效日。本考点考查角度如图 4-16 所示。

2. 关键词释义

（1）基本要求：授予专利权之前，申请人随时可以主动要求撤回其专利申请。撤回专利申请不得附有任何条件。

（2）撤回程序：提交撤回专利申请声明，并附具全体申请人签章同意撤回的证明材料。撤回专利申请的生效日为手续合格通知书的发文日。在专利申请进入公布准备后提出撤回声明的，申请文件照常公布或者公告，但审查程序终止。

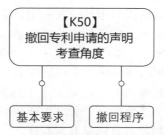

图 4-16 "撤回专利申请的声明"考查角度

3. 典型例题及解析

【例 K50-1】李某于 2020 年 5 月 18 日提交了撤回其提出的发明专利申请的书面声明。以下关于其撤回的说法哪些是正确的？

A. 李某在被授予专利权之前，可以随时撤回其专利申请

B. 如果李某撤回其申请的声明是在国家知识产权局作好公布其专利申请文件的准备工作之后提出的，则其申请文件仍予公布

C. 李某撤回专利申请的声明生效时间为 2020 年 5 月 18 日

D. 李某撤回其专利申请不得附有任何条件

【解题思路】

申请人可以在被授予专利权之前随时撤回其专利申请。撤回专利申请不得附有任何条件，选项 A、D 均正确。撤回专利申请的声明在国务院专利行政部门作好公布专利申请文件的印刷准备工作后提出的，申请文件仍予公布，选项 B 正确。撤回专利申请的生效日为手续合格通知书的发文日，李某于 2020 年 5 月 18 日声明撤回，但尚未生效，选项 C 错误。

【参考答案】ABD

【K51】中止审查程序

1. 本考点的主要考查角度分析

本考点中包含的关键词有：权属纠纷、人民法院、请求中止、协助中止、1 年、6 个月、通知恢复、自行恢复。本考点考查角度如图 4-17 所示。

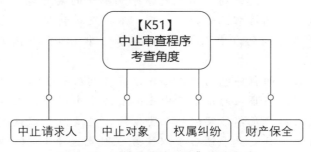

图 4-17 "中止审查程序"考查角度

2. 关键词释义

（1）中止请求人：①权属纠纷当事人。②人民法院。

（2）中止审查对象：涵盖授权前和授权后由国家知识产权局审查的全部程序。中止请求批准前已进入公布或者公告准备的，该程序不受中止的影响。

（3）因权属纠纷而中止：①提出中止请求的当事人，出具已请求行政调解或起诉的证明

材料。②纠纷1年内未结案的,请求人可申请延长一次,期限延长不超过6个月;期满未请求延长的,专利局自行恢复有关程序。③无效宣告程序被中止的,中止期限不超过1年,中止期限届满专利局将自行恢复。

(4) 因财产保全而中止:①民事案件中,人民法院裁定对专利申请权或专利权采取保全措施的,专利局收到协助执行中止通知书之日起,中止相关审查程序。②中止程序的期限,按照民事裁定书及协助执行通知书写明的财产保全期限执行。③保全期限届满,人民法院没有裁定继续采取保全措施的,专利局自行恢复有关程序。

3. 典型例题及解析

【例 K51-1】以下有关中止程序的说法哪些是正确的?

A. 当事人因专利权归属发生纠纷已向人民法院起诉的,可以请求国家知识产权局中止正在进行的无效宣告请求审查程序

B. 当事人请求中止有关程序的,应当以书面形式提出中止请求,并附具案件受理部门的受理文件副本

C. 在中止专利权有关程序期间,国家知识产权局对专利权人姓名或者名称不予变更

D. 当事人因专利权归属发生纠纷请求中止有关程序的期限为1年,不得申请延长

【解题思路】

中止的对象包括无效宣告程序,因此选项A正确。当事人请求中止有关程序的,应当向国务院专利行政部门提交请求书,并附具管理专利工作的部门或者人民法院写明申请号或者专利号的有关受理文件副本,选项B正确。在中止专利权有关程序期间,国家知识产权局不予办理专利权人变更手续,选项C正确。当事人因权属纠纷请求中止程序1年内未结案的,可申请延长一次,延长期限不超过6个月,选项D错误。 【参考答案】ABC

【例 K51-2】下列哪些说法是正确的?

A. 当事人因专利权归属发生纠纷的,可以请求国家知识产权局中止原专利权人放弃专利权的程序

B. 对于因专利申请权归属纠纷当事人的请求而中止的实质审查程序,在国家知识产权局收到发生法律效力的调解书或者判决书后,涉及权利人变动的,只能依申请恢复审查程序

C. 对于因专利申请权归属纠纷当事人的请求而中止的实质审查程序,在国家知识产权局收到发生法律效力的调解书或者判决书后,不涉及权利人变动的,应当予以恢复

D. 无效宣告程序被中止的,中止期限不得延长,中止期限届满专利局将自行恢复

【解题思路】

当事人可以申请中止的程序包括暂停办理放弃专利权等手续,因此选项A正确。对于因专利申请权归属纠纷当事人的请求而中止的实质审查程序,在专利局收到发生法律效力的调解书或判决书后,凡不涉及权利人变动的,应及时予以恢复;涉及权利人变动的,在办理相应的著录项目变更手续后予以恢复。因此选项B、C均正确。无效宣告程序被中止的,中止期限不超过1年,中止期限届满专利局将自行恢复,选项D正确。

【参考答案】ABCD

【K52】权利的恢复

1. 本考点的主要考查角度分析

本考点中包含的关键词有:不可抗拒事由、其他正当理由、2个月、2年、恢复权利请求书、同时、恢复权利请求费。本考点考查角度如图4-18所示。

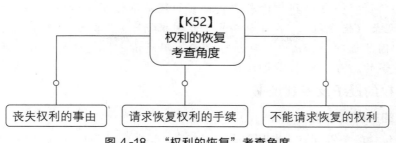

图 4-18 "权利的恢复"考查角度

2. 关键词释义

（1）丧失权利事由：①当事人因不可抗拒的事由而延误期限导致权利丧失，自障碍消除之日起 2 个月内，最迟自期限届满之日起 2 年内，可以请求恢复权利。②当事人因其他正当理由而延误期限导致权利丧失，可以自收到通知之日起 2 个月内向国务院专利行政部门请求恢复权利。

（2）请求恢复权利的手续：①当事人应当提交恢复权利请求书，说明理由并办理权利丧失前应当办理的相应手续。②基于不可抗拒事由请求恢复权利的，必要时附具有关证明文件。③基于正当事由请求恢复权利的，还应当同时缴纳恢复权利请求费。

（3）不能请求恢复权利：①不丧失新颖性的宽限期；②优先权期限；③专利权的期限；④侵权诉讼时效。

3. 典型例题及解析

【例 K52-1】当事人因耽误期限而造成权利丧失的，如何办理请求恢复权利的手续？

A. 当事人因不可抗拒的事由而延误期限导致权利丧失，应当自障碍消除之日起 2 年内请求恢复权利

B. 当事人因其他正当理由而延误期限导致权利丧失，可以自收到通知之日起 2 个月内请求恢复权利

C. 当事人因耽误期限而造成权利丧失请求恢复权利的，应当缴纳恢复权利请求费

D. 当事人因耽误期限而造成权利丧失请求恢复权利的，应当同时办理权利丧失前应当办理的相应手续

【解题思路】

当事人因不可抗拒的事由而导致其权利丧失的，自障碍消除之日起 2 个月内，最迟自期限届满之日起 2 年内，可以请求恢复权利。选项 A 错误，最长期限是自期限届满之日起算的。当事人因其他正当理由而延误期限导致权利丧失，可以自收到通知之日起 2 个月内请求恢复权利，选项 B 正确。当事人因其他正当事由而耽误期限造成权利丧失请求恢复权利的，应当缴纳恢复权利请求费，因不可抗力事由的，不需要缴纳恢复权利请求费，选项 C 错误。当事人请求恢复权利的，应当同时办理权利丧失前应当办理的相应手续，选项 D 正确。

【参考答案】BD

【例 K52-2】当事人因耽误下列哪些期限而造成权利丧失的，不能请求恢复权利？

A. 要求优先权的期限 B. 专利权的保护期限
C. 提出复审请求的期限 D. 答复审查意见通知书的期限

【解题思路】

当事人因不可抗拒事由或其他正当理由而延误期限导致其权利丧失的，可以向国务

院专利行政部门请求恢复权利。请求恢复权利的规定不适用于专利法第二十四条（宽限期）、第二十九条（优先权）、第四十二条（专利权期限）、第七十四条（侵权诉讼时效）规定的期限。因此选项A、B中的期限延误的，不能请求恢复权利，符合题意。选项C、D中的期限延误的，可以请求恢复权利。

【参考答案】AB

【K53】专利权的授予及专利证书

1. 本考点的主要考查角度分析

本考点中包含的关键词有：办理登记、2个月、年费、视为放弃取得专利权的权利、电子证书、更换。本考点考查角度如图4-19所示。

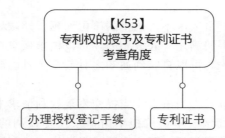

图4-19 "专利权的授予及专利证书"考查角度

2. 关键词释义

（1）办理授权登记手续：专利局发出办理专利授权登记手续通知书的，申请人应当在收到通知之日起2个月内办理登记手续。申请人在办理登记手续时，应当缴纳授权当年的年费、专利证书印花税。申请人未在规定期限内办理登记手续的，视为放弃取得专利权的权利。

（2）专利证书：授权公告日在2020年3月3日之后的专利电子申请，国家知识产权局将通过专利电子申请系统颁发电子专利证书。因专利权转移、专利权人更名的，专利局不再更换专利证书。专利权因权属纠纷而导致改变专利权人的，根据请求及相关证明文件予以更换证书。专利权终止后，不再更换专利证书。

3. 典型例题及解析

【例K53-1】赵某的一件发明专利申请的申请日为2018年9月19日，授予专利权通知书的发文日为2020年5月11日，赵某于2020年5月20日收到该通知。下列说法正确的是？

A. 赵某应当在2020年7月26日前办理授权登记手续，并在2020年9月19日前缴纳第二年度的年费

B. 赵某应当在2020年7月20日前办理授权登记手续，并同时缴纳第二年度的年费

C. 赵某应当在2020年9月19日前缴纳第三年度的年费

D. 赵某应当在2021年9月19日前缴纳第三年度的年费

【解题思路】

国务院专利行政部门发出授予专利权的通知后，申请人应当自收到通知之日起2个月内办理登记手续。授予专利权当年的年费应当在办理登记手续的同时缴纳，以后的年费应当在上一年度期满前缴纳。缴费期限届满日是申请日在该年的相应日。本题中赵某的专利申请日是2018年9月19日，则2018年9月19日至2019年9月18日为第一个年度，2019年9月19日至2020年9月18日为第二个年度，2020年9月19日至2021

年9月18日为第三个年度。赵某收到授权通知书的推定收到日为2020年5月26日，因此赵某办理授权登记手续的最后期限为2020年7月26日。赵某办理授权登记手续时应当同时缴纳授权当年的年费，即第二年的年费，因此选项A、B均错误。第三年的年费应当在上一年度期满前缴纳，即2020年9月19日前缴纳，选项C正确，选项D错误。

【参考答案】C

【例K53-2】关于专利证书，以下说法正确的是？

A. 申请人于2021年提交的专利电子申请获得授予专利权的，国家知识产权局将通过专利电子申请系统颁发电子专利证书，不再颁发纸质版专利证书

B. 一件专利有四名专利权人的，国家知识产权局直接颁发一正三副四本专利证书

C. 专利证书损坏的，专利权人可以请求重新制作专利证书，不论专利权是否已经终止

D. 因专利权的转让变更专利权人的，可以请求更换专利证书

【解题思路】

授权公告日在2020年3月3日之后的专利电子申请，仅颁发电子专利证书，选项A正确。有多个专利权人的，国家知识产权局依申请颁发专利证书正本及副本，选项B错误。专利证书损坏的，专利权人可以请求重新制作专利证书，专利权已经终止的除外，选项C错误。因专利权的转让变更专利权人的，不予更换专利证书，选项D错误。

【参考答案】A

【K54】专利登记簿与案卷的查阅和复制

1. 本考点的主要考查角度分析

本考点中包含的关键词有：专利授权时、同等效力、以专利登记簿记载为准、副本、查阅与复制。本考点考查角度如图4-20所示。

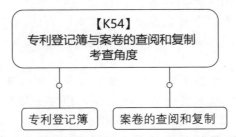

图4-20 "专利登记簿与案卷的查阅和复制"考查角度

2. 关键词释义

（1）专利登记簿：①专利登记簿在专利授权时建立，记载专利权的授予、专利权的转移、专利权的无效宣告、专利权的终止、专利权的许可与质押、专利权人信息变更等。②授予专利权时，专利登记簿与专利证书上记载的内容一致，法律上具有同等效力；授权之后，二者记载的内容不一致的，以专利登记簿上记载的法律状态为准。③专利权授权公告之后，任何人都可以向专利局请求出具专利登记簿副本。

（2）案卷的查阅与复制：任何人在维护自己利益的同时，也不得侵害他人的合法权益：①专利审查阶段：未公开的文件仅申请人及其专利代理师可以查阅和复制；已公开的文件任何人均可查阅和复制。②复审无效阶段：允许查阅和复制申请阶段的文件及复审、无效阶段的文件。③不予查阅和复制的文件：涉及国家利益、个人隐私或商业秘密等情形的，以及国家知

识产权局内部的文件，不予查阅和复制。

3. 典型例题及解析

【例 K54-1】 下列有关专利登记簿的说法正确的是？

A. 国家知识产权局在受理专利申请后即行建立专利登记簿

B. 只有专利权人及利害关系人可以请求国家知识产权局出具专利登记簿副本

C. 授予专利权时专利登记簿与专利证书上记载的内容一致，在法律上具有同等效力

D. 专利登记簿与专利证书中记载的专利权人不一致时，以专利证书记载的内容为准

【解题思路】

专利局授予专利权时应当建立专利登记簿，选项 A 错误。专利权授予公告之后，任何人都可以向专利局请求出具专利登记簿副本，选项 B 错误。授予专利权时，专利登记簿与专利证书上记载的内容是一致的，在法律上具有同等效力；专利权授予之后，专利的法律状态的变更仅在专利登记簿上记载，由此导致专利登记簿与专利证书上记载的内容不一致的，以专利登记簿上记载的法律状态为准。因此选项 C 正确，选项 D 错误，专利登记簿与专利证书上记载的内容不一致的，以专利登记簿记载的内容为准。

【参考答案】 C

【例 K54-2】 下列哪些事项应当在专利登记簿中登记？

A. 专利权的转移　　　　　　　　B. 专利权人的国籍变更

C. 专利实施许可合同的备案　　　D. 专利权的恢复

【解题思路】

专利权的转移、专利权人的国籍和地址的变更、专利实施许可合同的备案、专利权的恢复均属于专利登记簿中记载的内容，因此选项 A、B、C、D 均符合题意。

【参考答案】 ABCD

【例 K54-3】 下列哪些说法是正确的？

A. 申请人有权查阅和复制专利案卷中的所有文件

B. 对于授权公告前的实用新型专利申请案卷，申请人及其代理人可以请求查阅和复制

C. 对于复审和无效宣告程序中的文件，该案当事人可以请求查阅和复制

D. 当事人向国家知识产权局提供的各种文件，均可查阅和复制

【解题思路】

涉及国家利益或者因国家知识产权局内部业务及管理需要在案卷中留存的有关文件，不予查阅和复制，选项 A 错误。对于授权公告前的实用新型专利申请案卷，申请人及其专利代理师可以请求查阅和复制，选项 B 正确。对于复审和无效宣告程序中的文件，查阅和复制请求人仅限于该案当事人，选项 C 正确。当事人提供的各种文件，原则上可以查阅和复制，但查阅和复制行为可能存在损害当事人合法权益，或者涉及个人隐私或商业秘密等情形的除外，因此选项 D 错误。

【参考答案】 BC

【K55】 分案申请

1. 本考点的主要考查角度分析

本考点中包含的关键词有：类别、优先权、申请日、申请人、发明人、尚未授权、可申请复审、可提起诉讼、保护不同的发明创造、主动分案、被动分案、期限、费用。本考点考查角度如图 4-21 所示。

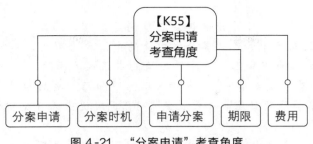

图 4-21 "分案申请"考查角度

2. 关键词释义

（1）分案申请：①分案申请的类别应当与原申请的类别一致。②分案申请可以享有原申请享有的优先权。③分案申请不得超出原申请记载的范围。④分案的申请日：以原申请的申请日为分案申请的申请日。⑤申请人：分案申请的申请人应当与原申请的申请人相同。再次分案申请的申请人应当与其基于的分案申请的申请人相同。⑥发明人：分案申请的发明人应当是原申请的发明人，或是其中的部分成员。再次分案申请的发明人应当是其基于的分案申请的发明人或是其中的部分成员。

（2）分案时机：①未授权的可分案：申请人可以在办理授权登记的 2 个月期限届满前，提出分案申请。②未死透的可分案：对于已发出驳回决定的原申请在请求复审的 3 个月内，直到收到复审决定，在之后可以提起诉讼的 3 个月内，不论申请人是否启动后续程序，均可提出分案申请。③已授权或已死透不得分案：已经授权，或专利申请已经被驳回、已经撤回、或视为撤回且未被恢复权利的，不能提出分案申请。

（3）申请分案：①分案申请人应当在请求书中填写原申请的申请号和申请日；再次分案的申请，申请人还需在原申请的申请号后的括号内填写该分案申请的申请号。②原申请与分案申请的权利要求书应当分别要求保护不同的发明，说明书可以不修改。③依要求再次分案的，只需考虑其基于的分案申请的法律状态，且无需提交审查意见通知书或者分案通知书的复印件。

（4）期限：分案申请适用的各种法定期限，应当从原申请日起算。对于已经届满或自分案申请递交日起至期限届满日不足 2 个月的各种期限，申请人可以自分案申请递交日起 2 个月内或者自收到受理通知书之日起 15 日内补办各种手续。

（5）费用：对于分案申请，应当视为一件新申请收取各种费用。对于已经届满或自分案申请递交日至期限届满日不足 2 个月的各种费用，申请人可以在自分案申请递交日起 2 个月内或者自收到受理通知书之日起 15 日内补缴。

3. 典型例题及解析

【例 K55-1】下列关于分案申请的说法哪些是正确的？

A. 分案申请可以保留原申请的申请日
B. 分案申请可以保留原申请享有的优先权
C. 基于发明专利申请提出的分案申请，可以是实用新型
D. 分案申请不得超出原申请记载的范围

【解题思路】

分案申请，可以保留原申请日，享有优先权的，可以保留优先权日，但是不得超出原申请记载的范围。因此选项 A、B、D 均正确。分案申请的类别应当与原申请的类别

一致，选项 C 错误。

【参考答案】ABD

【例 K55-2】下列关于分案申请的说法正确的是？

A. 原申请的申请人为甲和乙，其分案申请的申请人为甲的，不需要提交转让证明

B. 原申请的申请人为甲和乙，其分案申请的申请人为丙的，应当提交转让证明

C. 原申请 F1 和其分案申请 F2 的申请人均为甲和乙，之后申请人将分案申请 F2 转让给了丙，并办理了著录项目变更手续；基于 F2 再次提出的分案申请 F3 的申请人应当是丙

D. 原申请 F1 和其分案申请 F2 的申请人均为甲和乙，之后申请人将分案申请 F2 转让给了丙，并办理了著录项目变更手续；基于 F2 再次提出的分案申请 F3 的申请人应当是甲和乙

【解题思路】

分案申请的申请人应当与提出分案申请时原申请的申请人相同。针对分案申请提出再次分案申请的申请人应当与该分案申请的申请人相同。不符合规定的，审查员应当发出分案申请视为未提出通知书。选项 A、B 均错误，原申请的申请人为甲和乙，则提出分案申请的申请人只能是甲和乙，即原申请的申请人。选项 C 正确，选项 D 错误，在分案申请 F2 的权利发生转让，通过著录项目变更手续将申请人甲和乙变更为丙之后再基于 F2 进行分案的，提出分案申请 F3 的申请人应当是 F2 的申请人丙，而不是甲和乙。

【参考答案】C

【例 K55-3】下列关于分案申请的说法正确的是？

A. 原申请的发明人为甲、乙和丙，其分案申请的发明人仅为甲和乙是允许的

B. 原申请的发明人为甲、乙和丙，其分案申请的发明人为甲、乙、丙和丁的，应当提交全体发明人签字或盖章的同意增加丁为发明人的说明

C. 原申请 F1 的发明人为甲、乙和丙，其分案申请 F2 的发明人为甲和乙，基于 F2 再次提出的分案申请 F3 的发明人仅为甲是允许的

D. 原申请 F1 的发明人为甲、乙和丙，其分案申请 F2 的发明人为甲和乙，基于 F2 再次提出的分案申请 F3 的发明人为甲、乙和丙是允许的

【解题思路】

分案申请的发明人应当是原申请的发明人或者其中的部分成员。因此选项 A 正确，选项 B 错误，分案申请中不得增加新的发明人。针对分案申请提出的再次分案申请的发明人应当是该分案申请的发明人或者是其中的部分成员。因此选项 C 正确，选项 D 错误，基于 F2 再次分案的，再次分案申请的发明人只能是甲和乙或者其中一人。

【参考答案】AC

【例 K55-4】李某向国家知识产权局提出了一项发明专利申请，基于该申请提出分案申请的表述正确的是？

A. 李某可以在实质审查期间基于该专利申请提出分案申请

B. 如果李某撤回了专利申请后，又基于该申请提出分案申请的，审查员应当发出视为未提出通知书

C. 如果李某因为未缴纳申请费而被视为撤回且未被恢复权利，之后李某基于该申请提出分案申请的，审查员应当发出视为未提出通知书

D. 如果李某的发明专利申请被驳回后，在允许请求复审的期间李某提出分案申请的，审查员应当发出视为未提出通知书

【解题思路】

申请人最迟应当在收到专利局对原申请作出授予专利权通知之日起2个月期限届满之前提出分案申请。上述期限届满后，或者原申请已被驳回，或者原申请已撤回，或者原申请被视为撤回且未被恢复权利的，一般不得再提出分案申请。对于审查员已发出驳回决定的原申请，自申请人收到驳回决定之日起3个月内，不论申请人是否提出复审请求，均可以提出分案申请。对于分案申请递交日不符合上述规定的，审查员应当发出分案申请视为未提出通知书，并作结案处理。因此选项A正确，专利申请授权前、审查过程中，李某可以提出分案申请。选项B、C均正确，专利申请已经撤回或被视为撤回的，不得再要求分案。选项D错误，专利申请被驳回后的3个月请求复审的期间，李某仍然可以提出分案申请。 【参考答案】ABC

【例K55-5】李某于2019年1月8日向国家知识产权局提交了一件发明专利申请，要求保护一种电气设备产品及其制造方法。实质审查阶段，审查员向李某发出了审查意见通知书，指出李某要求保护的产品和方法之间不具备单一性。李某于2020年3月30日就该申请提出了分案申请，分案申请保护电气设备的制造方法。下列哪些说法是正确的？

A. 如果李某在分案申请中正确地填写了原申请号但未填写原申请日，则国家知识产权局将不受理李某的分案申请

B. 如果李某在分案申请中正确地填写了原申请日但未填写原申请号，则国家知识产权局将按照一般专利申请受理

C. 李某需对原申请和分案申请的说明书进行修改，删去原申请说明书中电气设备的制造方法内容，将该部分内容作为分案申请的说明书中的内容，否则其分案申请视为未提出

D. 李某需对原申请和分案申请的权利要求书进行修改，删去原申请权利要求书中电气设备的制造方法内容，将该部分内容作为分案申请的权利要求书中的内容，否则其分案申请视为未提出

【解题思路】

分案申请请求书中原申请的申请号填写正确，但未填写原申请的申请日的，以原申请号所对应的申请日为申请日，选项A错误。分案申请请求书中未填写原申请的申请号的，按照一般专利申请受理，选项B正确。分案以后的原申请与分案申请的权利要求书应当分别要求保护不同的发明，选项D正确。分案申请的说明书可以修改为与权利要求对应，也可以不作修改保留原申请的全部内容，选项C错误。 【参考答案】BD

【例K55-6】甲公司于2018年5月8日通过邮局向国家知识产权局提交了一件要求了美国优先权的发明专利申请F1，优先权日为2017年6月8日。甲公司在提出专利申请的同时请求提前公布和进行实质审查，并缴纳了实质审查费。国家知识产权局于2020年3月8日发出了进入实质审查阶段通知书。由于F1不符合单一性要求，甲公司按照审查意见于2020年7月5日提出了分案申请F2。审查员于2021年3月5日向甲公司发出了F2不具有单一性的审查意见通知书，甲公司于2021年4月3日基于F2提出了分案申请F3。下列说法正确的是？

A. 分案申请F2的申请日为2018年5月8日，分案申请F3的申请日为2020年7月5日

B. 虽然甲公司针对专利申请F1缴纳了实质审查费，但分案申请F2和F3仍然需要

缴纳实质审查费才能进行实质审查

C. 甲公司针对分案申请 F2 的实质审查，应当自 2020 年 7 月 5 日起 3 年内提出请求

D. 如果甲公司提出分案申请 F3 时原申请 F1 已经获得授权，则再分案申请 F3 将视为未提出

【解题思路】

提出的分案申请，可以保留原申请日，享有优先权的，可以保留优先权日，但是不得超出原申请记载的范围。本题中专利申请 F1 享有优先权，因此分案申请 F2 和再分案 F3 均可享有该优先权，且申请日为原申请的申请日，即 2018 年 5 月 8 日，选项 A 错误。对于分案申请，应当视为一件新申请收取各种费用，因此对于分案申请 F2 和 F3 甲公司均应当缴纳实质审查费，才能启动实质审查程序，选项 B 正确。分案申请适用的各种法定期限，如提出实质审查请求的期限，应当从原申请日起算。因此分案申请 F2 的实质审查期限应当自优先权日 2017 年 6 月 8 日起算 3 年内，即 2020 年 6 月 8 日前提出实质审查请求，但申请人提出分案申请 F2 时，实质审查期限已经届满，因此应当自提出分案申请 F2 之日起 2 个月内或者自收到受理通知书之日起 15 日内提出，以后到期为准。因此选项 C 错误。申请人按照审查员的审查意见再次提出分案申请的，再次提出分案申请的递交时间应当以该存在单一性缺陷的分案申请为基础审核，因此分案申请 F3 提出时只考虑 F2 法律状态，确定是否符合规定，不再考虑原申请 F1 的法律状态，即原申请 F1 已经授权的，不影响 F3 申请的有效性，选项 D 错误。

【参考答案】B

【K56】著录项目变更

1. 本考点的主要考查角度分析

本考点中包含的关键词有：发明人、申请人、1 个月、代理事项、申报书、技术出口、手续合格通知书的发文日。本考点考查角度如图 4-22 所示。

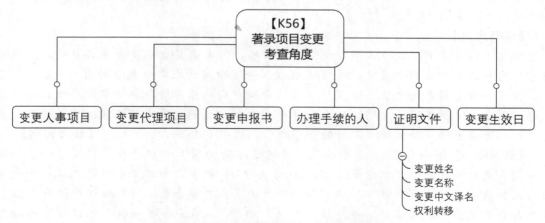

图 4-22 "著录项目变更"考查角度

2. 关键词释义

（1）变更人事项目：包括申请人、专利权人、发明人、联系人、代表人事项；申请人应自提出请求之日起 1 个月内缴纳著录项目变更申请费。

（2）变更代理信息事项，包括变更专利代理机构的名称和注册信息、专利代理师信息

的，无需缴纳费用。

（3）变更申报书：申请人应当提交著录项目变更申报书。一件专利申请同时变更多项只需提交一份申报书；一件专利申请同一项目连续变更的，应当分别提交申报书。

（4）办理手续的人：未委托专利代理机构的，申请人自行办理；有委托的，由专利代理机构办理。因权利转移而引起的变更，也可以由新的权利人或者其委托的专利代理机构办理。

（5）证明文件：①变更姓名：（i）个人更改姓名的，提交户籍管理部门出具的证明文件。(ii) 因漏填或者错填发明人的，应当提交由全体申请人或专利权人以及变更前全体发明人签字或者盖章的证明文件。②变更单位名称，提交有关部门出具的证明文件。③变更中文译名的，提交需要变更的发明人或专利申请人的声明。

（6）权利转移：①因权属纠纷而转移：应当提交发生效力的调解书、判决书、仲裁裁决书，或者全体当事人签字或盖章的同意转移协议书。②转让或赠与：（i）提交带有双方签字或盖章的转让合同或赠与合同，以及必要时还应当提交主体资格证明；属于共有权利的，应当提交全体权利人同意转让或者赠与的证明材料。(ii) 向外转让或赠与，即转让方有中国的单位或个人，受让方有外国以及我国香港、澳门、台湾地区的单位或个人的，对于发明或者实用新型专利申请或专利的转让，应当出具国务院商务主管部门颁发的《技术出口许可证》或者《自由出口技术合同登记证书》，或者地方商务主管部门颁发的《自由出口技术合同登记证书》。

（7）变更生效日：著录项目变更手续自专利局发出变更手续合格通知书之日起生效。

3. 典型例题及解析

【例 K56-1】 下列有关变更姓名或者名称的说法哪些是正确的？
A. 我国公民因更改姓名提出变更请求的，应当提交本人签字或者签章的声明
B. 我国企业法人因更名提出变更请求的，应当提交市场监督管理部门出具的证明文件
C. 专利申请过程中发现漏填发明人的，应当提交由变更前全体发明人签字或者盖章的证明文件
D. 外国申请人因更改中文译名提出变更请求的，应当提交申请人的声明

【解题思路】
我国公民更改姓名的，应当提交户籍管理部门出具的证明文件，而不是本人的声明，选项 A 错误。我国企业法人变更名称的，应当提交市场监督管理部门出具的证明文件，选项 B 正确。漏填发明人的，应当提交由全体申请人以及变更前全体发明人签章的证明文件，选项 C 错误。外国申请人更改中文译名的，应当提交申请人的声明，选项 D 正确。

【参考答案】 BD

【例 K56-2】 下列主体之间发生权利转让，应当出具商务主管部门颁发的《技术出口许可证》或者《自由出口技术合同登记证书》的是？
A. 甲公司的法定代表人李某拟将其公司的一项实用新型专利转让给美国某公司
B. 上海甲公司和英国乙公司共同开发新产品并获得了一项发明专利权，现决定将该专利权转让给日本的丙公司
C. 北京人张某在美国工作期间向国家知识产权局提交了一件发明专利申请，现欲将该专利申请权转让给一家在中国上海注册成立的美国全资公司
D. 南京某大学李教授将其一项外观设计专利转让给韩国某公司

【解题思路】

需要商务部门出具证明的前提是涉及发明或者实用新型向外转让，即转让方有中国的单位或个人，受让方有外国或我国香港、澳门和台湾地区的单位或个人。选项A中向外转让的是一项实用新型专利，因此需要提交商务部门出具的许可证或者备案登记证，选项A符合题意。选项B中转让方有中国公司，受让方为外国公司，转让的是发明专利权，因此需要提交商务部门出具的证明，选项B符合题意。选项C中的受让方是在中国注册成立的外资公司，是中国的公司，因此不需要提交商务部门出具的证明，选项C不符合题意。选项D中转让的是一项外观设计专利，不需要出具商务部门的证明，选项D不符合题意。

【参考答案】AB

【例K56-3】我国甲公司将其一件实用新型专利转让给了日本乙公司，乙公司委托了丙专利代理机构办理相关事宜，下列说法正确的是？

A. 应当提交一份著录项目变更申报书
B. 应当同时缴纳著录项目变更申请费
C. 该转让可以由丙代理机构办理
D. 应当提交由商务部门出具的《技术出口许可证》

【解题思路】

专利权人变更的，应当提交著录项目变更申报书，并自申请人提出请求之日起1个月内缴纳著录项目变更申请费，因此选项A正确，选项B错误，变更申请费不要求同时缴纳。因权利转移而引起的变更，也可以由新的权利人或者其委托的专利代理机构办理，选项C正确。本题涉及实用新型专利向外转让，需要商务部门出具的证明，只有涉及的技术属于限制类的才需要出具《技术出口许可证》，如果涉及的是自由进出口类技术，则需要出具《自由出口技术合同登记证书》，选项D错误。

【参考答案】AC

【K57】专利权评价报告

1. 本考点的主要考查角度分析

本考点中包含的关键词有：请求书、请求费、1个月、2个月、查阅或复制、证据、已经授权、专利权人、利害关系人、被控侵权人。本考点考查角度如图4-23所示。

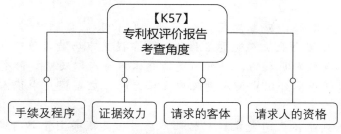

图4-23 "专利权评价报告"考查角度

2. 关键词释义

（1）手续及程序：①受理机关：国家知识产权局。②请求书：请求作出专利权评价报告的，应当提交专利权评价报告请求书，写明专利号。每项请求应当限于一项专利权。③请求费：请求人应当自提出专利权评价报告请求之日起1个月内缴纳专利权评价报告请求费。④作出期限：报告应当在受理之日起2个月内作出。⑤查阅和复制：国家知识产权局作出专利权评价报告后，任何单位或个人可以查阅或复制。

(2) 证据效力：专利权评价报告是人民法院或管理专利工作的部门审理、处理专利侵权纠纷的证据，是否采信，取决于人民法院或者管理专利工作的部门。专利权评价报告不是行政决定，不是行政复议或行政诉讼的客体。

(3) 请求的客体：请求的客体应当为已经授权公告的实用新型专利或者外观设计专利，包括已经终止或已经放弃的。请求的客体不得是：①尚未授权的；②已经被宣告全部无效的；③已经作出过专利权评价报告的。

(4) 请求人的资格：有资格提出请求的主体为专利权人、利害关系人或者被控侵权人。请求人可以是部分专利权人。

3. 典型例题及解析

【例 K57-1】下列有关实用新型专利权评价报告的说法正确的是？
A. 请求作出专利权评价报告的，应当提交专利权评价报告请求书，写明专利号，并同时缴纳请求费
B. 国家知识产权局应当自收到专利权评价报告请求书后 1 个月内作出专利权评价报告
C. 国家知识产权局仅作出一份专利权评价报告
D. 只有专利权人或者利害关系人可以查阅或者复制专利权评价报告

【解题思路】
请求作出专利权评价报告的，应当提交专利权评价报告请求书，写明专利号，但请求费可以自提出请求之日起 1 个月内缴纳，选项 A 错误。作出专利权评价报告的期限为自收到专利权评价报告请求书后 2 个月内，选项 B 错误。有多个请求人请求作出专利权评价报告的，国务院专利行政部门可以仅作出一份专利权评价报告，选项 C 正确。任何单位或者个人可以查阅或者复制该专利权评价报告，选项 D 错误。　　　　　　【参考答案】C

【例 K57-2】关于专利权评价报告，下列说法正确的是？
A. 在授予实用新型专利权的决定公告后即可请求作出专利权评价报告
B. 请求对已经终止的外观设计专利权作出专利权评价报告的，不予受理
C. 请求人认为专利权评价报告存在错误的，可以向国家知识产权局提起行政复议
D. 专利权人对专利权评价报告的结论不服的，可以申请行政复议

【解题思路】
专利权评价报告请求的客体是已经授权公告的实用新型专利或者外观设计专利，包括已经终止或者放弃的实用新型专利或者外观设计专利，选项 A 正确，选项 B 错误。请求人认为专利权评价报告存在需要更正的错误的，可以请求更正，而不是提起行政复议，选项 C 错误。专利权评价报告可以作为审理、处理专利侵权纠纷的证据，不是行政决定，因此专利权人对专利权评价报告的结论不服的不能申请行政复议或提起行政诉讼，选项 D 错误。　　　　　　【参考答案】A

【例 K57-3】关于专利权评价报告，下列说法正确的是？
A. 专利实施独占许可合同的被许可人有权请求作出专利权评价报告
B. 专利实施普通许可合同的被许可人无权作出专利权评价报告
C. 被控侵权人无权作出专利权评价报告
D. 专利权属于共有权利的，部分权利人提出专利权评价报告请求的，不予受理

【解题思路】

可以请求作出专利权评价报告的主体包括专利权人、利害关系人和被控侵权人。共有权利的，请求人可以是部分专利权人。因此选项 A 正确，选项 B、C、D 均错误，普通许可的被许可人、被控侵权人、部分权利人均可向国家知识产权局请求作出专利权评价报告。

【参考答案】A

【例 K57-4】下列属于外观设计专利权评价报告所涉及的内容的是？
A. 外观设计是否属于专利法第二条第四款规定的客体
B. 外观设计是否符合专利法第二十三条第一款规定的新颖性
C. 外观设计是否符合专利法第二十三条第三款的规定
D. 外观设计专利文件的修改是否符合专利法第三十三条的规定

【解题思路】

外观设计专利权评价所涉及的内容包括是否属于专利法第二条第四款规定的客体，选项 A 符合题意；包括是否符合专利法第二十三条第一款规定的新颖性，选项 B 符合题意；包括专利文件的修改是否符合专利法第三十三条的规定，即修改不超范围，选项 D 符合题意。其所涉及的内容不包括是否符合专利法第二十三条第三款的规定，即是否与在先权利相冲突，选项 C 不符合题意。

【参考答案】ABD

【K58】行政复议

1. 本考点的主要考查角度分析

本考点中包含的关键词有：复审决定、无效宣告决定、强制许可使用费裁决、关于 PCT 申请的行政决定、其他行政决定、60 日、30 日。本考点考查角度如图 4-24 所示。

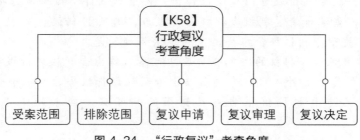

图 4-24 "行政复议"考查角度

2. 关键词释义

（1）受案范围：专利申请人、专利权人对国家知识产权局作出的有关具体行政行为不服的。强制许可请求人对国家知识产权局作出的终止强制许可的决定不服的。复审请求人、无效宣告当事人对复审、无效宣告决定以外的程序性决定不服的。专利代理机构/专利代理师对国家知识产权局作出的有关具体行政行为不服的。

（2）排除范围：专利申请人对驳回决定不服的可申请复审。复审请求人对复审决定不服的可提起行政诉讼。当事人对无效宣告决定不服的可提起行政诉讼。当事人对强制许可使用费的裁决不服的可提起行政诉讼。PCT 申请人对行政决定不服的可提起行政诉讼。

（3）复议申请：申请人应当自知道该具体行政行为之日起 60 日内提出申请。行政复议不收取费用。申请人申请行政复议且已被受理的，不得再提起诉讼；反之亦然。

（4）复议审理：审理行政复议案件，以法律、行政法规、部门规章为依据。行政复议决定应自受理之日起 60 日内作出，需要延长的，经批准不得超过 30 日。

(5) 复议决定：①维持：具体行政行为认定事实清楚、证据确凿、适用依据正确、程序合法、内容适当的，应当决定维持。②依法履行职责：被申请人不履行法定职责的，应当决定其在一定期限内履行法定职责。③撤销、变更或确认违法：被申请人作出的行政决定存在下列情形之一：（i）主要事实不清，证据不足的；（ii）适用依据错误的；（iii）违反法定程序的；（iv）超越或者滥用职权的；（v）具体行政行为明显不当的；（vi）出现新证据，撤销或者变更原具体行政行为更为合理的。

3. **典型例题及解析**

【例 K58-1】下列情形中当事人可以申请专利行政复议的有？
A. 专利权人不服国务院专利行政部门作出的强制许可使用费裁决
B. 专利代理机构对管理专利工作的部门作出的罚款决定不服的
C. PCT 申请人对国家知识产权局不予受理其申请不服的
D. 专利代理师对吊销其《专利代理师资格证书》的处罚不服的

【解题思路】

专利权人不服国务院专利行政部门作出的强制许可使用费裁决，应当提起行政诉讼，选项 A 不符合题意。选项 B、D 中的当事人对行政决定不服的，均可申请行政复议，符合题意。对于 PCT 国际申请，申请人对不予受理的决定不服的，只能提起行政诉讼，不得申请行政复议，选项 C 不符合题意。

【参考答案】BD

【例 K58-2】关于当事人向国家知识产权局申请行政复议，以下说法正确的是？
A. 当事人可以自知道相关具体行政行为之日起 60 日内提出行政复议申请
B. 当事人提起行政复议后，应当在规定的期限内缴纳行政复议费
C. 行政复议期间，具体行政行为原则上不停止执行
D. 行政复议决定应自受理之日起 60 日内作出，不得延长

【解题思路】

申请人可以自知道该具体行政行为之日起 60 日内提出行政复议申请，选项 A 正确。行政复议不收取费用，选项 B 错误。行政复议期间，具体行政行为原则上不停止执行，选项 C 正确。行政复议决定应自受理之日起 60 日内作出，需要延长的，经批准不得超过 30 日，选项 D 错误。

【参考答案】AC

三、本章同步训练题目

1. 在专利申请符合受理条件的情况下，下列哪些申请的申请日可以确定为 2020 年 4 月 26 日？
A. 申请人以国家规定的电子申请方式提交的专利申请，提交日为 2020 年 4 月 26 日
B. 国家知识产权局专利代办处于 2020 年 4 月 26 日收到申请人通过邮局递交的专利申请，邮戳日为 2020 年 4 月 25 日
C. 申请人通过快递公司将专利申请文件邮寄到了国家知识产权局受理处，寄出日为 2020 年 4 月 25 日，收到日为 2020 年 4 月 26 日
D. 申请人通过 EMS 将专利申请文件邮寄到了国家知识产权局受理处，寄出日为 2020 年 4 月 26 日，收到日为 2020 年 4 月 27 日

2. 李某就其一项发明创造提出了一件专利申请，该申请的申请文件共有 3 幅图，说明书的附图说明部分也对这 3 幅图作了相应的说明，李某将图 1 仅作为摘要附图，另外 2 幅图作为说明书附图。下列哪些说法是正确的？

A. 如果李某将摘要附图补入说明书附图中，可以享有原申请日
B. 如果李某将摘要附图补入说明书中的，则需重新确定申请日
C. 李某不能将摘要附图补入该说明书附图，他必须重新提交专利申请
D. 如果李某选择删掉说明书中对附图1的说明，则可以保留原申请日

3. 王某于2020年3月15日通过邮局寄交了一件专利申请。王某于2020年5月8日收到了受理通知书，但发现确定的申请日为国家知识产权局的收到日2020年3月18日。如果王某欲请求国家知识产权局更正申请日，则下列哪些说法是正确的？

A. 王某应当在2020年5月15日前提出申请日更正请求
B. 王某应当在2020年5月23日前提出申请日更正请求
C. 王某应当在2020年6月8日前提出申请日更正请求
D. 王某在提出申请日更正请求的同时，应当一并提交证明邮局邮戳日的证明材料

4. 李其和张某共同向国家知识产权局以电子申请方式提交一件发明专利申请。下列说法正确的是？

A. 张某和李某未委托专利代理机构的，二人均应当注册成为电子申请用户
B. 张某和李某未委托专利代理机构的，由张某以电子形式提交专利申请，同时可以指定李某为代表人
C. 张某和李某认为其申请属于保密专利的，不得采用电子申请方式提交专利申请文件
D. 需要签字或盖章的专利申请文件，张某和李某必须寄交带有二人签字或盖章的纸质书面材料

5. 下列哪些选项所示申请号为实用新型专利申请？
A. 202130465498.X
B. 201990004238.0
C. 202020278122.1
D. 201440376384.3

6. 甲公司、乙公司作为共同申请人委托专利代理机构丙办理专利申请事宜，下列关于解除或者辞去专利代理委托的说法正确的是？

A. 办理解除委托的手续时，提交的著录项目变更申报书或单独附具的解聘书中，可以仅由甲公司签字或盖章
B. 办理解除委托的手续时，提交的著录项目变更申报书或单独附具的解聘书中，应当由甲公司、乙公司共同签字或盖章
C. 专利代理机构丙办理辞去委托手续的，应当在提交著录项目变更申报书的同时，附具委托人签字或盖章的同意其辞去委托的声明
D. 办理解除委托的手续生效前，审查员应当将文件接收人暂时变更为请求书中的第一署名申请人

7. 关于办理解除委托或辞去委托的手续，下列说法正确的是？

A. 第一署名人是在中国内地没有营业所的澳门公司办理解除委托手续时，没有同时委托新的专利代理机构的，其解除委托的手续视为未提出
B. 专利申请权转让且受让方为在中国内地没有营业所的外国公司的，如果该公司没有同时提交委托专利代理机构的手续，则该专利申请权转让不予批准
C. 专利申请权转让而专利代理机构无变化的，不需要办理变更手续
D. 委托专利代理机构申请专利的，专利代理机构可以指定3位专利代理师办理委托事项

8. 在复审和无效宣告程序中，关于当事人委托专利代理机构的说法正确的是？

A. 专利代理机构在当事人的专利申请阶段已经接受委托的，无需向国家知识产权局重

新提交委托手续

B. 在复审和无效宣告阶段，当事人在国家知识产权局办理委托手续的，之后发生辞去委托或解除委托情况的，无需办理著录项目变更手续

C. 无效宣告程序中，专利代理机构不得同时接受无效宣告请求人和专利权人的委托

D. 在复审和无效宣告阶段，一方当事人可以同时委托多家专利代理机构，但需要确定其中之一作为收件人

9. 在满足其他条件的情况下，在后申请可以要求享有在先申请的优先权的是？

A. 在先申请记载了某种黏结剂，其中环氧树脂的含量为30％～60％，该申请还公开了环氧树脂含量为40％、80％的实施例；在后申请要求保护的技术方案中环氧树脂的含量为30％～40％

B. 在先申请记载了某种黏结剂，其中环氧树脂的含量为30％～60％，该申请还公开了环氧树脂含量为40％～80％的实施例；在后申请要求保护的技术方案中环氧树脂的含量为40％～80％

C. 在先申请记载了某种化合物的制备方法，其权利要求中记载了加热温度为25℃～50℃，在说明书中记载了加热温度可以为35℃，在后申请权利要求的加热温度为30℃、35℃、50℃

D. 在先申请在说明书中记载了由技术特征a、b构成的技术方案，在权利要求书中记载了技术特征a、c构成的技术方案；在后申请权利要求中记载了由技术特征a、b、c构成的技术方案

10. 甲公司向国家知识产权局提交一件要求本国优先权的发明专利申请，该在先专利申请的申请人为甲公司和乙公司，发明人为丙和丁。下列说法正确的是？

A. 如果该申请的申请人只有甲公司，不需要提交优先权转让证明

B. 如果该申请的申请人为甲公司和戊公司，则应当提交优先权转让证明

C. 该申请的发明人为丙和丁的，不需要提交证明文件

D. 该申请的发明人为丙或丁的，则应当提交证明文件

11. 下列对优先权的理解正确的是？

A. 我国专利法优先权包括外国优先权和本国优先权两类

B. 本国优先权适用于发明和实用新型两种专利类型，不适用于外观设计专利的申请

C. 申请人自在中国第一次提出专利申请之日起12个月内，又向国务院专利行政部门就相同主题提出专利申请的，可以享有优先权

D. 申请人要求优先权的，应当自申请日起3个月内缴纳优先权要求费

12. 李某于2020年7月9日向国家知识产权局提交了一件外观设计专利申请。下列哪些具有相同主题的专利申请可以作为该申请要求本国优先权的基础？

A. 2020年3月9日李某提出的某外观设计专利申请，其已于2020年6月9日在该申请的基础上提出了分案申请

B. 2020年4月8日李某提出的一件要求享有外国优先权的外观设计专利申请

C. 2020年1月5日李某提出的一件外观设计专利申请，于2020年5月10日因没有缴纳专利申请费被视为撤回

D. 2020年2月1日李某提出的一件外观设计专利申请，1个月后李某主动撤回了该申请

13. 申请人李某于2020年5月15日提交一件发明专利申请，并于2020年5月22日收到受理通知书。该申请要求了一项美国优先权，优先权日为2019年6月3日，则以下关于

在先申请文件副本的说法正确的是？

　　A. 应当在 2020 年 8 月 15 日前提交在先申请文件副本

　　B. 应当在 2020 年 8 月 22 日前提交在先申请文件副本

　　C. 应当在 2020 年 10 月 3 日前提交在先申请文件副本

　　D. 李某逾期未提交在先专利申请文件副本的，其申请被视为撤回

14. 李某提出的一件享有外国优先权的外观设计专利申请，优先权日为 2021 年 2 月 20 日，申请日为 2021 年 3 月 7 日。下列说法正确的是？

　　A. 李某的在先申请自 2021 年 3 月 7 日起被视为撤回

　　B. 李某应当在 2021 年 5 月 20 日之前提交在先申请文件的副本

　　C. 如果该项专利申请被授予专利权，则其保护期限至 2031 年 3 月 7 日终止

　　D. 张某以其 2021 年 3 月 10 日获得的商标注册权主张与其在先取得的合法权利相冲突的，人民法院不予支持

15. 在下列哪些情形中申请人可以请求恢复要求优先权的权利？

　　A. 王某在申请时未在请求书中提出优先权声明

　　B. 李某要求优先权声明填写符合规定，但由于未在规定期限内缴纳优先权要求费而被视为未要求优先权

　　C. 张某要求优先权声明填写符合规定，但由于未在规定期限内提交优先权转让证明而被视为未要求优先权

　　D. 赵某要求外国优先权声明填写符合规定，但由于未在规定期限内提交在先申请文件副本而被视为未要求优先权

16. 国家知识产权局对李某的专利申请于 2021 年 1 月 20 日发出了答复审查意见通知书。该通知书因李某更换居住地址而被退回。随后，国家知识产权局于 2021 年 4 月 19 日在专利公报上通过公告方式通知申请人。则该通知书的送达日是？

　　A. 2021 年 2 月 20 日　　　　　　B. 2021 年 4 月 19 日

　　C. 2021 年 5 月 19 日　　　　　　D. 2021 年 6 月 4 日

17. 下列关于期限的说法哪些是正确的？

　　A. 申请人对国务院专利行政部门驳回复审请求的决定不服的，可以自收到通知之日起 3 个月内向人民法院起诉

　　B. 自申请日起 2 个月内，申请人可以对外观设计专利申请主动提出修改

　　C. 期限届满日是法定休假日的，以休假日后的第一个工作日为期限届满日

　　D. 申请人请求延长期限的，应当在提出请求的同时缴纳延长期限请求费

18. 下列关于期限延长的说法哪些是正确的？

　　A. 当事人请求延长期限的，最迟应当在期限届满日提出请求并缴纳延长期限请求费

　　B. 请求人对不予延长期限的审批通知书不服的，可以直接向人民法院起诉

　　C. 复审请求补正通知书中指定的补正期限可以延长

　　D. 提交作为优先权基础的在先申请文件副本的期限可以延长

19. 在下列哪些情形下专利申请将被视为撤回？

　　A. 李某的一件发明专利申请要求享有一项本国优先权，但他在请求书中漏填了在先申请的受理机构且无正当理由不予补正的

　　B. 张某的一项外观设计专利申请，国家知识产权局发出补正通知书，张某无正当理由逾期没有答复的

　　C. 赵某的一项涉及生物材料的专利申请，国家知识产权局要求提交保藏证明和存活证

明，赵某无正当理由不予答复的

D. 刘某的一项就依赖遗传资源完成的发明创造提出的专利申请，国家知识产权局要求补正遗传资源信息披露表，刘某无正当理由不予答复的

20. 下列有关缴费期限的说法哪些是正确的？

A. 延长期限请求费应当在提出请求之日起 1 个月内缴纳

B. 专利权评价报告请求费应当在提出请求之日起 1 个月内缴纳

C. 优先权要求费应当自提出优先权要求之日起 3 个月内缴纳

D. 实质审查费应当在优先权日起 3 年内缴纳

21. 李某于 2020 年 5 月 3 日向国家知识产权局寄交了一件外观设计专利申请，寄出邮戳日为当天，国家知识产权局于 2020 年 5 月 25 日收到了该申请。国家知识产权局向李某发出受理通知书，发文日为 2020 年 6 月 23 日。则李某最迟应当于哪一天缴纳申请费？

A. 2020 年 7 月 3 日　　　　　　B. 2020 年 7 月 22 日

C. 2020 年 7 月 23 日　　　　　 D. 2020 年 7 月 25 日

22. 李某和甲公司共同提出一件发明专利申请，并指定李某为代表人。因两申请人缴纳专利费用有困难，在提出专利申请的同时向国家知识产权局提出了费用减缴请求。下列哪些说法是正确的？

A. 李某和甲公司应当提交费用减缴请求书

B. 李某为代表人，因此只要李某的上一年度年收入低于 6 万元，即满足减缴条件

C. 甲公司是小微企业的，需提交上年度企业所得税年度纳税申报表复印件

D. 李某和甲公司请求减缴实质审查费的，可以在缴纳期限届满日 3 个月之前提出

23. 专利申请文件有以下哪些情形的，国家知识产权局不予受理，并且通知申请人？

A. 专利申请类别不明确或者难以确定

B. 未按照规定撰写或绘制附图

C. 说明书使用日文撰写

D. 实用新型专利申请缺少说明书摘要

24. 申请人李某通过 EMS 给专利局审查员邮寄了一份答复文件，寄出的邮戳日为 2021 年 7 月 3 日，收到地邮局的邮戳日为 2021 年 7 月 7 日，审查员于 2021 年 7 月 9 日收到了该答复文件，并于 2021 年 7 月 10 日转交到专利局受理处，该答复文件的递交日应被认定为哪一天？

A. 2021 年 7 月 3 日　　　　　　B. 2021 年 7 月 7 日

C. 2021 年 7 月 9 日　　　　　　D. 2021 年 7 月 10 日

25. 以下关于保密专利申请的说法哪些是正确的？

A. 保密请求可以由发明专利申请人提出

B. 保密专利申请经实质审查未发现驳回理由的，才能由国家知识产权局作出授予专利权的决定

C. 保密专利申请的实质审查按照与一般发明专利申请相同的基准进行

D. 保密专利申请的授权公告仅公布专利号、申请日和授权公告日，保密专利解密后，应当进行解密公告

26. 甲科研机构欲就一项涉及国防利益的发明创造申请国防专利。下列哪些说法是正确的？

A. 该国防专利申请文件不得按照普通函件邮寄

B. 该国防专利被授予专利权的，保护期限为 20 年，自授权日起算

C. 国防专利申请人在自申请日起 6 个月内或者在答复第一次审查意见通知书时，可以对其国防专利申请主动提出修改

D. 国防专利申请人修改专利申请文件时可以适当超出原说明书和权利要求书记载的范围

27. 下列哪些发明创造向外国申请专利前，需要经过国家知识产权局的保密审查？

A. 美国人托马斯在上海完成的发明创造，拟申请发明专利

B. 甲公司在美国最后调试成功的一项产品发明，其技术方案的实质性内容是在北京完成的

C. 中国人李某被南京公司派驻到英国，在英国完成的一项实用新型

D. 德国人约翰在广州完成的一项外观设计

28. 李某于 2020 年 6 月 19 日向国家知识产权局提出一项发明专利申请，优先权日为 2019 年 7 月 6 日，该申请于 2020 年 9 月 12 日经初步审查合格，以下说法正确的是？

A. 李某未请求提前公布的，其申请应当于 2021 年 12 月 19 日公布该发明专利申请

B. 李某在请求书中一并提出提前公开声明的，该申请在 2020 年 9 月 12 日起进入公布准备阶段

C. 李某在请求书中一并提出提前公开声明，又于 2020 年 9 月 12 日之后请求撤销提前公布的，其申请满 18 个月才予以公布

D. 李某在请求书中未提出提前公开声明的，也可以在公布之前单独提出提前公布请求

29. 李某于 2021 年 3 月 1 日向国家知识产权局提出一件发明专利申请，并要求两项外国优先权，优先权日分别为 2020 年 3 月 1 日和 2020 年 6 月 1 日。2021 年 7 月 15 日李某请求撤回优先权日为 2020 年 3 月 1 日的优先权。下列期限计算正确的是？

A. 该申请经初步审查符合要求的，自 2020 年 3 月 1 日起满 18 个月即行公布

B. 李某提出实质审查请求的期限届满日为 2023 年 3 月 1 日

C. 该申请经初步审查符合要求的，自 2020 年 6 月 1 日起满 18 个月即行公布

D. 李某提出实质审查请求的期限届满日为 2023 年 6 月 1 日

30. 以下有关实质审查程序中会晤的说法正确的是？

A. 申请人委托代理机构的，申请可以不参加会晤，仅由其委托的专利代理师参加

B. 申请人在会晤时提交新的文件的，审查员应当就该新提交的文件与申请人进行讨论并记录讨论的情况

C. 专利代理师与审查员约定会晤后，当会晤内容仅涉及专业技术问题时，专利代理师可以不参加会晤，可以仅由申请人与审查员会晤

D. 会晤记录可以代替申请人的正式书面答复或者修改

31. 李某和张某共同提交了一件发明专利申请，下列说法正确的是？

A. 为了全面理解该申请，审查员在发出第一次审查意见通知书之前，可以主动约请李某和张某进行会晤

B. 采用电话讨论方式的仅适用于解决次要的且不会引起误解的形式方面的缺陷所涉及的问题

C. 李某和张某与审查员沟通交流的方式仅限于会晤、电话讨论，不得采用电子邮件等方式

D. 审查员认为需要到现场进行调查的，可以通知李某和张某安排到现场调查事宜，调查所需费用由申请人承担

32. 甲公司提出的一项发明专利申请被国家知识产权局公布后，李教授认为该专利不具

备新颖性、创造性应当予以驳回，将其发表的多篇文章作为证据和自己认为不应当被授予专利权的意见，一并提交给了国家知识产权局。下列说法正确的是？

A. 专利审查过程中没有异议程序，国家知识产权局应当对李教授的意见不予考虑

B. 李教授提交的证据和意见应当存入该申请文档中，供审查员在实质审查时考虑

C. 如果李教授提交的证据和意见是在国家知识产权局发出授予专利权的通知书之后收到的，审查员将不予考虑

D. 国家知识产权局应当就该意见的处理情况通知李教授

33. 申请人在答复第一次审查意见通知书时所作的下列哪些修改是符合规定的？

A. 申请人在原始申请文件中仅记载了激光打印机，第一次审查意见通知书指出其权利要求缺乏创造性，于是申请人在答复时将权利要求书修改为要求保护一种 3D 打印机

B. 原始权利要求书有两项独立权利要求，分别要求保护电饭煲及其制造方法，在答复第一次审查意见通知书时，申请人为了克服原申请涉及电饭煲的权利要求缺乏创造性的缺陷，将权利要求书修改为仅要求保护电饭煲的制造方法

C. 在原始说明书和权利要求书中，所记载的环氧树脂的含量为 30%～60%，且说明书中公开了环氧树脂的含量特征值 40%、50% 和 60%。对比文件所公开的技术内容与该申请的区别仅在于环氧树脂的含量不同，对比文件中公开的环氧树脂的含量为 20%～50%。审查员在审查意见通知书中指出该申请的权利要求无新颖性，于是申请人将权利要求中该环氧树脂的含量修改成 30%～40%

D. 在原始说明书中记载的某温度为 >50℃，原始独立权利要求中相应特征表述为 50℃以上，申请人在答复审查意见通知书时按审查员意见将其修改为大于 50℃

34. 申请人提交了一件发明专利申请，要求了优先权。现欲对权利要求进行主动修改，下列说法正确的是？

A. 申请人可以在国家知识产权局发出授权通知书或驳回决定前的任何时间提交修改后的权利要求书

B. 修改后的权利要求书不得超出申请日提交的原说明书、权利要求书和优先权文件记载的范围

C. 修改后的权利要求书不得超出申请日提交的原说明书和权利要求书记载的范围，不包括优先权文件记载的内容

D. 申请人在提出实质审查请求时提交的修改后的权利要求书中增加了一项独立权利要求、两项从属权利要求，只要符合专利法第三十三条的规定，都是被允许的

35. 申请人在收到发明专利申请进入实质审查阶段通知书 1 个月内提交了修改后的申请文件，下列哪些修改是被允许的？

A. 将原权利要求书中记载的最能说明发明的化学式补入说明书摘要中

B. 原权利要求书和说明书中记载了加热温度范围为 50℃～100℃，原说明书中还记载了加热温度优选为 65℃，将权利要求书中对应的加热温度范围修改为 65℃～100℃

C. 原权利要求书中记载了弹性部件，原说明书中仅记载了弹簧，将弹性部件补入说明书中

D. 原权利要求书和说明书中记载了制备扶手的材料为金属合金，将权利要求书中对应的制备扶手的材料修改为金属

36. 下列关于说明书附图的修改，哪些符合关于修改范围的规定？

A. 为使局部结构清楚起见，增加局部放大图

B. 补入实验数据以说明发明的有益效果

C. 将说明书附图中的文字注释删除，并补入到说明书文字部分中
D. 补入已记载的反映发明的有益效果数据的标准测量方法

37. 下列有关实用新型专利申请的说法哪些是正确的？
A. 属于一个总的发明构思的两项以上的实用新型，可以作为一件专利申请提出
B. 实用新型专利申请说明书缺少要求保护的产品的形状或构造图的，国家知识产权局不予受理
C. 实用新型专利申请人对权利要求书进行主动修改的，修改方式仅限于权利要求的删除、合并和技术方案的删除
D. 对于不需要补正就符合初步审查要求的实用新型专利申请，国家知识产权局可以直接作出授予实用新型专利权的决定

38. 下列关于实用新型专利申请文件的修改哪些是被允许的？
A. 变更独立权利要求的技术特征，该技术特征在原说明书和权利要求书中没有记载
B. 在从属权利要求中增加通过测量说明书附图得出的尺寸参数技术特征
C. 根据最接近的现有技术，对独立权利要求重新划分前序部分与特征部分
D. 增加从属权利要求的限定部分的技术特征，该技术特征记载在原说明书中

39. 申请人对外观设计专利申请文件的下列哪些修改符合专利法第三十三条的规定？
A. 将左视图与右视图的视图名称交换
B. 将图中虚线修改为实线
C. 将图形清晰但存在倒影的图片中倒影部分删去
D. 将简要说明中的"该显示屏幕面板用于手机"，修改为"该显示屏幕面板用于手机、电脑"

40. 专利申请人李某就其一项发明专利申请提出了优先审查请求并获得了批准。审查员王某向李某发出了第一次审查意见通知书，发文日为2020年6月2日，李某于2020年6月10日收到了该通知。李某应当在下列哪个日期之前答复？
A. 2020年10月2日　　　　　　　B. 2020年10月17日
C. 2020年8月2日　　　　　　　 D. 2020年8月10日

41. 发生下列哪些情形的，优先审查停止？
A. 实用新型专利申请人对专利申请文件进行主动修改的
B. 复审请求人请求延长答复期限的
C. 无效宣告请求人要求补充无效宣告理由的
D. 疑难案件，经国家知识产权局主任批准的

42. 申请人李某于2020年2月7日提交了一件发明专利申请并同时提交了提前公布声明，国家知识产权局于2020年8月3日发出了初审合格通知书，随即该申请进入了公报编辑阶段。之后李某于2020年10月10日提交了撤回专利申请声明，国家知识产权局于2020年11月2日发出了撤回专利申请手续合格通知书。下列哪些说法是正确的？
A. 由于李某撤回了专利申请，所以该申请文件不予公布
B. 由于撤回专利申请声明是在专利申请进入公报编辑后提出的，所以该申请文件仍予以公布
C. 撤回该专利申请的生效日为2020年10月10日
D. 撤回该专利申请的生效日为2020年11月2日

43. 李某于2019年8月15日提交了一件发明专利申请，李某所在的甲公司以申请专利的权利应当属于该公司为由向人民法院提起诉讼，并于2020年12月19日向国家知识产权

局提出中止请求时,该申请已经进入了公布准备阶段。国家知识产权局于 2021 年 1 月 9 日发布了中止审查程序公告。下列哪些说法是正确的?

A. 甲公司在提出中止请求时应当提交中止程序请求书、附具人民法院出具的受理文件副本

B. 该申请被国家知识产权局公告中止了审查程序,因此将不予公布

C. 在 2021 年 12 月 19 日前甲公司未请求延长中止的,国家知识产权局自行恢复有关程序

D. 国家知识产权局收到人民法院作出的生效判决中显示专利申请人变更为甲公司的,可以自行恢复有关程序

44. 2019 年 3 月 6 日专利申请人李某收到了办理专利权授权登记手续通知书,李某逾期未办理登记手续,之后国家知识产权局于 2019 年 7 月 9 日向李某发出了视为放弃取得专利权的权利通知书,但该通知书由于地址不详被退回,国家知识产权局于 2019 年 7 月 29 日公告送达。下列说法正确的是?

A. 李某于 2019 年 9 月 21 日提交了恢复权利请求书请求恢复权利的,国家知识产权局应当恢复其权利

B. 李某于 2019 年 9 月 30 日提交了恢复权利请求书请求恢复权利的,因为已超出 2 个月的恢复权利请求期限,国家知识产权局应当拒绝其请求

C. 李某于 2019 年 10 月 21 日提交了恢复权利请求书并缴纳了费用的,国家知识产权局应当要求李某在 2 个月内办理授权登记手续

D. 李某于 2019 年 10 月 21 日请求恢复权利的,应当同时办理授权登记手续

45. 以下哪些情况可以请求恢复权利?

A. 李某未在期限内答复审查意见通知书而造成专利申请被视为撤回的

B. 张某未在期限内起诉甲公司专利侵权主张赔偿其损失的

C. 分案申请的原申请要求了优先权,赵某在提出分案申请时优先权受理机构填写错误的

D. 孙某的发明专利申请要求了本国优先权,其在先申请已经被视为撤回,随后孙某撤回了其要求优先权的请求

46. 国家知识产权局于 2019 年 4 月 10 日通过专利电子申请系统向申请人李某发出了授予外观设计专利权通知书和办理登记手续通知书。李某当天就收到了该两份通知书。下列哪些说法是正确的?

A. 李某最迟应当在 2019 年 6 月 10 日办理登记手续

B. 李某在办理登记手续时应当缴纳授予专利权当年的年费

C. 如果李某未在规定期限内办理登记手续,则视为其放弃取得专利权的权利

D. 如果李某在规定期限内办理了登记手续,则其专利权应当自 2019 年 4 月 10 日起生效

47. 下列关于专利证书的说法正确的是?

A. 专利证书按照申请人的数量进行制作和颁发

B. 专利权人不慎将专利证书丢失的,可以请求国家知识产权局补发

C. 因权属纠纷变更专利权人的,新的专利权人可以请求更换专利证书

D. 授权公告日在 2020 年 3 月 3 日之后的专利电子申请,申请人要求发放纸质版证书在线提出请求的,国家知识产权局应当予以颁发纸质版专利证书

48. 下列哪些事项属于专利登记簿登记的内容?

A. 专利权的财产保全　　　　　　B. 专利实施的强制许可
C. 专利权的终止　　　　　　　　D. 专利权的质押

49. 对于已经公布但尚未公告授予专利权的发明专利申请案卷，下列属于可以查阅和复制的案卷内容的是？
A. 与申请直接有关的手续文件
B. 申请人提供的涉及其商业秘密的文件
C. 申请人对审查意见通知书的答复意见正文
D. 在实质审查程序中向申请人发出的决定书

50. 甲公司于2019年12月5日向国家知识产权局提交了一件发明专利申请X，要求保护技术方案a和b。实质审查阶段审查员向甲公司发出了审查意见通知书，指出技术方案a和b不具备单一性。该公司于2021年4月1日针对申请X提出了分案申请Y，要求保护技术方案b。下列说法正确的是？
A. 分案申请Y的发明人可以是申请X发明人中的部分成员
B. 分案申请Y与申请X的申请人不相同的，应当提交有关申请人变更的证明材料
C. 甲公司应当将原申请X中要求保护技术方案b的权利要求删掉
D. 分案申请Y的说明书可以拷贝使用原申请X的说明书

51. 赵某于2018年1月8日通过邮局向国家知识产权局提交了一件发明专利申请，后于2019年3月30日就该申请提出了分案申请。下列哪些说法是正确的？
A. 如果赵某提出分案申请时原申请已经被视为撤回且未恢复权利，则赵某的分案申请将视为未提出
B. 如果赵某提出的分案申请为实用新型专利申请，则国家知识产权局将不予受理
C. 如果赵某在分案申请中正确地填写了原申请号但未填写原申请日，则国家知识产权局将不受理赵某的分案申请
D. 如果赵某的分案申请获得授权，则专利权的保护期限自2019年3月30日起算

52. 国家知识产权局以邮寄方式向申请人李某发出了办理登记手续通知书和授予专利权通知书，其发文日为2020年5月24日，李某于2020年6月4日收到了该通知书。如果李某欲提出分案申请，则最迟应当在下列哪天提出？
A. 2020年7月24日　　　　　　B. 2020年8月4日
C. 2020年8月8日　　　　　　　D. 2020年8月24日

53. 甲公司于2019年10月30日向国家知识产权局提出了一件发明专利申请F1。2020年7月12日甲公司针对申请F1提出分案申请F2。2020年10月20日甲公司对申请F2再次提出分案申请F3。申请F3的授权公告日为2021年7月29日。下列关于申请F3的说法哪些是正确的？
A. 申请F3的请求书中应当填写申请F1的申请号和申请日，并在F1的申请号后的括号内填写F2的申请号
B. 申请F3的保护期限自2020年10月20日起算
C. 申请F3的内容不得超出申请F1记载的范围
D. 申请F3的内容不得超出申请F2记载的范围

54. 在下列哪些情形下，当事人应当到国家知识产权局办理专利权人变更手续？
A. 专利权人甲公司与乙公司合并成为丙公司的
B. 专利权人甲将其专利权赠予乙的
C. 专利权人甲将其专利权质押给乙的

D. 专利权人李某以其专利权入股与王某共同成立甲公司的

55. 广州甲公司委托乙专利代理机构向国家知识产权局提交了一件外观设计专利申请，现欲将该专利申请权转让给韩国的丙公司，丙公司委托丁专利代理机构办理专利申请相关事宜。则办理著录项目变更手续时，应当提交下列哪些文件？

A. 两份著录项目变更申报书，分别变更专利申请人和专利代理事项
B. 甲公司和丙公司签署的转让合同
C. 国务院商务主管部门颁发的《技术出口许可证》
D. 丙公司与丁专利代理机构签订的委托书

56. 关于专利权评价报告，下列说法正确的是？

A. 对专利权评价报告有异议的，可以申请行政复议或者提起行政诉讼
B. 不得请求对已经终止的实用新型专利权作出专利权评价报告
C. 任何人均可以请求国家知识产权局作出实用新型专利权评价报告
D. 专利权评价报告可以作为人民法院审理、处理专利侵权纠纷的证据

57. 专利权人甲及其专利实施普通许可合同的被许可人乙分别请求国家知识产权局对甲的实用新型专利作出专利权评价报告。下列哪些说法是正确的？

A. 乙在提出专利权评价报告请求的同时应当提交其与甲订立的专利实施普通许可合同或其复印件
B. 甲因缴纳了专利年费，故无需缴纳专利权评价报告请求费
C. 专利权评价报告作出后，对该专利提出无效宣告请求的请求人可以查阅并复制该评价报告
D. 甲或者乙对专利权评价报告结论不服的，可以向国家知识产权局提起行政复议

58. 在下列哪些情形下，当事人可以向国家知识产权局申请行政复议？

A. 专利代理机构对撤销其机构的处罚不服的
B. 专利申请人对驳回专利申请决定不服的
C. 无效宣告请求人对无效宣告请求不予受理的决定不服的
D. 专利权人对强制许可决定不服的

59. 关于李某对国家知识产权局发出的视为放弃取得专利权的权利通知书不服而申请行政复议的，以下说法正确的是？

A. 李某应当自收到通知书之日起 60 日内提出行政复议申请
B. 国家知识产权局审理行政复议案件，以法律、行政法规为依据，参照部门规章
C. 行政复议申请受理后，发现李某已经向人民法院提起行政诉讼并被立案的，应当驳回其行政复议申请
D. 行政复议申请受理后，行政复议决定作出之前，李某不得撤回行政复议申请

第五章

专利申请的复审与专利权的无效宣告

一、本章核心考点

本章包含的核心考点如图 5-1 所示。

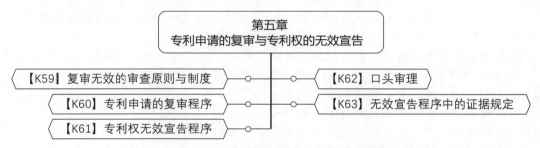

图 5-1 专利申请的复审与专利权的无效宣告之核心考点

二、核心考点分析

【K59】复审无效的审查原则与制度

1. 本考点的主要考查角度分析

本考点中包含的关键词有：听证、基于当事人的请求而启动、处置、合议审查、回避。本考点考查角度如图 5-2 所示。

2. 关键词释义

（1）审查原则：①听证原则：在作出审查决定之前，至少给予当事人一次陈述意见的机会。②请求原则：复审程序和无效宣告程序均应当基于当事人的请求启动。③一事不再理原则：对已作出审查决定的无效宣告案件涉及的专利权，以同样的理由和证据再次提出无效宣告请求的，不予受理和审理。④当事人处置原则：无效宣告程序中，(i)请求人可以放弃全部或者部分无效宣告请求的范围、理由及证据。(ii)当事人有权自行与对方和解。(iii)专利权人有权针对请求人提出的无效宣告请求主动缩小保护范围。(iv)专利权人有权声明放弃部分权利要求或者多项外观设计中的部分项的保护范围。⑤依职权审查原则：国家知识产

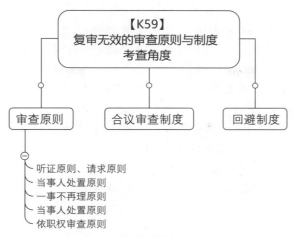

图 5-2 "复审无效的审查原则与制度"考查角度

权局可以对所审查的案件依职权进行审查，而不受当事人请求的范围和提出的理由、证据的限制。

(2) 合议审查制度：①复审：合议组不承担对专利申请全面审查的义务；可以依职权对驳回决定未提及的明显实质性缺陷进行审查。②无效宣告：合议组不承担全面审查专利有效性的义务；可依职权对请求人提出的明显不对应的理由和证据作出调整使其相对应；可依职权引入明显缺陷对专利权进行审查；可依职权引入技术词典、技术手册、教科书等所属技术领域中的公知常识性证据。

(3) 回避制度：回避适用的情形包括：①是当事人或者其代理人的近亲属的。②与专利申请或专利权有利害关系的。③与当事人或其代理人有其他关系，可能影响公正审查和审理的。④复审和无效宣告程序中，曾参与原申请的审查的。

3. 典型例题及解析

【例 K59-1】下列属于无效宣告程序中应当遵循的审查原则的是？
A. 一事不再理原则　　　　　　B. 请求原则
C. 当事人处置原则　　　　　　D. 程序节约原则

【解题思路】

在无效宣告程序中，对已作出审查决定的无效宣告案件涉及的专利权，以同样的理由和证据再次提出无效宣告请求的，不予受理和审理，此为一事不再理原则。无效宣告程序是依申请启动的程序，此为请求原则。请求人可以放弃全部或者部分无效宣告请求的范围、理由及证据，双方当事人可以和解，专利权人可以放弃部分权利要求或者技术方案等，此为当事人处置原则。因此选项 A、B、C 均为无效宣告程序中应当遵循的原则，符合题意。在专利审查阶段适用程序节约原则，但在无效宣告程序中，应当充分保障当事人的权利，选项 D 不符合题意。

【参考答案】ABC

【例 K59-2】下列关于无效宣告程序的说法哪项是正确的？
A. 对于涉及国家重大经济利益的专利，国家知识产权局可以自行启动无效宣告程序
B. 无效宣告程序中的口头审理都应当公开举行
C. 为了程序节约，合议组成员可以单独与一方当事人会晤
D. 在无效宣告程序中，国家知识产权局不承担全面审查专利有效性的义务

【解题思路】
专利权是一项私权利，我国法律仅规定了可以依申请启动专利权的无效宣告程序，适用请求原则，选项 A 错误。口头审理应当公开进行，但根据国家法律、法规等规定需要保密的除外，选项 B 错误。为了保证公正执法和保密，合议组成员原则上不得与一方当事人会晤，选项 C 错误。在无效宣告程序中，国家知识产权局不承担全面审查专利有效性的义务，选项 D 正确。

【参考答案】D

【例 K59-3】下列有关复审和无效宣告程序的说法哪些是正确的？
A. 国家知识产权局就无效宣告请求作出决定之后，他人又以同样的理由和证据提出无效宣告请求的，国家知识产权局不予受理
B. 请求人在提出无效宣告请求时提出多项无效理由，在审查阶段可以放弃一项或多项无效理由
C. 复审程序是专利审批程序的延续
D. 复审程序是基于当事人的请求而启动的程序

【解题思路】
无效宣告程序适用一事不再理原则，因此选项 A 正确。当事人有权处置自己的权利，因此请求人可以放弃自己提出的一项或多项无效理由，选项 B 正确。复审程序是因申请人对驳回决定不服而启动的救济程序，同时也是专利审批程序的延续，选项 C 正确。复审程序和无效宣告程序均应当基于当事人的请求启动，选项 D 正确。

【参考答案】ABCD

【例 K59-4】李某的一项发明专利包括三项独立权利要求，张某对该专利提出无效宣告请求，认为权利要求 1 相对于对比文件 D1 不具备新颖性，权利要求 2 相对于对比文件 D1 和 D2 的结合不具备创造性，权利要求 3 相对于对比文件 D1 和 D3 的结合不具备创造性。国家知识产权局经审查认定，张某的所有无效理由均不成立。在维持专利权有效的审查决定生效后，张某再次提出无效宣告请求。下列情形属于国家知识产权局将不予受理的是？
A. 主张权利要求 1 相对于对比文件 D1 不具备新颖性
B. 主张权利要求 2 相对于对比文件 D1 不具备新颖性
C. 主张权利要求 1 相对于对比文件 D1 和 D2 的结合不具备创造性
D. 主张权利要求 2 相对于对比文件 D1 和 D3 的结合不具备创造性

【解题思路】
对已作出审查决定的无效宣告案件涉及的专利权，以同样的理由和证据再次提出无效宣告请求的，不予受理和审理。本题中请求人张某提出的无效宣告理由和证据为权利要求 1 相对于对比文件 D1 不具备新颖性，权利要求 2 相对于对比文件 D1 和 D2 的结合不具备创造性，权利要求 3 相对于对比文件 D1 和 D3 的结合不具备创造性。因此上述主张不得在以后的请求中再次出现，否则根据一事不再理原则，国家知识产权局将不予受理。选项 A 中的主张已经审查过，因此不予受理，符合题意。选项 B、C、D 中的主张在张某的第一次无效宣告请求中均未出现过，因此均应当被受理。

【参考答案】A

【例 K59-5】复审案件合议组成员有下列哪几种情形的，应当自行回避或当事人有权请求其回避？
A. 曾参与原申请的实质审查的
B. 是申请人委托的代理人的近亲属的

C. 曾作为合议组长审理过同一请求人的另一件无效宣告案件的
D. 与当事人或者其代理人有其他关系，可能影响公正审理的

【解题思路】

在审查授权和确权各阶段，实施审查和审理的人员有下列情形之一的，应当自行回避，当事人或者其他利害关系人可以要求其回避：①是当事人或者其代理人的近亲属的；②与专利申请或者专利权有利害关系的；③与当事人或者其代理人有其他关系，可能影响公正审查和审理的；④国家知识产权局成员曾参与原申请的审查的。因此选项A、B、D中的情形均符合回避规定，应当回避，选项A、B、D均符合题意。选项C中的情形不存在可能影响公正的因素，因此不符合应当回避的条件，选项C不符合题意。

【参考答案】ABD

【K60】专利申请的复审程序

1. 本考点的主要考查角度分析

本考点中包含的关键词有：驳回决定、3个月、复审请求费、全体共有人、延续、1个月、扩大保护范围、原缺乏单一性、改变类型、增加权利要求、起诉、程序终止。本考点考查角度如图5-3所示。

图5-3 "专利申请的复审程序"考查角度

2. 关键词释义

（1）复审程序启动：①专利申请人可以在收到驳回决定之日起3个月内提出复审请求和缴纳复审请求费。②不是针对驳回决定请求复审的，不予受理。③复审请求人必须是全部共有申请人。④复审程序是专利审批程序的延续。

（2）前置审查：复审请求被受理后，复审和无效部门将合格的复审请求书连同案卷一并转交给原审查部门进行前置审查。原审查部门应在收到案卷后1个月内完成。

（3）不允许的修改：①不得将修改后的权利要求相对于驳回决定针对的权利要求扩大了保护范围。②不得将与驳回决定针对的权利要求所限定的技术方案缺乏单一性的技术方案作为修改后的权利要求。③不得改变权利要求的类型或者增加权利要求。

（4）复审决定：①复审请求不成立，维持驳回决定。②复审请求人对复审决定不服的，可以在收到复审决定之日起3个月内向人民法院起诉。③原驳回决定被撤销的，原审查部门不得以同样的事实、理由和证据作出与该复审决定意见相反的决定。

（5）复审程序终止的情形：①复审请求被视为撤回的。②复审请求人撤回其复审请求的。③已受理的复审请求因不符合受理条件而被驳回请求的。④复审决定生效或者被人民法院的生效判决维持的。

3. 典型例题及解析

【例K60-1】国家知识产权局经审查驳回了李某的一项发明专利申请。李某对该驳回

决定不服，采取下列哪种方式寻求救济符合相关规定？

A. 自收到通知之日起 2 个月内向国家知识产权局提出复审请求
B. 自收到通知之日起 3 个月内向国家知识产权局提出复审请求
C. 自收到通知之日起 2 个月内向北京知识产权法院提起行政诉讼
D. 自收到通知之日起 3 个月内向国家知识产权局申请行政复议

【解题思路】

专利申请人对国务院专利行政部门驳回申请的决定不服的，可以自收到通知之日起 3 个月内向国务院专利行政部门请求复审。因此选项 B 正确，其他选项均错误。

【参考答案】B

【例 K60-2】下列关于复审请求的说法正确的是？

A. 复审请求人不是被驳回申请的申请人的，国家知识产权局将不予受理复审请求
B. 专利申请被驳回，该申请的发明人在收到驳回决定之日起 3 个月内提出了复审请求的，应当被受理
C. 被驳回的申请有两个以上申请人的，如果复审请求人不是全部申请人，其复审请求视为未提出
D. 申请人对国家知识产权局作出的专利申请被视为撤回的通知书不服提出的复审请求，应当被受理

【解题思路】

复审请求人不是被驳回申请的申请人的，其复审请求不予受理，选项 A 正确。选项 B 错误，发明人无权提出复审请求。共同申请专利的，如果复审请求人不是全部申请人，国家知识产权局应当通知复审请求人在指定期限内补正；期满未补正的，其复审请求视为未提出。因此选项 C 错误，给请求人补正的机会，而不是直接视为未提出。复审请求不是针对专利局作出的驳回决定的，不予受理，选项 D 错误。

【参考答案】A

【例 K60-3】国家知识产权局认为李某的专利申请的权利要求 1 与对比文件 D1 相比只有一个区别特征 S，并认为 S 属于公知常识，遂以权利要求 1 不具有创造性为由驳回了该专利申请。申请人不服驳回决定提出了复审请求。下列哪些说法是正确的？

A. 如果李某认为 S 不属于公知常识，则李某对此负有举证责任
B. 如果李某认为 S 不属于公知常识，则国家知识产权局对 S 属于公知常识负有举证责任
C. 复审请求人可以提交证据证明权利要求 1 与现有技术相比可以获得预料不到的技术效果
D. 国家知识产权局认为驳回决定中关于权利要求 1 与对比文件 D1 相比不具有创造性的理由充分，且复审请求人已经通过驳回决定得知该理由，因此国家知识产权局无需告知复审请求人即可直接作出维持驳回决定的复审决定

【解题思路】

在审查意见通知书中，审查员将权利要求中对技术问题的解决作出贡献的技术特征认定为公知常识时，通常应当提供证据予以证明。因此选项 A 错误，选项 B 正确，审查员应当对自己的主张提供证据支持。复审请求人请求复审的，应当提交复审请求书，说明理由，必要时还应当附具有关证据，选项 C 正确。根据听证原则，国家知识产权局在准备根据该明显实质性缺陷作出维持驳回决定的复审决定之前，应当向复审请求人发出审查意见通知书，给申请人一个陈述意见或修改文件的机会。因此选项 D 错误，不能直接作出对复审请求人不利的复审决定。

【参考答案】BC

【例K60-4】复审请求的合议审查中，下列说法正确的是？

A. 在复审程序中，合议组只能针对驳回决定所依据的理由和证据进行审查

B. 在复审程序中，除驳回决定所依据的理由和证据外，合议组发现审查文本中存在其他明显实质性缺陷的，可以依职权对与之相关的理由及其证据进行审查

C. 在合议审查中，合议组可以补充相应的技术词典、技术手册、教科书等所属技术领域中的公知常识性证据

D. 在合议审查中，如果合议组认为专利申请的权利要求涉及智力活动规则和方法，可以在复审通知书中指出

【解题思路】

在复审程序中，除驳回决定所依据的理由和证据外，如果合议组发现审查文本中存在明显实质性缺陷的，可以对与之相关的理由及其证据进行审查。因此选项A错误，选项B正确，合议组可以依职权进行审查。在合议审查中，合议组可以引入所属技术领域的公知常识，或者补充相应的技术词典、技术手册、教科书等所属技术领域中的公知常识性证据，选项C正确。如果合议组认为该专利申请的权利要求属于不予授权的主题，可以在复审通知书中指出，并依据该理由作出维持驳回决定的复审决定，选项D正确。

【参考答案】BCD

【例K60-5】请求人在提出复审请求时对申请文件进行的下列哪种修改方式符合相关规定？

A. 删除独立权利要求中的技术特征，导致扩大了保护范围

B. 增加了一项从属权利要求

C. 将产品权利要求修改为方法权利要求

D. 删除了一项从属权利要求

【解题思路】

复审请求人对申请文件的修改应当仅限于消除驳回决定或者合议组指出的缺陷。下列情形通常不符合上述规定：①修改后的权利要求相对于驳回决定针对的权利要求扩大了保护范围。②将与驳回决定针对的权利要求所限定的技术方案缺乏单一性的技术方案作为修改后的权利要求。③改变权利要求的类型或者增加权利要求。④针对驳回决定指出的缺陷未涉及的权利要求或者说明书进行修改。但修改明显文字错误，或者修改与驳回决定所指出的缺陷性质相同的缺陷的情形除外。因此选项A、B、C分别属于前述第①、③、③中指出的不允许的修改，不符合题意。选项D中的删除式修改是允许的，选项D符合题意。

【参考答案】D

【例K60-6】国家知识产权局针对复审请求作出了撤销原驳回决定的审查决定，以下说法正确的是？

A. 国家知识产权局应当将有关的案卷返回原审查部门，由原审查部门继续审批程序

B. 由于原驳回决定已被撤销，因此原审查部门应当对专利申请直接授予专利权

C. 原审查部门补充检索了新的对比文件后，可以依据该对比文件再次作出驳回专利申请的决定

D. 原审查部门不同意复审决定的，可以依据同样的事实、理由和证据再次作出驳回专利申请的决定

【解题思路】

复审决定撤销原审查部门作出的决定的，国家知识产权局应当将有关的案卷返回原

审查部门，由原审查部门继续审批程序。原审查部门不得以同样的事实、理由和证据作出与该复审决定意见相反的决定。因此选项 A 正确，选项 B、D 均错误。原审查部门补充检索了新的对比文件后，可以依据该对比文件再次作出驳回专利申请的决定，选项 C 正确。

【参考答案】AC

【例 K60-7】下列哪些情形下复审程序终止？
A. 在复审决定作出前，复审请求人撤回其复审请求的
B. 复审请求人期满未答复复审通知书，复审请求被视为撤回的
C. 复审请求人对复审决定不服提起诉讼，人民法院的生效判决维持该复审决定的
D. 复审请求人未在指定的时间参加口头审理的

【解题思路】
复审请求人撤回其复审请求的，复审程序终止，选项 A 符合题意。复审请求因期满未答复而被视为撤回的，复审程序终止，选项 B 符合题意。复审请求人在规定的期限内起诉但人民法院的生效判决维持该复审决定的，复审程序终止，选项 C 符合题意。复审请求人未在指定的时间参加口头审理，但在规定的期限内提交书面答复的，复审程序继续，选项 D 不符合题意。

【参考答案】ABC

【例 K60-8】国家知识产权局于 2020 年 12 月 10 日发出了维持原驳回决定的复审决定，复审请求人李某于 2020 年 12 月 21 日收到该决定，下列说法正确的是？
A. 李某不服复审决定的，可以要求国家知识产权局重新成立合议组，对该案件重新进行复审
B. 李某不服复审决定的，应当在 2021 年 3 月 21 日之前向人民法院起诉
C. 由于 2021 年 3 月 21 日是星期日，因此李某最迟可以在 2021 年 3 月 22 日向人民法院起诉
D. 李某最迟可以在 2021 年 3 月 25 日向人民法院起诉

【解题思路】
专利申请人对国务院专利行政部门的复审决定不服的，可以自收到通知之日起 3 个月内向人民法院起诉。本题中李某的推定收到日为 2020 年 12 月 25 日，因此最后起诉时间为 2021 年 3 月 25 日，选项 D 正确，其他选项均错误，对复审决定不服的只能起诉，没有其他救济途径。

【参考答案】D

【K61】专利权无效宣告程序

1. 本考点的主要考查角度分析

本考点中包含的关键词有：民事主体资格、在先权利、全体权利人、公开出版物、多个请求人、已经授权、已经终止或放弃、独立的条/款/项、期限内增加、期限外增加、修改原则、删除、进一步限定、自始即不存在、不溯及既往、3 个月。本考点考查角度如图 5-4 所示。

2. 关键词释义

（1）请求人的资格：①请求人应当具备民事诉讼主体资格。②无效宣告理由是与在先权利相冲突的，请求人应当是在先权利人或利害关系人。③全体专利权人请求宣告自己的专利权部分无效的，所提交的证据需为公开出版物。④多个请求人不得共同请求无效同一专利权。

（2）无效宣告客体：无效宣告请求的客体应当是已经公告授权的专利，包括已经终止或

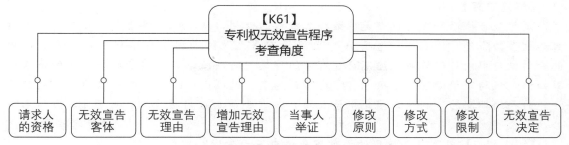

图 5-4 "专利权无效宣告程序"考查角度

者放弃(自申请日起放弃的除外)的专利。

(3)无效宣告理由:无效宣告理由仅限于专利法实施细则规定的理由(A2、A5、A25、A19.1、A20.1、A22、A23、A26.3、A26.4、A27.2、A33、A9、独权缺必特、分案超原案范围),并且应当以专利法及其实施细则中有关的条、款、项作为独立的理由提出。

(4)增加无效宣告理由:①请求人可以在提出请求之日起1个月内增加无效宣告理由,并且进行具体说明。②专利权人以删除方式以外的其他方式修改权利要求的,允许请求人在指定期限内增加无效宣告理由,且进行具体说明。

(5)当事人举证:①请求人可以在提出请求之日起1个月内补充证据。②专利权人提出了反证的,允许请求人在指定期限内补充证据。③专利权人应当在审查部门指定的1个月答复期限内提交或补充证据。④允许当事人在口头审理辩论终结前提交公知常识性证据或用于完善证据法定形式的公证文书、原件等证据。⑤外文证据,无论是译文还是原件,均需要在1个月内提交,否则不予考虑。

(6)修改原则:①外观设计专利的专利文件不得修改。②发明/实用新型专利文件的修改仅限于权利要求书。③不得改变原权利要求的主题名称。④与授权的权利要求相比,不得扩大原专利的保护范围。

(7)修改方式:①权利要求的删除。②技术方案的删除。③权利要求的进一步限定:在权利要求中补入其他权利要求中记载的一个或多个技术特征以缩小保护范围。④明显错误的修正。

(8)修改限制:①权利要求的删除和技术方案的删除的,在作出审查决定之前,均是允许的。②权利要求的进一步限定和明显错误的修正,均可以在答复期限内进行修改。

(9)无效宣告决定:①宣告无效的专利权视为自始即不存在。②专利权被宣告部分无效的,被宣告无效的部分应视为自始即不存在,但是被维持有效的部分应视为自始即存在。③宣告专利权无效的决定,对在宣告专利权无效前的生效且已执行的判决、调解书,已履行处理决定,以及已履行的许可和转让合同,不具有追溯力。因专利权人的恶意而给他人造成的损失,应给予赔偿,全部或部分返还已履行的费用。④当事人对无效宣告决定不服的,可以自收到通知之日起3个月内,提起诉讼。

3. 典型例题及解析

【例 K61-1】针对下列哪项专利提出的无效宣告请求,国家知识产权局不予受理?

A. 已经被生效判决维持的无效宣告请求审查决定宣告全部无效的专利权

B. 因未缴纳年费已经终止的专利权

C. 被专利权人声明自申请日起放弃的专利权

D. 因归属纠纷被中止的专利权

【解题思路】

无效宣告请求的客体应当是已经公告授权的专利，包括已经终止或者放弃（自申请日起放弃的除外）的专利。选项A中已经被宣告无效的专利权自始即无效，选项C中的专利权自申请日起放弃，均不存在有效的存续期间，因此宣告该专利权无效的请求国家知识产权局不予受理，选项A、C均符合题意。选项B、D中的专利权均为有效且有一定的存续期间的专利权，因此申请人的无效宣告请求应当被受理，选项B、D均不符合题意。

【参考答案】AC

【例K61-2】以下哪些情形的无效宣告请求不予受理？
A. 请求人不具备民事诉讼主体资格
B. 多个请求人共同对一项他人的专利权提出无效宣告请求
C. 请求人以一项外观设计专利权侵害其正在使用的注册商标专用权为由请求宣告该专利权无效
D. 专利权人请求宣告其本人的一项专利权全部无效

【解题思路】

无效宣告请求人需具有民事主体资格，选项A符合题意。多个请求人共同提出一件无效宣告请求的，不予受理，选项B符合题意。选项C中的请求人作为在先权利人提出宣告与其在先权利相冲突的外观设计专利权无效的请求，应当被受理，选项C不符合题意。专利权人不得请求宣告自己的专利权全部无效，选项D符合题意。

【参考答案】ABD

【例K61-3】以下各项不属于无效宣告请求理由的是？
A. 独立权利要求的前序部分和特征部分没有正确地划界
B. 一项职务发明创造的专利权被发明人私自申请取得
C. 实用新型专利说明书不满足充分公开的要求
D. 一项专利权所依赖的遗传资源是违反行政法规取得的

【解题思路】

无效宣告理由应当是专利法实施细则中规定的无效宣告理由之一。选项A中的独立权利要求的前序部分和特征部分没有正确地划界，不影响专利权的有效性，选项A符合题意。选项B中的职务发明创造的专利权被发明人私自申请取得，发明人所在单位可以通过起诉等方式获得救济，不属于无效宣告的理由，选项B符合题意。选项C所述违背了专利法第二十六条第三款的规定，选项D所述违背了专利法第五条第二款的规定，不应当被授予专利权，因此属于无效宣告理由，选项C、D均不符合题意。

【参考答案】AB

【例K61-4】无效宣告请求人在提出请求时提交的证据有技术图纸，在之后的1个月内补充的证据有日本专利说明书，并在口头审理时提交了日本专利说明书的中文译文、技术手册和一本产品说明书作为证据，上述证据均用于证明被请求宣告无效的发明专利不具有新颖性和创造性。以下说法正确的是？
A. 请求人提交的所有证据国家知识产权局均应当予以考虑
B. 请求人在口头审理时提交的中文译文和技术手册国家知识产权局均应当予以考虑
C. 请求人在口头审理时提交的技术手册和产品说明书国家知识产权局均应当予以考虑
D. 请求人在口头审理时提交的中文译文和产品说明书国家知识产权局均应当不予

考虑

【解题思路】

请求人在提出无效宣告请求之日起1个月内可以增加理由或者补充证据。请求人提交的证据是外文的，提交其中文译文的期限适用该证据的举证期限。逾期增加理由或者补充证据的，国家知识产权局可以不予考虑。在口头审理辩论终结前提交技术词典、技术手册和教科书等所属技术领域中的公知常识性证据或者用于完善证据法定形式的公证文书、原件等证据，并在该期限内结合该证据具体说明相关无效宣告理由的，应当予以考虑。

本题中无效宣告请求人在提出请求时提交的技术图纸，在之后的1个月内补充的日本专利说明书，时间上均满足相关规定，因此国家知识产权局应当予以考虑。请求人在口头审理辩论终结前提交的技术手册属于公知常识性证据，因此国家知识产权局也应当予以考虑。但是请求人在口头审理时提交的中文译文和产品说明书，因为逾期将不予考虑，因此选项D正确，其他选项均错误。

【参考答案】D

【例K61-5】张某于2020年5月23日对李某的一项专利提出无效宣告请求，主张该专利相对于对比文件D1所公开的技术和公知常识的结合不具备创造性。张某于2020年6月30日补充提交对比文件D2和该公知常识的证据，认为该专利相对于对比文件D1和D2的结合，或者相对于对比文件D1和该公知常识证据的结合不具备创造性。下列哪些说法是正确的？

A. 对于该专利相对于对比文件D1和D2的结合不具备创造性的理由，国家知识产权局不予考虑

B. 对于该专利相对于对比文件D1和该公知常识证据的结合不具备创造性的理由，国家知识产权局可以予以考虑

C. 李某提交了反证，张某在指定期限内补充了证据3并给出了理由和具体说明，国家知识产权局可以予以考虑

D. 李某删除了一项权利要求，张某在答复期限内补充了证据4并给出了理由和具体说明，国家知识产权局可以予以考虑

【解题思路】

在国家知识产权局受理无效宣告请求后，请求人可以在提出无效宣告请求之日起1个月内增加理由或者补充证据。请求人在提出无效宣告请求之日起1个月后增加无效宣告理由和补充证据的，国家知识产权局一般不予考虑。但是请求人针对专利权人提交的反证在指定的期限内补充证据，并在该期限内结合该证据具体说明相关无效宣告理由的，应当予以考虑；在口头审理辩论终结前提交公知常识性证据或者用于完善证据法定形式的公证文书、原件等证据，并在该期限内结合该证据具体说明相关无效宣告理由的，应当予以考虑。本题中张某提交的对比文件D2和指出的对比文件D1和D2的结合不具备创造性的理由，在张某提出无效宣告请求的1个月后，国家知识产权局不予考虑，但张某提交的公知常识性证据和李某提交了反证时补充的证据3均应当予以考虑。因此选项A、B、C均正确。选项D错误，在李某采用删除方式修改其权利要求书的情况下，张某无权再补充证据，因此证据4国家知识产权局将不予考虑。

【参考答案】ABC

【例K61-6】以下有关专利权人在无效宣告程序中对专利文件进行修改的说法哪些是正确的？

A. 可以修改发明专利文件的权利要求书和说明书，但不得扩大原专利的保护范围
B. 可以修改实用新型专利文件的权利要求书，但不能修改说明书
C. 对外观设计专利文件的照片、图片和简要说明不得进行修改
D. 在修改权利要求时，可以增加仅记载在说明书中的技术特征对权利要求作进一步限定

【解题思路】
在无效宣告请求的审查过程中，发明或者实用新型专利的专利权人可以修改其权利要求书，但是不得扩大原专利的保护范围。外观设计专利的专利权人不得修改图片、照片和简要说明。因此选项A错误，选项B、C均正确。在修改权利要求时，一般不得增加未包含在授权的权利要求书中的技术特征，选项D错误。【参考答案】BC

【例K61-7】张某的一件发明专利权的权利要求书如下：
"1. 一种挖掘机，其特征为a和b。
2. 如权利要求1所述的挖掘机，还包括特征c。
3. 如权利要求2所述的挖掘机，还包括特征d。
4. 如权利要求2所述的挖掘机，还包括特征e。
5. 一种推土机，其特征为a和f。"
在无效宣告程序中，张某的下列哪些修改是允许的？
A. 将权利要求1修改为"一种挖掘机，其特征为a、b、d、e。"删除其他权利要求
B. 在权利要求1不作修改的情况下，将权利要求2修改为"如权利要求1所述的挖掘机，还包括特征c和e。"删除权利要求3、4和5
C. 将权利要求1修改为"一种挖掘机，其特征为a、b、c、e和f。"删除其他权利要求
D. 将权利要求1修改为"一种推土机，其特征为a、b、e和f。"删除其他权利要求

【解题思路】
在满足修改原则的前提下，修改权利要求书的具体方式一般限于权利要求的删除、技术方案的删除、权利要求的进一步限定、明显错误的修正。选项A中的修改是在权利要求1的基础上增加了权利要求3和4中的技术特征作进一步限定，因此是允许的；选项B中的修改是在权利要求2的基础上增加了权利要求4中的技术特征作进一步限定，因此是允许的；选项C中的修改是在权利要求1的基础上增加了权利要求2、4和5中的技术特征作进一步限定，因此是允许的；选项D中的修改是在权利要求5的基础上增加了权利要求4中的技术特征作进一步限定，因此是允许的。故选项A、B、C、D均符合题意。【参考答案】ABCD

【例K61-8】以下有关无效宣告审查决定的说法正确的是？
A. 专利权被宣告部分无效后，其经过修改被予以维持的权利要求应视为自修改之日起存在
B. 对于涉及侵权案件的无效宣告请求，无效宣告请求审理开始之前曾通知有关人民法院的，在作出决定后，国家知识产权局应当将审查决定和无效宣告审查结案通知书送达有关人民法院
C. 专利权人对无效宣告决定不服的，应当自收到审查决定之日起30日内向人民法院起诉
D. 专利权人对无效宣告决定不服向人民法院起诉的，人民法院应当通知国家知识产

权局作为第三人参加诉讼

【解题思路】

被宣告无效的部分应视为自始即不存在，选项 A 错误。无效宣告案件涉及侵权诉讼的，通常人民法院会中止审理程序，等待无效宣告的审查结果，因此国家知识产权局应当将无效宣告结果及时告知人民法院，选项 B 正确。专利权人对无效宣告决定不服的，起诉期限为 3 个月，不是 30 天，选项 C 错误。专利权人提起的是行政诉讼，被告是国家知识产权局，人民法院应当通知无效宣告请求人作为第三人参加诉讼，选项 D 错误。

【参考答案】B

【例 K61-9】关于无效宣告审理程序，下列说法正确的是？

A. 专利权人对国家知识产权局转送的无效宣告请求书不予答辩的，无效宣告程序终止

B. 请求人不参加口头审理的，无效宣告程序终止

C. 请求人在国家知识产权局已发出书面审查决定后撤回请求的，不影响审查决定的有效性

D. 请求人收到国家知识产权局作出无效宣告决定第 4 个月起诉的，无效宣告审查程序终止

【解题思路】

专利权人对无效宣告请求书不予答辩，视为放弃自己的辩论权利，不影响无效宣告案件的审理，选项 A 错误。请求人不参加口头审理，其无效宣告请求被视为撤回的，无效宣告程序终止，但国家知识产权局认为根据已进行的审查工作能够作出宣告专利权无效或者部分无效的决定的除外，因此选项 B 错误。国家知识产权局已发出书面审查决定后请求人撤回请求的，不影响审查决定的有效性，选项 C 正确。请求人对国家知识产权局作出无效宣告决定不服的，应当在收到审查决定的 3 个月内起诉，3 个月内未起诉的，无效宣告审查决定生效，程序终止，选项 D 正确。

【参考答案】CD

【K62】口头审理

1. 本考点的主要考查角度分析

本考点中包含的关键词有：当面、实物演示、出庭作证、7 日、1 个月、视为撤回、终止、除外、缺席审理、中止审理、享有的权利。本考点考查角度如图 5-5 所示。

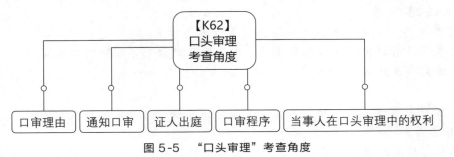

图 5-5 "口头审理"考查角度

2. 关键词释义

（1）口审理由：①需要当面向合议组说明事实或陈述理由。②需要实物演示。③当事人一方要求同对方当面质证和辩论。④需要请出具过证言的证人出庭作证。

（2）通知口审：①当事人应当在收到口审通知之日起7日内向专利局提交回执。②复审请求人可以参加口审，也可以在指定的1个月期限内进行书面意见陈述；复审请求人既未出席口审，也未在期限内进行书面陈述意见的，其复审请求视为撤回。③无效宣告请求人不参加口审的，无效宣告请求视为撤回且程序终止，但是国务院专利行政部门认为根据已进行的审查工作能够作出宣告专利权无效或部分无效的决定的除外。④专利权人不参加口审的可以缺席审理。

（3）证人出庭：①证人出庭作证时，应当出示表明其身份的证件。②出庭作证的证人不得旁听案件的审理。③询问证人时其他证人不得在场，但需要证人对质的除外。④合议组及双方当事人可以对证人进行提问。证人应当对合议组提出的问题作出明确回答，对于当事人提出的与案件无关的问题可以不回答。

（4）口审程序：①当事人请求审案人员回避的、因和解需要协商的、需要对发明创造进一步演示的，可以中止审理。②复审：当事人未经合议组许可而中途退庭的，口头审理终止。③无效：当事人未经合议组许可而中途退庭的，或因妨碍口头审理进行而被合议组责令退庭的，合议组可以缺席审理。

（5）当事人在口头审理中的权利：①当事人有权请求审案人员回避；有权与对方和解；有权在口头审理中请出具过证言的证人就其证言出庭作证和请求演示物证；有权进行辩论。②无效宣告请求人有权请求撤回无效宣告请求，放弃无效宣告请求的部分理由及相应证据，以及缩小无效宣告请求的范围。③专利权人有权放弃部分权利要求及其提交的有关证据。④复审请求人有权撤回复审请求；有权提交修改文件。

3. 典型例题及解析

【例K62-1】在无效宣告审查程序中，当事人可以依据下列哪些理由请求进行口头审理？

A. 要求同对方当事人当面质证　　B. 需要当面向合议组说明事实
C. 需要与对方当事人和解　　　　D. 需要请出具过证言的证人作证

【解题思路】

无效宣告程序中当事人一方要求同对方当面质证和辩论的、需要当面向合议组说明事实的、需要请出具过证言的证人出庭作证的，均可以请求进行口头审理，选项A、B、D均符合题意。当事人一方需要与对方当事人和解的，不需要合议组人员在场，因此无需进行口头审理，选项C不符合题意。

【参考答案】ABD

【例K62-2】下列有关口头审理的说法错误的是？

A. 当事人可以书面也可以口头提出口头审理的请求
B. 当事人没有提出口头审理请求的，国家知识产权局不得进行口头审理
C. 在收到口头审理通知书后，复审请求人必须参加口头审理，否则复审请求视为撤回
D. 未经口头审理，国家知识产权局不得作出维持驳回决定的审查决定

【解题思路】

当事人向国家知识产权局提出进行口头审理的请求的，应当以书面方式提出，选项A错误。在复审或无效宣告程序中，合议组可以根据案情需要自行决定进行口头审理，选项B错误。复审请求人在收到口头审理通知书之后，可以选择参加口头审理，也可以选择不参加口头审理而在指定的期限内进行书面意见陈述，选项C错误。复审决定将维持驳回决定的，合议组应当发出复审通知书或者进行口审，给复审请求人以陈述意见的

机会，选项 D 错误。故选项 A、B、C、D 均符合题意。
【参考答案】 ABCD

【例 K62-3】 在复审请求审查过程中，在下列哪些情形下，合议组应当发出复审通知书或进行口头审理？
A. 复审决定将维持原驳回决定的
B. 需要引入驳回决定未提出的理由或者证据的
C. 需要复审请求人进一步提供证据或者对有关问题予以阐明的
D. 复审请求的理由成立，将撤销原驳回决定的

【解题思路】
有下列情形之一的，合议组应当发出复审通知书或者进行口头审理，给当事人陈述意见的机会：①复审决定将维持驳回决定的。②需要复审请求人按照规定修改申请文件，才有可能撤销驳回决定的。③需要复审请求人进一步提供证据或者对有关问题予以说明的。④需要引入驳回决定未提出的理由或者证据的。因此选项 A、B、C 中的表述均属于应当通知复审请求人，给予其答辩机会的情形，均符合题意。选项 D 中合议组拟撤销驳回决定的，复审请求人的目的得以实现，无需再陈述意见，选项 D 不符合题意。
【参考答案】 ABC

【例 K62-4】 在无效宣告程序中，当事人未参加口头审理。下列说法正确的是？
A. 请求人不参加口头审理的，国家知识产权局应当作出维持专利权有效的审查决定
B. 请求人不参加口头审理的，无效宣告程序一律终止
C. 专利权人不参加口头审理的，国家知识产权局应当作出专利权无效的审查决定
D. 专利权人不参加口头审理的，国家知识产权局可以缺席审理

【解题思路】
无效宣告请求人不参加口头审理的，其无效宣告请求视为撤回，无效宣告请求审查程序终止。但国家知识产权局认为根据已进行的审查工作能够作出宣告专利权无效或者部分无效的决定的除外。因此选项 A、B 均错误。专利权人不参加口头审理的，可以缺席审理，因此选项 C 错误，选项 D 正确。
【参考答案】 D

【例 K62-5】 关于复审和无效宣告案件的口头审理，下列说法正确的是？
A. 当事人请求审案人员回避的，合议组组长可以宣布中止口头审理
B. 出具过证言并在口头审理通知书回执中写明的证人，合议组应当准许其出庭作证
C. 在复审程序的口头审理中，合议组不得就有关问题发表倾向性意见
D. 在无效宣告程序的口头审理中，合议组成员可以发表自己的倾向性意见

【解题思路】
在复审或无效宣告程序的口头审理中，当事人请求审案人员回避的，合议组组长可以宣布中止口头审理，选项 A 正确。出具过证言并在口头审理通知书回执中写明的证人可以就其证言出庭作证，合议组可根据案件的具体情况决定是否准许，选项 B 错误。在复审程序的口头审理中，合议组可以就有关问题发表倾向性意见，听取复审请求人陈述自己的观点，选项 C 错误。在无效宣告程序的口头审理中，合议组成员不得发表自己的倾向性意见，也不得与任何一方当事人辩论，选项 D 错误。
【参考答案】 A

【例 K62-6】 在无效宣告程序中，当事人享有下列哪些权利？
A. 双方当事人均有权请求审案人员回避
B. 无效宣告请求人有权撤回其无效宣告请求
C. 专利权人有权缩小其专利权的保护范围

D. 无效宣告请求人有权放弃部分无效宣告理由及相应证据

【解题思路】

在无效宣告程序中，当事人有权请求审案人员回避；有权与对方当事人和解；有权在口头审理中请出具过证言的证人就其证言出庭作证和请求演示物证；有权进行辩论。无效宣告请求人有权请求撤回无效宣告请求，放弃无效宣告请求的部分理由及相应证据，以及缩小无效宣告请求的范围。专利权人有权放弃部分权利要求及其提交的有关证据。因此选项 A、B、C、D 均符合题意。

【参考答案】 ABCD

【K63】无效宣告程序中的证据规定

1. 本考点的主要考查角度分析

本考点中包含的关键词有：谁主张谁举证、译文、域外、当地公证、使领馆认证、物证、质证、证人出庭、教科书、技术词典、技术手册、公证文书。本考点考查角度如图 5-6 所示。

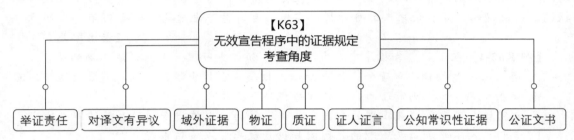

图 5-6　"无效宣告程序中的证据规定"考查角度

2. 关键词释义

（1）举证责任：当事人对自己的主张承担举证责任。

（2）对译文有异议：①对方当事人有异议的，应在指定的期限内对有异议的部分提交中文译文；没有提交中文译文的，视为无异议。②双方当事人协议委托或由专利局指定委托的，所需翻译费用由双方当事人各承担 50%；拒绝承担翻译费用的，视为其认可对方当事人提交的译文。

（3）域外证据：当事人提供的公文书证系在中华人民共和国领域外形成的，应当经所在国公证机关证明，或履行中华人民共和国与该所在国订立的有关条约中规定的证明手续。下列情形，可以不办理证明手续：①该证据是能够从除港澳台以外的国内公共渠道获得的。②有其他证据足以证明该证据真实性的。③对方当事人认可该证据的真实性的。

（4）物证：对于物证，当事人可以在举证期限内先提交照片、文字说明、公证机关封存文书；物证原物应当最迟在口头审理辩论终结前提交。

（5）质证：①未经质证的证据，不能作为认定案件事实的依据。②当事人应当围绕证据的关联性、合法性、真实性，针对证据证明力有无以及证明力大小进行质证。

（6）证人证言：证人应当出席口头审理作证，接受质询。不能出席，证人证言不能单独作为定案的依据，但证人确有困难不能出席的除外。

（7）公知常识性证据：①主张为公知常识性证据的当事人负有举证责任。②当事人可以教科书、技术词典或技术手册中有记载证明属于公知常识。

（8）公证文书：①有效的公证文书，应当作为认定事实的依据，但有相反证据足以推翻的除外。②缺少公证人员、公证机关签章的，公证文书仅根据证人的陈述而得出证人陈述内容具有真实性的结论的，该公证文书不能作为定案的依据。

3. 典型例题及解析

【例 K63-1】章某向国家知识产权局请求宣告李某的一项实用新型专利权无效，并提交了一篇韩文科技文章和中文译文作为证据。以下说法正确的是？

A. 李某对章某提交的中文译文有异议的，应当在指定的期限内提交有异议的部分的中文译文，否则视为无异议

B. 章某和李某就中文译文的异议部分达成一致意见的，以双方最终认可的中文译文为准

C. 章某和李某不能就中文译文的异议部分达成一致意见，又不能确定双方认可的翻译机构的，国家知识产权局可以自行委托翻译机构进行翻译

D. 李某对国家知识产权局委托翻译产生的费用不愿意承担50%的，视为承认章某提交的译文正确

【解题思路】

对方当事人对中文译文内容有异议的，应当在指定的期限内对有异议的部分提交中文译文；没有提交中文译文的，视为无异议。因此选项A正确。对中文译文出现异议时，双方当事人就异议部分达成一致意见的，以双方最终认可的中文译文为准，选项B正确。双方当事人就委托翻译达不成协议的，国家知识产权局可以自行委托专业翻译单位进行翻译。委托翻译所需翻译费用由双方当事人各承担50%；拒绝支付翻译费用的，视为其承认对方当事人提交的中文译文正确。因此选项C、D均正确。

【参考答案】ABCD

【例 K63-2】关于无效宣告程序中的域外证据，下列说法正确的是？

A. 在域外形成的公文书证，应当经所在国公证机关证明，或者履行我国与该所在国订立的有关条约中规定的证明手续

B. 如果该域外证据可以从国内公共图书馆获得，无需办理有关证明手续

C. 如果对方当事人认可该域外证据的真实性，无需办理有关证明手续

D. 如果有其他证据足以证明该证据的真实性，无需办理有关证明手续

【解题思路】

在域外形成的公文书证应当经所在国公证机关证明，或者履行中华人民共和国与该所在国订立的有关条约中规定的证明手续，选项A正确。如果域外证据可以从国内公共图书馆获得，或者有其他证据足以证明该证据的真实性，或者对方当事人认可该域外证据的真实性，则无需办理有关证明手续，选项B、C、D均正确。

【参考答案】ABCD

【例 K63-3】在无效宣告程序中，下列有关物证和证人证言的说法哪些是正确的？

A. 当事人提交物证的，应当在举证期限内提交足以反映该物证客观情况的照片和文字说明，具体说明依据该物证所要证明的事实

B. 对于经公证机关公证封存的物证，当事人在举证期限内可以仅提交公证文书而不提交该物证

C. 证人根据其经历所作的判断、推测或者评论可以作为认定案件事实的依据

D. 未经质证的证据，不能作为认定案件事实的依据

【解题思路】

当事人提交物证的，应当在举证期限内提交足以反映该物证客观情况的照片和文字

说明，具体说明依据该物证所要证明的事实。对于经公证机关公证封存的物证，当事人在举证期限内可以仅提交公证文书而不提交该物证，物证原件最迟在口头审理辩论终结前提交。选项A、B均正确。证人根据其经历所作的判断、推测或者评论，不能作为认定案件事实的依据，选项C错误。未经质证的证据，不能作为认定案件事实的依据，选项D正确。

【参考答案】ABD

【例K63-4】下列关于无效宣告程序中证据的说法哪些是正确的？
A.没有证据或者证据不足以证明当事人的事实主张的，由负有举证责任的当事人承担不利后果
B.质证时当事人应当针对证据的证明力有无以及证明力的大小，进行质疑、说明和辩驳
C.未经质证的证据，不能作为认定案件事实的依据
D.公证文书的结论均可以作为认定案件事实的依据

【解题思路】
当事人对自己的主张负有举证责任，没有证据或者证据不足以证明当事人的事实主张的，由负有举证责任的当事人承担不利后果，选项A正确。未经质证的证据，不能作为认定案件事实的依据。当事人应当围绕证据的关联性、合法性、真实性，针对证据证明力有无以及证明力大小，进行质证。选项B、C均正确。有效的公证文书所证明的事实，应当作为认定事实的依据，但有相反证据足以推翻的除外，选项D错误。

【参考答案】ABC

【例K63-5】关于无效宣告程序中公知常识性证据，以下哪些说法是正确的？
A.无效程序中主张某技术手段属于本领域公知常识的当事人负有举证责任
B.无效程序中当事人用某领域具有权威的科技书刊证明某技术手段属于本领域公知常识的，合议组应当予以采纳
C.教科书记载的技术内容可用来证明某项技术手段是本领域的公知常识
D.技术手册记载的技术内容可用来证明某项技术手段是本领域的公知常识

【解题思路】
主张某技术手段是本领域公知常识的当事人，对其主张承担举证责任，选项A正确。选项B错误，选项C、D均正确，记载在教科书、技术手册、技术词典中的技术内容可以作为公知常识的证明，科技书刊不能说明某技术手段属于公知常识。

【参考答案】ACD

三、本章同步训练题目

1.关于无效宣告程序，以下说法正确的是？
A.无效宣告程序是专利公告授权之后方可请求启动的程序
B.无效宣告程序是依当事人请求而启动的程序
C.无效宣告程序必须是双方当事人参加的程序
D.无效宣告请求人可以与专利权人和解

2.关于复审和无效宣告程序，下列说法正确的是？
A.请求人在国家知识产权局作出复审请求审查决定前撤回其请求的，复审程序终止
B.请求人在审查决定已经发出后撤回请求的，不影响审查决定的有效性
C.只有生效的复审和无效宣告请求审查决定的正文公开出版

D. 国家知识产权局可以直接作出维持驳回决定的复审决定，无需给予当事人陈述意见的机会

3. 李某的一项发明专利包括两项独立权利要求，张某对该专利提出无效宣告请求，认为权利要求 1 相对于对比文件 D1 不具备创造性，权利要求 2 相对于对比文件 D1 和 D2 的结合不具备创造性。国家知识产权局经审查认定，权利要求 1 相对于对比文件 D1 具备创造性，对比文件 D2 因未提供原件而不予采信。之后张某再次提出无效宣告请求。下列哪些情形不属于国家知识产权局将不予受理的情形？

A. 张某主张权利要求 1 相对于对比文件 D1 不具备新颖性

B. 张某提供证据 2 的原件，主张权利要求 2 相对于对比文件 D1 和 D2 的结合不具备创造性

C. 张某提交了对比文件 D3，主张权利要求 1 相对于对比文件 D1 和 D3 的结合不具备创造性

D. 张某主张权利要求 1 缺少解决问题的必要技术特征

4. 甲于 2018 年对乙的专利权提出无效宣告请求。国家知识产权局经审理后作出维持该专利权有效的决定，双方均未在法定期限内起诉。甲于 2020 年再次对该专利权提出无效宣告请求。合议组成员存在下列哪些情形的，应当回避？

A. 是当事人甲委托的专利代理师丙的哥哥

B. 是乙发明专利在实质审查阶段的审查员

C. 曾经参与审理过请求宣告乙的其他专利权无效的案件

D. 是甲针对该专利第一次提出无效宣告请求案的主审员

5. 李某于 2020 年 6 月 6 日收到了国家知识产权局驳回其专利申请的决定。李某不服欲提出复审请求，下列复审请求会被受理的是？

A. 在 2020 年 8 月 12 日提出复审请求，并同时缴足复审费

B. 在 2020 年 11 月 2 日提出复审请求，并同时提交恢复权利请求书，缴足复审费和恢复权利请求费，说明没有在规定期限内提出复审请求的正当理由

C. 在 2020 年 8 月 21 日提出复审请求，并在 2020 年 9 月 6 日缴足复审费

D. 在 2020 年 9 月 6 日提出复审请求，并在 2020 年 9 月 9 日缴足复审费

6. 甲公司和乙大学共同提出了一项发明专利申请，发明人为丙，后收到了驳回通知书。下列关于复审请求的说法正确的是？

A. 甲公司和乙大学中任何一方单独提出的复审请求应当被受理

B. 丙提出的复审请求应当被受理

C. 甲公司和乙大学共同提出复审请求应当被受理

D. 只有甲公司、乙大学和丙共同提出复审请求才应当被受理

7. 关于复审请求的形式审查，以下说法正确的是？

A. 复审请求人应当以书面形式提交复审请求书，说明理由，并且附具有关证据

B. 合议组经审查准备作出维持驳回决定的复审决定的，应当向申请人发出复审通知书

C. 在复审程序中，复审请求人不得请求延长国家知识产权局指定的期限

D. 在作出复审决定之前，复审请求人撤回其复审请求的，国家知识产权局可以依职权决定继续进行审理

8. 李某提出的一项发明专利申请被驳回，依据的理由是权利要求 1 相对于对比文件 1 与公知常识的结合不具备创造性，李某对驳回决定不服提出了复审请求。下列说法正确的是？

A. 李某在提出复审请求时，可以结合证据说明权利要求 1 相对于对比文件 1 与公知常

识的结合具备创造性

B. 李某在提出复审请求时，可以对独立权利要求 2 进行修改，以克服权利要求 2 不清楚的缺陷

C. 国家知识产权局在合议审查中可以引入技术手册作为公知常识证据

D. 国家知识产权局认为权利要求 1 还存在得不到说明书支持的缺陷，拟以此为理由维持驳回决定的，应当发出复审通知书或者进行口头审理

9. 李某提出的一件包含产品及其制造方法的发明专利申请，共有 4 项权利要求，其中权利要求 1 为产品独立权利要求，权利要求 2 和 3 为权利要求 1 的从属权利要求，权利要求 4 为方法独立权利要求。国家知识产权局经审查认为权利要求 1 和 4 之间缺乏单一性，发出审查意见通知书，申请人在答复时删除了权利要求 4。国家知识产权局继续审查后以权利要求 1 不具备创造性为由驳回了该申请，李某不服请求复审，并在提出复审请求时对申请文件进行了修改。下列修改方式符合相关规定的是？

A. 将权利要求 1 修改为产品的用途权利要求

B. 将权利要求 1、2 和 3 合并成新的权利要求 1

C. 将原独立权利要求 4 作为新的权利要求 1

D. 将说明书中记载的技术特征补入权利要求 1 中

10. 李某向国家知识产权局提出了复审请求，下列会导致其复审程序终止的情形是？

A. 李某的复审请求被受理后因不符合受理条件而被驳回

B. 国家知识产权局作出了维持驳回决定的复审决定

C. 李某在收到维持原驳回决定的复审决定之后，于法定期限内向人民法院起诉

D. 一审人民法院依法撤销了国家知识产权局针对李某复审请求作出的复审决定

11. 李某于 2018 年 10 月 27 日向国家知识产权局提出了一件发明专利申请，该申请于 2019 年 8 月 10 日公开，于 2020 年 5 月 12 日被公告授予专利权。该专利权因李某未缴纳年费于 2021 年 7 月 11 日终止。针对该专利权提出的下列哪些无效宣告请求即使符合其他受理条件也不会被受理？

A. 王某于 2019 年 12 月 9 日提出的无效宣告请求

B. 周某于 2020 年 6 月 3 日提出的无效宣告请求

C. 郑某于 2021 年 10 月 16 日提出的无效宣告请求

D. 李某自己于 2021 年 3 月 24 日提出的请求宣告该专利权全部无效的无效宣告请求

12. 对于下列哪些情形，国家知识产权局应当发出无效宣告请求不予受理通知书？

A. 提出无效宣告请求的请求人为一位 16 周岁的中学生李某

B. 刘某以张某的外观设计专利权为抄袭其邻居的摄影作品为由请求宣告该专利权无效

C. 丁某对自己的实用新型专利权请求宣告部分无效，举出的证据为只有他本人知晓内容的一份技术资料

D. 覃某和李某共有一项专利权，覃某单独对该专利权提出无效宣告请求

13. 下列哪些表述可以作为宣告专利权无效的理由？

A. 与现有技术相比，被授予专利权的发明不具有突出的实质性特点和显著的进步

B. 发明专利权的多项独立权利要求之间不具备单一性

C. 权利要求书没有清楚地说明要求专利保护的范围

D. 实用新型专利的独立权利要求缺乏必要技术特征

14. 李某向国家知识产权局提交了一件发明专利申请并获得了授权，授权公告文本的权利要求如下：

"1. 一种挖掘机，其特征为 a 和 b。

2. 如权利要求 1 所述的挖掘机，还包括特征 c。

3. 如权利要求 2 所述的挖掘机，还包括特征 d。

4. 一种推土机，其特征为 a 和 f。"

章某认为李某不应当取得专利权，于是向国家知识产权局提出了无效宣告请求，下列可以作为章某提出无效宣告请求的理由的是？

A. 该项专利技术是李某剽窃所得

B. 章某认为该专利权应当属于自己

C. 权利要求 4 没有得到说明书的支持

D. 独立权利要求 1 和 4 之间不具有单一性

15. 丁某于 2020 年 1 月 20 日向国家知识产权局提出无效宣告请求，国家知识产权局于 2020 年 1 月 27 日受理了该无效宣告请求。下列哪些说法是正确的？

A. 丁某应当在 2020 年 2 月 20 日前缴纳无效宣告请求费

B. 丁某在 2020 年 2 月 27 日前补充的证据国家知识产权局均应当予以考虑

C. 丁某提交外文证据的中文译文的最后期限是 2020 年 2 月 20 日

D. 丁某提交用于完善证据法定形式的公证文书的期限是在口头审理辩论终结前

16. 朱某对李某拥有的一项发明专利于 2021 年 3 月 18 日向国家知识产权局提出无效宣告请求，同时提交了对比文件 D1 和 D2。对于下列哪些增加或变更的无效宣告理由或者证据，国家知识产权局将不予考虑？

A. 朱某在 2021 年 4 月 18 日补充了新的无效宣告理由，但未进行具体说明

B. 朱某在 2021 年 5 月 8 日对明显与所提交的对比文件 D1 和 D2 都不相对应的无效宣告理由进行变更

C. 朱某在口头辩论终结前提交了技术词典，指出对比文件 D1 和技术词典相结合能够否定李某专利权的创造性，并详细阐述了自己的观点

D. 朱某在 2021 年 4 月 28 日补充提交了对比文件 D2 中的相关段落的中文译文

17. 李某的一项发明专利授权公告的权利要求书如下：

"1. 一种发电机，特征为 H。

2. 如权利要求 1 所述的发电机，特征还有 I 和 J。

3. 如权利要求 1 所述的发电机，特征还有 K 和 L。"

在无效宣告程序中，李某的下列哪些修改方式是允许的？

A. 在针对无效宣告请求书的答复期限内，将权利要求书修改为"1. 一种发电机，特征为 H、I、J 和 K。"

B. 在针对请求人增加无效宣告理由的答复期限内，将权利要求书修改为"1. 一种发电机，特征为 H、I、K 和 L。"

C. 在针对国家知识产权局引入的请求人未提及的无效宣告理由的答复期限内，将权利要求书修改为"1. 一种发电机，特征为 H、I、J、K 和 L。"

D. 在口头审理辩论终结前，将权利要求书修改为"1. 一种发电机，特征为 H、K、L 和 M。"，M 是记载在说明书中的技术特征

18. 李某的一件发明专利权的申请日为 2018 年 1 月 1 日，授权公告日为 2019 年 1 月 9 日。张某针对该专利于 2020 年 1 月 1 日提出无效宣告请求，国家知识产权局于 2020 年 6 月 1 日作出宣告权利要求 1 无效、维持权利要求 2 有效的决定。下列说法正确的是？

A. 权利要求 1 自 2019 年 1 月 9 日起无效　　B. 权利要求 1 自 2020 年 6 月 1 日起无效

C. 权利要求 2 自 2018 年 1 月 1 日起有效　　D. 权利要求 2 自 2019 年 1 月 9 日起有效

19. 李某向国家知识产权局请求宣告张某的一项发明专利权全部无效，国家知识产权局经书面审查作出维持专利权有效的审查决定，在此情况下，李某采取的下列哪些措施符合相关规定？

A. 以审查期间没有举行口头审理为理由，要求国家知识产权局举行口审，重新作出审查决定

B. 在收到审查决定的 1 个月内，依据新的证据和理由再次向国家知识产权局提出无效宣告请求

C. 在收到审查决定的 3 个月内，向人民法院提起民事诉讼

D. 在收到审查决定的 3 个月内，向人民法院提起行政诉讼

20. 国家知识产权局于 2021 年 7 月 28 日向复审请求人李某发出了口头审理通知书，告知李某将于 2021 年 9 月 11 日举行口头审理，李某于 2021 年 8 月 11 日收到该通知书。以下说法正确的是？

A. 李某应当在 2021 年 8 月 19 日前提交回执，否则不能参加口头审理

B. 李某应当在 2021 年 9 月 11 日参加口头审理，否则其复审请求将被视为撤回

C. 李某如果不参加口头审理，则应当在 2021 年 8 月 28 日之前进行书面答复，否则其复审请求将被视为撤回

D. 李某既不参加口头审理也不进行书面答复的，不影响国家知识产权局继续进行审理

21. 下列关于无效宣告程序口头审理的说法正确的是？

A. 口头审理中无效宣告请求人中途退庭的，其无效宣告请求视为撤回

B. 出庭作证的证人不能旁听案件的审理

C. 口头审理为公开审理的，旁听人员可以向参加口头审理的当事人传递有关信息

D. 双方当事人可以对证人进行提问，证人应当对提出的问题作出明确回答

22. 关于无效宣告程序中的口头审理，下列哪些说法是正确的？

A. 无效宣告审查程序中，当事人以需要实物演示为理由以书面方式提出口头审理请求的，应当进行口头审理

B. 未经口头审理，国家知识产权局不得作出无效宣告请求审查决定

C. 无效宣告请求人不参加口头审理的，其无效宣告请求视为撤回

D. 参加口头审理的每方当事人及其代理人的数量不得超过 3 人

23. 关于当事人在口头审理中享有的权利，下列说法正确的是？

A. 双方当事人均有权请求审案人员回避

B. 无效宣告请求人有权撤回其无效宣告请求

C. 专利权人有权缩小其专利权的保护范围

D. 无效宣告请求人有权放弃部分无效宣告理由及相应证据

24. 甲对乙的一件发明专利权提出无效宣告请求，甲提供的证据 1 为公证书原件，该原件有公证机关的盖章，但没有公职人员的签名；证据 2 为证人张某在公证人员面前作出书面证言的公证书原件，内容为张某在涉案专利申请日前曾购买过与涉案专利相同的产品。在口头审理中张某未出庭作证，且不属于因特殊困难无法出庭作证的情形。下列说法正确的是？

A. 公证书是公证机关作出的，因此带有公证机关盖章的证据 1 可以单独作为定案的依据

B. 甲提供的证据 2 为公证书原件，应当认定证明的内容的真实性

C. 证据 2 能够证明张某在涉案专利申请日前确实购买过与涉案专利相同的产品

D. 张某未出席口头审理进行作证，其书面证言不能单独作为认定案件事实的依据

25. 甲向国家知识产权局请求宣告乙的一件发明专利无效，并在规定期限内提交了一份外文证据及其中文译文作为证据。乙认为该中文译文不准确，在指定的期限内另行提交了其认为准确的中文译文。下列哪些说法是正确的？

A. 中文译文以乙提交的为准

B. 中文译文以合议组认为翻译更准确的那份为准

C. 双方当事人就委托翻译达成协议，国家知识产权局可以委托双方当事人认可的翻译单位进行翻译

D. 双方当事人就委托翻译达不成协议，国家知识产权局可以自行委托专业翻译单位进行翻译

26. 无效宣告程序的域外证据中，当事人无需办理证明手续的是？

A. 在法国发行的某专业期刊

B. 在德国公开制造、销售的有关合同和票据，在之前相关案件中已经被中国法院认定其真实性的

C. 某产品在香港举办的某展览会上进行展出

D. 从中国专利局获得的日本专利文件

第六章

专利的实施与保护

一、本章核心考点

本章包含的核心考点如图 6-1 所示。

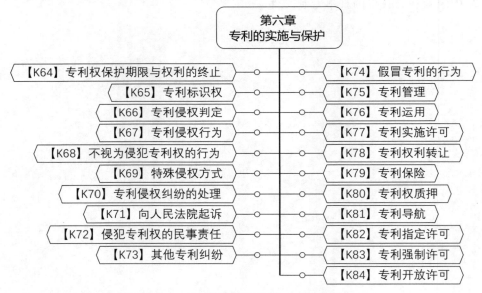

图 6-1 专利的实施与保护之核心考点

二、核心考点分析

【K64】专利权保护期限与权利的终止

1. 本考点的主要考查角度分析

本考点中包含的关键词有：20 年、10 年、15 年、4 年、3 年、5 年、14 年、终止、放弃、手续合格通知书的发文日。本考点考查角度如图 6-2 所示。

2. 关键词释义

（1）专利权的保护期限：发明专利权的保护期限为 20 年，实用新型专利权的保护期限为 10 年，外观设计专利权的保护期限为 15 年，均自申请日起计算。

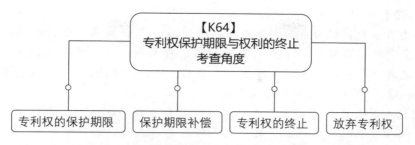

图 6-2 "专利权保护期限与权利的终止"考查角度

（2）保护期限补偿：①自发明专利申请日起满 4 年，且自实质审查请求之日起满 3 年后授予专利权的，国务院专利行政部门应专利权人的请求，就发明专利在授权过程中的不合理延迟给予专利权期限补偿，但由申请人引起的不合理延迟除外。②为补偿新药上市审评审批占用的时间，对在中国获得上市许可的新药相关发明专利，国务院专利行政部门应专利权人的请求给予专利权期限补偿；补偿期限不超过 5 年，新药批准上市后总有效专利权期限不超过 14 年。

（3）专利权的终止：①专利权因保护期限届满而终止。②专利权自应当缴纳年费期满之日起终止。③专利权因权利人主动放弃而终止。

（4）放弃专利权：①授予专利权后，专利权人随时可以主动要求放弃专利权。②主动放弃专利权的不得附有任何条件。③放弃专利权声明的生效日为手续合格通知书的发文日，放弃的专利权自该日起终止。

3. 典型例题及解析

【例 K64-1】李某的一件专利申请的申请日为 2019 年 1 月 15 日，国家知识产权局于 2020 年 11 月 24 日向李某发出了授予专利权通知书，李某于 2021 年 1 月 11 日到国家知识产权局办理了登记手续，当日国家知识产权局对其专利权进行了登记，并于 2021 年 1 月 19 日进行了公告，2021 年 1 月 26 日李某收到了国家知识产权局颁发的专利证书。下列说法正确的是？

A. 如果李某申请的是发明专利，则该专利的期限至 2039 年 1 月 15 日终止
B. 如果李某申请的是实用新型专利，则该专利的期限至 2029 年 1 月 15 日终止
C. 如果李某申请的是外观设计专利，则该专利的期限至 2034 年 1 月 15 日终止
D. 李某享有的专利权自 2021 年 1 月 19 日起生效

【解题思路】

发明专利权的期限为 20 年，实用新型专利权的期限为 10 年，外观设计专利权的期限为 15 年。无论何种专利类型，专利权的保护期限自申请日起算，自公告授权之日起生效。因此自 2019 年 1 月 15 日起算，发明专利的保护期限至 2029 年 1 月 15 日；实用新型专利的保护期限至 2029 年 1 月 15 日；外观设计专利的保护期限至 2034 年 1 月 15 日。故选项 A、B、C 均正确。国家知识产权局对李某专利申请的授权公告日为 2021 年 1 月 19 日，因此其专利权自该日生效，选项 D 正确。　　【参考答案】ABCD

【例 K64-2】下述哪些情形将导致专利权终止？

A. 专利权被宣告无效
B. 专利权期限届满
C. 专利权人以书面声明放弃其专利权
D. 专利权人没有按照规定缴纳年费

【解题思路】
宣告无效的专利权视为自始即不存在，选项 A 不符合题意。专利权保护期限自申请日起计算，至期限届满终止，选项 B 符合题意。专利权人以书面声明放弃其专利权的、没有按照规定缴纳年费的，专利权终止，选项 C、D 均符合题意。 【参考答案】BCD

【例 K64-3】下列关于放弃专利权声明的说法正确的是？
A. 专利权人对自己拥有的一项专利权可以放弃全部，也可以放弃部分
B. 专利权人有权采用电话、传真、电子邮件等方式随时主动放弃自己的专利权
C. 申请人在申请日对同样的发明创造既申请发明又申请实用新型的，如果希望获得在后的发明专利权，则需要书面放弃先获得授权且仍有效的实用新型专利
D. 处于质押状态的专利权，并没有发生权利转移，因此专利权人有权放弃该专利权

【解题思路】
专利权人可以随时主动要求放弃专利权。专利权人放弃专利权的，应当提交放弃专利权声明。放弃专利权只能放弃一件专利的全部，放弃部分专利权的声明视为未提出。选项 A 错误，专利权人只能放弃专利权的全部，不能是部分。选项 B 错误，专利权人放弃自己的专利权，必须采用书面方式。申请人在申请日就同样的发明创造既申请实用新型又申请发明的，先获得的实用新型专利权尚未终止，且申请人声明放弃该实用新型专利权的，可以授予发明专利权，选项 C 正确。处于质押状态的专利权，在没有取得质权人同意的条件下，不能放弃该专利权，选项 D 错误。 【参考答案】C

【例 K64-4】下列关于专利保护期限补偿的说法正确的是？
A. 专利保护期限补偿适用于发明专利和实用新型专利，不适用于外观设计专利
B. 在发明专利申请实质审查阶段，专利申请人可以申请对保护期限进行补偿
C. 专利权人可以申请对专利保护期限进行补偿，国家知识产权局也可以主动对符合条件的专利进行保护期限的补偿
D. 由于国家知识产权局而导致专利授权不合理延迟的，才可以获得保护期限的补偿

【解题思路】
自发明专利申请日起满 4 年，且自实质审查请求之日起满 3 年后授予发明专利权的，国务院专利行政部门应专利权人的请求，就发明专利在授权过程中的不合理延迟给予专利权期限补偿，但由申请人引起的不合理延迟除外。因此选项 A 错误，专利保护期限补偿仅适用于发明专利，不适用于实用新型和外观设计专利。选项 B 错误，在专利申请获得授权后，才可以申请补偿专利保护期限。选项 C 错误，专利保护期限补偿程序的启动，只能依申请，不能依职权。选项 D 正确，由于申请人而导致的不合理延迟，专利保护期限不予补偿。 【参考答案】D

【例 K64-5】甲生物医药公司就其 2014 年 5 月 10 日研发的一款新药提出了一件专利申请，该申请于 2019 年 7 月 20 日国务院专利行政部门公告授予了专利权。甲公司 2019 年 8 月 2 日就该新药向国务院药品监督管理部门提出了药品上市许可的审评审批请求，2021 年 9 月 8 日获得上市批准。甲公司提出了补偿药品专利权保护期限的请求。下列说法正确的是？
A. 甲公司需要在该款新药获得上市批准后申请保护期限补偿
B. 甲公司申请的补偿期限不得超过 5 年
C. 国务院专利行政部门可以主动给予甲公司专利保护期限补偿

D. 补偿后的甲公司专利有效期不得超过 2035 年 9 月 8 日

【解题思路】

新药品专利补偿针对的是新药上市审评审批占用的时间，且补偿期限与批准上市时间有关，因此选项 A 正确。补偿期限不得超过 5 年，新药批准上市后总有效专利权期限不超过 14 年。因此选项 B、D 均正确，甲公司的专利申请日为 2014 年 5 月 10 日，专利保护期限届满日为 2034 年 5 月 10 日，上市批准日为 2021 年 9 月 8 日，加 14 年为 2035 年 9 月 8 日，因此甲公司的新药专利保护期限不得超过 2035 年 9 月 8 日。选项 C 错误，药品专利保护期限补偿只能依申请，不能依职权确定。

【参考答案】ABD

【K65】专利标识权

1. 本考点的主要考查角度分析

本考点中包含的关键词有：实物载体、电子载体、类别、文字、图形标记。本考点考查角度如图 6-3 所示。

2. 关键词释义

（1）标注载体：①标注实物载体，包括专利产品、专利产品的包装、专利产品的说明书等材料。②电子载体，包括新闻网站、网上商城、个人或者企业网站等。

（2）标注规范：①专利权被授予前标注的，应采用中文标明中国专利申请的类别、专利申请号，并且标明"专利申请，尚未授权"字样。②专利授权后的有效期内标注的，不得仅写上"专利产品，仿制必究"的字样。③标注专利标识时可以附加其他文字、图形标记，但不得误导公众。

图 6-3 "专利标识权"考查角度

3. 典型例题及解析

【例 K65-1】下列哪些说法是正确的？

A. 专利标识既可以标注在专利产品及其包装上，也可以在权利人的网上商城使用。

B. 标注专利标识的，应当标明国家知识产权局授予专利权的专利号

C. 在专利侵权诉讼中，侵权行为人可以专利权人未在其专利产品或者该产品的包装上标明专利标记和专利号为理由进行抗辩

D. 标注专利标识的，应当采用中文标明专利权的类别

【解题思路】

选项 A 正确，选项 C 错误，专利权人有权在实物载体及电子载体上标明专利标识，权利人享有标注的权利，可以选择不予标注，不标注不是侵权的理由，更不能以此进行抗辩。标明专利标识的，应当按照国务院专利行政部门规定的方式予以标明，选项 B 正确。权利人应当采用中文标明专利权的类别，如中国发明专利、中国实用新型专利、中国外观设计专利，选项 D 正确。

【参考答案】ABD

【K66】专利侵权判定

1. 本考点的主要考查角度分析

本考点中包含的关键词有：全面覆盖、禁止反悔、全部技术特征、相同或相近种类产品、产品的用途、使用图形用户界面的产品。本考点考查角度如图 6-4 所示。

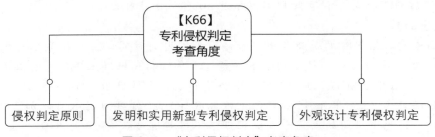

图 6-4 "专利侵权判定"考查角度

2. 关键词释义

（1）侵权判定原则：①全面覆盖原则：被诉侵权技术方案中的技术特征数量≥某一权利要求记载的全部技术特征数量（相同或等同），则构成侵权。②禁止反悔原则：被诉侵权人实施了专利权人在审查或无效宣告程序中已经放弃的技术方案，不侵权。

（2）发明和实用新型专利侵权判定：①发明或实用新型专利权的保护范围以其权利要求的内容为准，说明书及附图可用于解释权利要求的内容。②在判定被控侵权的技术方案是否落入专利权的保护范围时，应当考虑权利要求所记载的全部技术特征。

（3）外观设计专利侵权判定：①外观设计专利权的保护范围以表示在图片或照片中的该产品的外观设计为准，简要说明可以用于解释图片或照片所表示的该产品的外观设计。②在与外观设计专利产品相同或者相近种类产品上，采用与授权外观设计相同或者近似的外观设计，应当认定被诉侵权设计落入外观设计专利权的保护范围。③确定产品的用途，可以参考外观设计的简要说明、国际外观设计分类表、产品的功能以及产品销售、实际使用的情况等因素。④图形用户界面外观设计产品种类的确定应以使用该图形用户界面的产品为准。

3. 典型例题及解析

【例 K66-1】"专利申请人、专利权人在专利授权或者无效宣告程序中，通过对权利要求、说明书的修改或者意见陈述而放弃的技术方案，权利人在侵犯专利权纠纷案件中又将其纳入专利权保护范围的，人民法院不予支持"，以上内容所描述的是？

A. 全面覆盖原则　　　　　　　　　　B. 现有技术抗辩
C. 捐献原则　　　　　　　　　　　　D. 禁止反悔原则

【解题思路】

禁止反悔原则是指在专利授权或者无效程序中，专利申请人或专利权人通过对权利要求、说明书的限缩性修改或者意见陈述的方式放弃的保护范围，在侵犯专利权诉讼中确定是否构成等同侵权时，禁止权利人将已放弃的内容重新纳入专利权的保护范围。

【参考答案】D

【例 K66-2】对于全面覆盖原则中的相同侵权，下列理解错误的是？

A. 被控侵权技术方案在包含了权利要求中的全部技术特征的基础上，又增加了新的技术特征的
B. 被控侵权技术方案的技术特征与专利权利要求的技术特征在表述上完全相同
C. 表述上虽不完全相同，但表达的实质含义相同
D. 被控侵权技术方案的技术特征属于专利权利要求相应技术特征的下位概念

【解题思路】

相同侵权中的"相同"包括被控侵权技术方案的技术特征与专利权利要求的技术特

征在表述上完全相同，或者表述上虽不完全相同，但表达的实质含义相同，或者被控侵权技术方案的技术特征属于专利权利要求相应技术特征的下位概念。如果被控侵权技术方案在包含了权利要求中的全部技术特征的基础上，又增加了新的技术特征的，则还必须同时满足该技术特征没有被专利文件明确排除。因此选项A的理解错误，符合题意。

【参考答案】A

【例K66-3】发明或者实用新型专利权的保护范围以其权利要求的内容为准。关于"以权利要求的内容为准"的含义，下列说法正确的是？

A. 应当以国务院专利行政部门公告授权的专利文本或者已经发生法律效力的无效宣告请求审查决定及相关的确权行政判决所确定的权利要求为准

B. 既包括权利要求记载的技术特征所确定的内容，也包括与权利要求所记载的技术特征相等同的技术特征所确定的内容

C. 如果权利要求与专利说明书出现不一致或者相互矛盾，以权利要求的字面含义所确定的保护范围为准

D. 人民法院在确定实用新型专利权的保护范围时，应当仅考虑记载在权利要求中的形状特征、结构特征，而不应当考虑材料特征、方法特征

【解题思路】

"以权利要求的内容为准"包含以下几层含义：应当以国务院专利行政部门公告授权的专利文本或者已经发生法律效力的无效宣告请求审查决定及相关的确权行政判决所确定的权利要求为准；应当根据权利要求的内容来确定，而不能背离权利要求的内容；仅在说明书或者附图中描述而未被概括到权利要求中的技术方案，视为专利权人放弃了对该技术方案的保护，不应纳入发明或实用新型专利权的保护范围；既包括权利要求记载的技术特征所确定的内容，也包括与权利要求所记载的技术特征相等同的技术特征所确定的内容；如果权利要求与专利说明书出现不一致或者相互矛盾，在专利权未被宣告程序宣告无效的情况下，按照专利权有效原则，以权利要求的字面含义所确定的保护范围为准。因此选项A、B、C均正确。选项D错误，在实用新型专利创造性的审查中，应当考虑其技术方案中的所有技术特征，包括材料特征和方法特征。

【参考答案】ABC

【例K66-4】下列关于外观设计专利保护范围的确定正确的有？

A. 以表示在图片或者照片中的该产品的外观设计为准

B. 在与外观设计专利产品不同种类产品上，采用与授权外观设计相同或者近似的外观设计，应当认定被诉侵权设计落入外观设计专利权的保护范围

C. 对整体视觉效果不产生影响的产品的大小、材料、内部结构，应当排除在外观设计专利权的保护范围之外

D. 相似外观设计专利的保护范围由各个独立的外观设计分别确定

【解题思路】

外观设计专利权的保护范围以表示在图片或者照片中的该产品的外观设计为准，选项A正确。是否落入外观设计专利权的保护范围，只判断与外观设计专利产品相同或者相近种类产品。不是同类产品，即使外观设计相同，也不能认为是侵犯了专利权。因此选项B错误。对整体视觉效果不产生影响的产品的大小、材料、内部结构，应当排除在外观设计专利权的保护范围之外。相似外观设计专利的保护范围由各个独立的外观设计分别确定。因此选项C、D均正确。

【参考答案】ACD

【K67】专利侵权行为

1. 本考点的主要考查角度分析

本考点中包含的关键词有：以生产经营为目的、制造、使用、许诺销售、销售、进口、使用专利方法、使用专利产品制造另一产品、使用专利方法直接获得的一代产品、二代产品、三代产品及以上、帮助侵权、教唆侵权。本考点考查角度如图6-5所示。

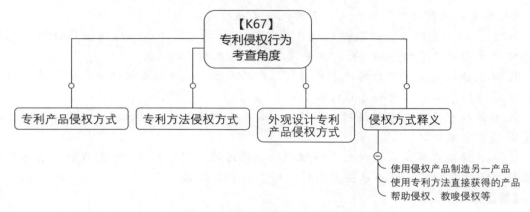

图6-5 "专利侵权行为"考查角度

2. 关键词释义

（1）专利产品侵权方式：①未经专利权人许可；②以生产经营为目的；③侵权行为：制造、使用、许诺销售、销售、进口专利产品。

（2）专利方法侵权方式：①未经专利权人许可；②以生产经营为目的；③侵权行为：使用其专利方法以及使用、许诺销售、销售、进口依照该专利方法直接获得的产品。

（3）外观设计专利产品侵权方式：①未经专利权人许可；②以生产经营为目的；③侵权行为：制造、许诺销售、销售、进口其外观设计专利产品。

（4）侵权方式释义：①使用侵权：将侵犯发明或实用新型专利权的产品作为零部件，制造另一产品的行为属于侵权使用行为。②使用外观设计产品制造另一产品并销售侵权：将侵犯外观设计专利权的产品作为零部件，制造另一产品并销售的，应当认定属于侵权销售行为，但仅具有技术功能的除外。③二代产品仍侵权：对于将依照专利方法直接获得的产品（第一代）进一步加工、处理而获得后续产品（第二代）的行为，依然构成侵权。④三代及以上产品不侵权：对于将依照专利方法直接获得的产品（第一代）进一步加工、处理而获得的后续产品（第二代），进行再加工、处理而获得的产品（第三代及以上），则不构成侵权。⑤许诺销售侵权：以做广告、在商店橱窗中陈列、在网络或在展销会上展出等方式作出销售侵犯他人专利权产品的意思表示的，可以认定为许诺销售。⑥销售侵权：侵犯专利权的产品买卖合同依法成立的，即可认定构成销售侵犯专利权的产品。⑦帮助侵权：明知有关产品系专门用于实施专利的材料、设备、零部件、中间物等，未经专利权人许可，为生产经营目的将该产品提供给他人实施了侵犯专利权的行为，权利人主张该提供者的行为属于帮助他人实施侵权行为的，人民法院应予支持。⑧教唆侵权：明知有关产品、方法被授予专利权，未经专利权人许可，为生产经营目的积极诱导他人实施了侵犯专利权的行为，权利人主张该诱导者的行为属于教唆他人实施侵权行为的，人民法院应予支持。

3. 典型例题及解析

【例 K67-1】 关于侵权行为，以下说法正确的是？

A. 除专利法另有规定外，发明专利权人有权禁止他人为生产经营目的制造、使用、许诺销售、销售、进口其专利产品

B. 除专利法另有规定外，方法发明专利权人有权禁止他人为生产经营目的制造与依照其专利方法直接获得的产品相同的产品

C. 除专利法另有规定外，实用新型专利权人有权禁止他人为生产经营目的制造、使用、许诺销售、销售、进口其专利产品

D. 除专利法另有规定外，外观设计专利权人有权禁止他人为生产经营目的制造、使用、许诺销售、销售、进口其专利产品

【解题思路】

对于发明和实用新型产品专利，侵权行为包括制造、使用、许诺销售、销售和进口，因此选项 A、C 均正确。对于方法专利，侵权行为包括使用专利方法以及使用、许诺销售、销售和进口依照专利方法直接获得的产品，选项 B 错误。对于外观设计专利，侵权行为包括制造、许诺销售、销售和进口，不包括使用，选项 D 错误。

【参考答案】 AC

【例 K67-2】 下列行为中甲构成专利侵权的是？

A. 甲知道乙一直在实施侵犯他人专利权的行为，仍然为乙实施行为提供场所、仓储等便利条件

B. 乙拥有一项专利技术，普通许可给甲实施；后因乙未缴纳年费而终止，甲对此不知情；此后甲一直在使用许可技术制造产品并进行销售，但不向乙支付许可费

C. 甲明知其拟转让的技术侵犯乙的专利权而高价转让给丙，丙不知情，生产了专利产品并进行销售

D. 甲未获得乙授权准备使用乙的发明专利，并为此准备了场地、仓储、运输等条件，但还未实施就因发生事故去世了

【解题思路】

甲知道乙在实施侵权行为，仍然为乙提供场所、仓储等便利条件的，甲构成帮助侵权，选项 A 符合题意。乙的专利权终止后即进入公有领域，任何人均可免费实施，选项 B 中甲的实施不构成侵权，不符合题意。选项 C 中甲明知其拟转让的技术侵犯乙的专利权仍然转让并由受让人实施，构成教唆侵权，选项 C 符合题意。选项 D 中甲存在侵权意愿但没有实际的侵权行为，因此不构成侵权，选项 D 不符合题意。

【参考答案】 AC

【例 K67-3】 下列哪些说法是正确的？

A. 将侵犯发明专利权的产品作为零部件，制造另一产品的，属于未经专利权人许可的使用专利产品的行为

B. 将侵犯发明专利权的产品作为零部件，制造另一产品并销售的，属于未经专利权人许可制造专利产品的行为

C. 将侵犯外观设计专利权的产品作为零部件，制造另一产品的，属于未经专利权人许可制造专利产品的行为

D. 将使用专利方法获得的原始产品进一步加工而获得后续产品的行为，属于使用依照该专利方法直接获得的产品

【解题思路】

将侵犯发明或者实用新型专利权的产品作为零部件，制造另一产品的，人民法院应当认定其属于专利法规定的使用行为；销售该另一产品的，人民法院应当认定其属于《专利法》第11条规定的销售行为。因此选项A正确，选项B错误，将侵权产品作为零部件制造另一产品并销售的，属于销售这一侵权行为。将侵犯外观设计专利权的产品作为零部件，制造另一产品并销售的，人民法院应当认定其属于专利法规定的销售行为，但侵犯外观设计专利权的产品在该另一产品中仅具有技术功能的除外。使用外观设计专利产品不侵权，因此使用外观设计专利制造另一产品并且销售的属于销售侵权，选项C错误。将使用专利方法获得的原始产品进一步加工而获得后续产品的行为，属于使用依照该专利方法直接获得的产品的行为，选项D正确。 【参考答案】AD

【例K67-4】甲有一项名称为"欧式办公桌椅"的外观设计专利，其包括欧式设计的办公桌和办公椅两件产品；乙在某网购平台上销售办公桌，其销售的办公桌与甲的外观设计专利中的欧式办公桌属于相同的设计，丙从该网购平台购买了乙销售的办公桌供自己使用。丁购买乙销售的办公桌，将其与自己生产的其他家具配套在展会上展销。以下哪些说法是正确的？

A. 乙销售的办公桌落入甲的专利权保护范围
B. 乙销售的办公桌未落入甲的专利权保护范围
C. 丙购买并使用该办公桌不侵犯甲的专利权
D. 丁购买并展销的行为属于使用行为

【解题思路】

外观设计专利权被授予后，任何单位或者个人未经专利权人许可，都不得实施其专利，即不得为生产经营目的制造、许诺销售、销售、进口其外观设计专利产品。本题中甲的外观设计专利权包含两种产品，侵犯其中任何一种产品的专利权均构成侵权。乙销售的办公桌与甲的外观设计产品属于相同的设计，因此构成侵权。丙购买侵权产品供自己使用不侵权。丁购买并参加展会的行为属于许诺销售，侵犯了甲公司的专利权。因此选项A、C均正确，选项B、D均错误。 【参考答案】AC

【例K67-5】下列哪些表述是正确的？

A. 侵犯专利权的产品买卖合同签订后，交付之前，不构成侵犯专利权
B. 搭售或以其他方式转让侵犯专利权产品的所有权，变相获取商业利益的，属于销售侵权行为
C. 对于将依照专利方法直接获得的产品进一步加工、处理而获得的后续产品，进行再加工、处理而获得的产品，则不构成侵权
D. 明知有关产品、方法被授予专利权，未经专利权人许可，为生产经营目的积极诱导他人实施了侵犯专利权的行为，权利人主张该诱导者侵犯其专利权，应当赔偿损失的，人民法院应当支持

【解题思路】

侵犯专利权的产品买卖合同依法成立的，即可认定构成销售侵犯专利权的产品，选项A错误。搭售等转让侵犯专利权产品的所有权，变相获取商业利益的，属于销售侵权行为，选项B正确。依照专利方法直接获得的产品受专利法保护，采用该产品制造另一产品依然受专利法保护，但再用来制造新的产品则不构成侵权，选项C正确。教唆侵权人和实施者构成共同侵权，教唆者已明知侵权而诱导他人实施侵权行为的，应当承担侵

权责任,选项 D 正确。

【参考答案】BCD

【K68】不视为侵犯专利权的行为

1. 本考点的主要考查角度分析

本考点中包含的关键词有:购买专利产品再利用、在申请日以前已经做好准备、使用专利技术、行政审批。本考点考查角度如图 6-6 所示。

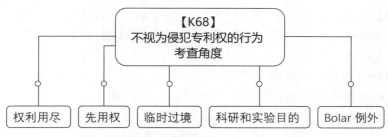

图 6-6 "不视为侵犯专利权的行为"考查角度

2. 关键词释义

(1) 权利用尽:专利产品或依照专利方法直接获得的产品,由专利权人或者经其许可的单位、个人售出后(出身合法),他人再使用、许诺销售、销售、进口该产品的,不视为侵权行为。

(2) 先用权:①行为人在专利申请日前已经制造相同产品、使用相同方法或者已经做好制造、使用的必要准备,并且仅在原有范围内继续制造、使用的,不视为侵犯专利权。②"做好了制造、使用的必要准备"是指已经完成实施发明创造所必需的主要技术图纸或工艺文件,或已经制造或购买了必需的主要设备或原材料。③"原有范围"包括专利申请日前已有的生产规模,以及利用已有的生产设备可以达到的生产规模。④被诉侵权人以非法获得的技术或者设计主张先用权抗辩的,不应予以支持。⑤先用权不得转让,除非连同所属企业一并转让。

(3) 临时过境:临时通过中国领陆、领水、领空的外国运输工具,依照其所属国同中国签订的协议或者共同参加的国际条约,或依照互惠原则,为运输工具自身需要而在其装置和设备中使用(发挥技术功能)有关专利的,不视为侵犯专利权。

(4) 科研和实验目的:专为科学研究和实验使用有关专利的行为不视为侵犯专利权(国家鼓励研发和创新行为,例如反向工程不侵权)。

(5) Bolar 例外:为提供行政审批所需要的信息,制造、使用、进口专利药品或专利医疗器械的,以及专门为其制造、进口专利药品或专利医疗器械的行为不视为侵犯专利权。

3. 典型例题及解析

【例 K68-1】下列关于先用权的说法哪些是正确的?

A. 主张先用权的必须在专利权人的申请日以前已经实施或者已经做好实施专利技术的必要准备

B. 先用权中的原有范围仅指专利申请日前已有的生产规模

C. 实施或准备实施的必须是被控侵权人自己独立研究开发的技术

D. 先用权可以在一定条件下转让

【解题思路】

在专利权人的申请日以前已经实施或者已经做好实施专利技术的必要准备的,可以主张行使先用权,选项 A 正确。先用权中的原有范围包括专利申请日前已有的生产规模以及利用已有的生产设备或者根据已有的生产准备可以达到的生产规模,选项 B 错误。被诉侵权人以非法获得的技术或者设计主张先用权抗辩的,人民法院不应予以支持。被控侵权人通过技术转让、技术许可等合法手段获得的技术,同样有权主张先用权,选项 C 错误。先用权不得转让,除非连同所属企业一并转让,因此选项 D 正确。

【参考答案】AD

【例 K68-2】阳光技术中心设计了一种高性能发动机,在我国和法国均获得了发明专利权,并分别给予我国的甲公司、法国的乙公司在所在国的独占实施许可。下列哪些行为在我国不视为侵犯专利权?

　　A. 在法国购买由乙公司制造销售的该发动机,进口至我国销售
　　B. 在我国购买由甲公司制造销售的该发动机,将发动机改进性能后销售
　　C. 在我国未经甲公司许可制造该发动机,用于各种新型汽车的碰撞实验,以测试车身的防撞性能
　　D. 在法国未经乙公司许可制造该发动机,安装在法国客运公司汽车上,该客车曾临时通过我国境内

【解题思路】
选项 A 中进口到我国的发动机是乙公司制造并销售的,因此符合权利用尽的条件,之后的销售行为不构成侵权,选项 A 符合题意。选项 B 中销售的发动机是甲公司制造并销售的,因此甲公司已经获得了其相应的利益,他人对购买的专利产品进一步利用不构成侵权,选项 B 符合题意。选项 C 中的科学实验研究对象是汽车,不是侵权产品本身,因此不符合不视为侵犯专利权的构成要件,属于侵权行为,选项 C 不符合题意。在临时过境的交通工具上使用侵权产品,不视为侵犯专利权,选项 D 符合题意。

【参考答案】ABD

【例 K68-3】在未经专利权人同意的情况下,在专利权的有效期内,下列行为没有侵犯专利权的是?

　　A. 甲公司从公开渠道获得了一份技术材料,但不知其已经获得发明专利权,甲自行应用该技术生产产品并销售
　　B. 乙按照他人的外观设计专利制作了一套沙发以自用
　　C. 丙实施了他人的实用新型专利技术方案,将产品以成本价卖给某公司
　　D. 医院丁按照一件中药发明专利的技术方案配制汤药用以医治病人

【解题思路】
选项 A 中甲公司获得专利技术的时间在申请日之后,不符合先用权的构成要件,因此其行为属于侵权行为,选项 A 不符合题意。选项 B 中乙不具有生产经营目的,因此不构成侵权,选项 B 符合题意。选项 C 中丙虽然没有营利但依然构成侵权,仍然属于生产经营目的的销售行为,选项 C 不符合题意。选项 D 中医院的行为属于以生产经营为目的的销售行为,构成侵权,选项 D 不符合题意。

【参考答案】B

【K69】特殊侵权方式

1. 本考点的主要考查角度分析

本考点中包含的关键词有:不知情、合法来源、免赔偿、合理对价、侵权但不停止、支付许可费、现有技术/现有设计、单独对比、相同或无实质性差异、标准必要专利、实施许

可、人民法院确定、药品上市审评审批、是否落入他人专利权保护范围、起诉、行政裁决。本考点考查角度如图6-7所示。

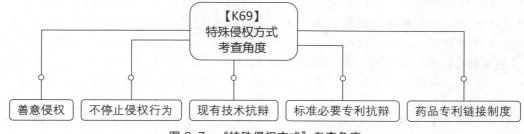

图 6-7 "特殊侵权方式"考查角度

2. 关键词释义

（1）善意侵权：①在不知情的情况下为生产经营目的使用、许诺销售或者销售专利侵权产品，能证明该产品合法来源的，不承担赔偿责任。②能够证明其产品合法来源且能够举证证明其已支付该产品的合理对价的使用人，不承担赔偿责任且可以继续使用侵权产品。

（2）不停止侵权行为：被诉侵权行为构成对专利权的侵犯，但判令停止侵权会有损国家利益、公共利益的，可以不判令被诉侵权人停止侵权行为，而判令其支付相应的合理费用。

（3）现有技术或现有设计抗辩：①在专利侵权纠纷中，被控侵权人有证据证明其实施的技术属于现有技术或现有设计的，不构成侵犯专利权。②现有技术抗辩是指被诉落入专利权保护范围的全部技术特征，与一项现有技术方案中的相应技术特征相同或无实质性差异。

（4）标准必要专利抗辩：①被诉侵权人实施的技术方案属于推荐性国家、行业或地方标准明示的必要专利的信息，需要取得专利权人的许可。②专利权人故意违反其在标准制定中承诺的公平、合理、无歧视的许可义务，导致双方无法达成专利实施许可合同，且被诉侵权人在协商中无明显过错，则对于权利人请求停止标准实施行为的主张，人民法院一般不予支持。③专利权人和被诉侵权人经充分协商，无法达成实施许可协议的，可以请求人民法院确定。

（5）药品专利链接制度：①药品上市审评审批过程中，药品上市许可申请人与有关专利权人或者利害关系人，因申请注册的药品相关的专利权而产生纠纷的，相关当事人可以向人民法院起诉，请求就申请注册的药品相关技术方案是否落入他人药品专利权保护范围作出判决。②国务院药品监督管理部门在规定的期限内，可以根据人民法院生效裁判作出是否暂停批准相关药品上市的决定。③药品上市许可申请人与有关专利权人或者利害关系人也可以就申请注册的药品相关的专利权纠纷，向国务院专利行政部门请求行政裁决。

3. 典型例题及解析

【例K69-1】甲拥有一项机床的发明专利权，乙未经甲的许可制造了该机床，用于为自己的客户加工零部件，同时将部分机床对外销售；丙不知道该机床为侵权产品，以合理价格购买了10台，其中一台用于本企业的生产，另外9台对外销售，尚有5台未售出。基于以上事实，下列说法正确的是？

A. 乙制造该机床供自己使用的行为不侵犯甲的专利权
B. 丙能证明其采购机床的合法来源，无需承担赔偿责任
C. 丙使用该机床不侵犯甲的专利权
D. 法院根据甲的请求，应当判令丙立即停止使用和销售该机床

【解题思路】

乙未经专利权人许可制造其专利产品的行为构成侵权，选项A错误。丙在不知情的情况下购买侵权产品并销售和使用的，侵犯了甲的专利权。如果丙能证明合法来源，不承担赔偿责任，但需要停止销售。基于丙购买时支付了合理的对价，丙可以继续使用。因此选项B正确，选项C、D均错误。　　　　　　　　　　　　　　　　　　　【参考答案】B

【例K69-2】甲公司拥有一项推荐性国家标准中明示的必要专利技术，乙公司希望实施该专利技术，未经甲公司同意，在其制造的产品中使用了该项专利技术，以下说法正确的是？

A.由于该专利已被列入推荐性国家标准，因此乙公司无需经过甲公司的同意即可免费实施该专利技术

B.虽然该专利已被列入推荐性国家标准，但是乙公司使用该项技术应当向甲公司支付适当的许可费

C.乙公司多次向甲公司提出请求，希望以合理的条件获得实施许可但无法达成一致的，可以请求人民法院确定

D.如果乙公司希望获得实施许可，并提出了合理的实施许可条件，但甲公司不同意又向人民法院主张乙公司承担停止侵权行为的，人民法院一般不予支持

【解题思路】

虽然该专利已被列入推荐性国家标准，但是乙公司使用该项技术应当取得甲公司的许可并向其支付适当的费用，因此选项A错误，选项B正确。乙公司希望使用该项技术的，可以就实施许可条件与甲公司协商，无法协商一致的，可以请求人民法院确定，选项C正确。乙公司提出合理的许可条件，甲公司无正当理由不予许可，并向人民法院请求乙公司停止侵权的，人民法院一般不予支持，选项D正确。　　　　【参考答案】BCD

【例K69-3】甲公司拥有一项疾病诊疗设备专利权，乙公司为甲公司的竞争对手，在不知道甲公司已经获得专利权的情况下自行研发该诊疗设备也获得了专利权。乙公司将自行制造的该设备捐赠给丙医院。丙医院根据该设备特点设计建造了以该设备为主的疾病诊断系统并投入使用。后甲公司获知乙公司的侵权行为，遂向人民法院提起诉讼，请求判决乙公司停止侵权行为，并要求丙医院停止使用该医疗设备。人民法院受理后经审理认为，如果丙医院停止使用该设备，将会带来巨大的社会资源浪费。基于以上事实，以下说法正确的是？

A.乙公司拥有专利权，因此其实施自己的专利生产该诊疗设备的行为不侵犯甲公司的专利权

B.由于丙医院是通过捐赠从乙公司获得诊疗设备的，因此丙医院使用该诊疗设备的行为不构成侵犯甲公司的专利权

C.人民法院应当从维护公共利益出发，判决驳回原告的全部诉讼请求

D.人民法院可以要求丙医院向甲公司支付合理的使用费

【解题思路】

根据一发明创造只能授予一项专利权的原则，乙公司的专利权属于重复授权，因此乙公司实施其专利技术制造专利产品的行为，侵犯了甲公司的专利权，选项A错误。丙医院构成侵权的原因是其"以生产经营为目的"使用侵权专利产品，与其是否支付价款无关，选项B错误。在乙公司和丙医院均构成侵权的情况下，应当承担停止侵权、赔偿损失的民事责任；只有在侵权人停止被诉侵权行为将损害国家利益、公共利益时，法院

可以不判令其停止被诉侵权行为，而代之以支付合理的使用费。因此对于甲公司请求判决乙公司停止侵权行为的诉讼请求应当得到支持，并要求丙医院向甲公司支付合理的使用费，以避免社会资源的巨大浪费。因此选项C错误，选项D正确。 **【参考答案】D**

【例K69-4】 关于现有技术抗辩，下列说法正确的是？

A.用于不侵权抗辩的现有技术，必须是公开出版的现有技术，不包括互联网公开的情形

B.抵触申请可以否定专利权的新颖性，因此不能作为不侵权抗辩的现有技术

C.仅当被控侵权物的全部技术特征与一份现有技术方案的相应技术特征完全相同时，才可以认为不侵权抗辩成立

D.如果被控侵权人通过举证两份现有技术的结合能够方便地得到专利权保护的技术方案的，则其现有技术抗辩的主张应当得到支持

【解题思路】

在专利侵权纠纷中，被控侵权人有证据证明其实施的技术或者设计属于现有技术或者现有设计的，不构成侵犯专利权。这里的现有技术并不限定公开的方式，因此选项A错误。抵触申请不等于现有技术，因此抵触申请不能拥有现有技术抗辩，选项B正确。被诉落入专利权保护范围的全部技术特征，与一项现有技术方案中的相应技术特征相同或者无实质性差异的，人民法院应当认定被诉侵权人实施的技术属于现有技术。因此选项C错误，还包括"无实质性差异"这一情形。选项D错误，现有技术抗辩仅适用于单独对比，不适用于多份对比文件进行组合。 **【参考答案】B**

【例K69-5】 药品专利链接制度主要是用来解决哪个阶段的纠纷问题？

A. 药品的研发阶段　　　　　　　B. 药品的专利申请阶段
C. 药品的上市审评审批阶段　　　D. 药品上市以后

【解题思路】

药品上市审评审批过程中，药品上市许可申请人与有关专利权人或者利害关系人，因申请注册的药品相关的专利权产生纠纷的，相关当事人可以向人民法院起诉，或者向国务院专利行政部门提出申请，请求就申请注册的药品相关技术方案是否落入他人药品专利权保护范围作出判决或裁决。因此选项C符合题意，其他选项均不符合题意。

【参考答案】C

【例K69-6】 关于药品专利链接制度，下列说法正确的是？

A. 药品专利链接制度是为了应对药品在上市前的审评审批过程中，药品上市许可申请人或专利权人及利害关系人就该药品是否落入专利保护范围请求进行确认的制度

B. 专利权人或者利害关系人认为正在进行上市审评审批的药品侵犯了其专利权的，只能向人民法院起诉，要求确认该药品落入了其专利保护范围

C. 一旦纠纷产生并进入纠纷解决程序，国务院药品监督管理部门必须等到判决或裁决生效后，方可决定是否暂停批准相关药品上市

D. 国务院药品监督管理部门与国务院专利行政部门都在该制度中发挥重要作用

【解题思路】

药品上市审评审批过程中，药品上市许可申请人与有关专利权人或者利害关系人，因申请注册的药品相关的专利权产生纠纷的，相关当事人可以向人民法院起诉，请求就申请注册的药品相关技术方案是否落入他人药品专利权保护范围作出判决，也可以就申请注册的药品相关的专利权纠纷，向国务院专利行政部门请求行政裁决。因此选项A、

D均正确,选项B错误,当事人既可以向人民法院起诉也可以请求国务院专利行政部门进行裁决。在药品专利链接制度中,国务院药品监督管理部门、国务院专利行政部门和人民法院均在该制度中发挥重要作用。国务院药品监督管理部门在规定的期限内,可以根据人民法院生效裁判作出是否暂停批准相关药品上市的决定。因此选项C错误,国务院药品监督管理部门可以在一定期限内等待人民法院的裁判。 【参考答案】AD

【K70】专利侵权纠纷的处理

1. 本考点的主要考查角度分析

本考点中包含的关键词有:协商、调解、处理、全国重大影响、提起诉讼、专利权人、利害关系人、被申请人所在地、共同管辖、管辖权争议、共同上级、有权采取的措施、责令停止侵权。本考点考查角度如图6-8所示。

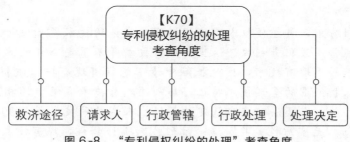

图6-8 "专利侵权纠纷的处理"考查角度

2. 关键词释义

(1) 救济途径:①双方当事人协商解决。②请求管理专利工作的部门进行调解、处理。③请求国务院专利行政部门对于在全国有重大影响的专利侵权纠纷进行处理。④向人民法院提起侵权诉讼。

(2) 请求人:①请求管理专利工作的部门处理专利侵权纠纷的请求人,限于专利权人或者利害关系人。②利害关系人包括专利实施许可合同的被许可人、专利权人的合法继承人。③专利实施许可合同的被许可人中,独占实施许可合同的被许可人可以单独提出请求;排他实施许可合同的被许可人在专利权人不请求的情况下,可以单独提出请求;除合同另有约定外,普通实施许可合同的被许可人不能单独提出请求。

(3) 行政管辖:关于专利侵权纠纷的处理和调解,行政管辖权的确定规则为:①由被请求人所在地或者侵权行为地的管理专利工作的部门管辖。②两个以上都有管辖权的,当事人可以选择;当事人向两个以上有管辖权的提出请求的,由最先受理的管辖。③发生管辖权争议的,由其共同上级部门指定管辖;无共同上级部门的,由国务院专利行政部门指定管辖。④省级管理专利工作的部门对在本行政区域内侵犯同一专利权的案件可以合并处理;对跨区域侵犯同一专利权的案件可以请求上级部门处理。⑤国务院专利行政部门可以应专利权人或者利害关系人的请求处理在全国有重大影响的专利侵权纠纷。

(4) 行政处理:管理专利工作的部门依请求处理专利侵权纠纷时,有权采取下列措施:①询问有关当事人,调查与涉嫌违法行为有关的情况。②对当事人涉嫌违法行为的场所实施现场检查。③检查与涉嫌违法行为有关的产品。管理专利工作的部门依法处理时,当事人应当予以协助、配合,不得拒绝、阻挠。

(5) 处理决定:①管理专利工作的部门处理时,认定侵权行为成立的,可以责令侵权人立即停止侵权行为。②认定侵权行为不成立的,应当驳回请求人的请求。③侵权人期满不起诉又不停止侵权行为的，管理专利工作的部门可以申请人民法院强制执行。

3. 典型例题及解析

【例K70-1】甲、乙二人因专利权归属产生了纠纷，他们可以选择以下哪些途径解决？

A. 两人自行协商
B. 请求国家知识产权局处理
C. 向人民法院起诉
D. 请求管理专利工作的部门调解

【解题思路】

发生专利权归属纠纷的，当事人可以自行协商，也可以请求管理专利工作的部门调解，或者向人民法院起诉，因此选项A、C、D均符合题意。国家知识产权局可以应专利权人或者利害关系人的请求处理在全国有重大影响的专利侵权纠纷，不包括专利权归属案件，因此选项B不符合题意。

【参考答案】ACD

【例K70-2】甲、乙二人因实施开放许可发生了纠纷，他们可以选择以下哪些途径解决？

A. 两人自行协商
B. 请求国家知识产权局调解
C. 向人民法院起诉
D. 请求管理专利工作的部门调解

【解题思路】

当事人就实施开放许可发生纠纷的，由当事人协商解决；不愿协商或者协商不成的，可以请求国务院专利行政部门进行调解，也可以向人民法院起诉。因此选项A、B、C均符合题意。对于开放许可纠纷案件，地方管理专利工作的部门无权进行调解，选项D不符合题意。

【参考答案】ABC

【例K70-3】下列关于请求管理专利工作的部门处理专利侵权纠纷的说法哪些是正确的？

A. 请求人必须是专利权人
B. 请求人可以是专利权人的合法继承人
C. 独占实施许可合同的被许可人可以单独提出请求
D. 排他实施许可合同的被许可人在专利权人不请求的情况下，可以单独提出请求

【解题思路】

请求管理专利工作的部门处理专利侵权纠纷的请求人是专利权人或者利害关系人，因此选项A错误。利害关系人包括专利实施许可合同的被许可人、专利权人的合法继承人，因此选项B正确。独占实施许可合同的被许可人可以单独提出请求；排他实施许可合同的被许可人在专利权人不请求的情况下，可以单独提出请求；除合同另有约定外，普通实施许可合同的被许可人不能单独提出请求。因此选项C、D均正确。

【参考答案】BCD

【例K70-4】关于专利行政部门对专利侵权纠纷的管辖，下列说法正确的是？

A. 当事人向两个以上有管辖权的管理专利工作的部门提出请求的，由最先受理的管理专利工作的部门管辖

B. 发生管辖权争议且无共同上级人民政府管理专利工作的部门的，由国务院专利行政部门管辖

C. 对跨区域侵犯权利人的同一专利权的案件，权利人可以请求各管理专利工作的部

门的上级部门处理

D. 国务院专利行政部门对在全国有重大影响的专利侵权纠纷，可以主动进行处理

【解题思路】

当事人向两个以上有管辖权的管理专利工作的部门提出请求的，由最先受理的管辖，选项 A 正确。管理专利工作的部门之间发生管辖权争议的，由其共同上级部门指定管辖；无共同上级部门的，由国务院专利行政部门指定管辖，而不是由国务院专利行政部门管辖，选项 B 错误。对跨区域侵犯权利人的同一专利权的案件，权利人可以请求各管理专利工作的部门的上级部门处理，选项 C 正确。国务院专利行政部门可以应专利权人或者利害关系人的请求处理在全国有重大影响的专利侵权纠纷，而不是主动处理，选项 D 错误。

【参考答案】AC

【例 K70-5】管理专利工作的部门应专利权人的请求处理专利侵权纠纷时，有权采取的措施包括？

A. 询问有关当事人，调查与涉嫌违法行为有关的情况

B. 对当事人涉嫌违法行为的场所实施现场检查

C. 查阅、复制与涉嫌违法行为有关的合同、发票、账簿以及其他有关资料

D. 检查与涉嫌违法行为有关的产品

【解题思路】

管理专利工作的部门依请求处理专利侵权纠纷时，可以采取下列措施：①询问有关当事人，调查与涉嫌违法行为有关的情况。②对当事人涉嫌违法行为的场所实施现场检查。③检查与涉嫌违法行为有关的产品。因此选项 A、B、D 均正确，选项 B 错误，在处理假冒专利行为时，才有权采取此项措施。

【参考答案】ABD

【例 K70-6】管理专利工作的部门认定专利侵权行为成立时，有权采取下列哪些措施制止侵权行为？

A. 侵权人制造专利侵权产品的，责令其立即停止制造行为，销毁制造侵权产品的专用设备、模具

B. 侵权人使用专利方法的，责令其立即停止使用行为，销毁实施专利方法的专用设备、模具

C. 侵权人销售专利侵权产品的，责令其立即停止销售行为，并且追回已经售出的侵权产品

D. 侵权人许诺销售专利侵权产品的，责令其立即停止许诺销售行为，消除影响

【解题思路】

根据专利法规定的产品专利、方法专利和外观设计专利的侵权行为，管理专利工作的部门认定专利侵权行为成立的，应当作出责令侵权人立即停止侵权行为的处理决定。针对选项 A 中的制造侵权行为、选项 B 中的使用专利方法侵权行为、选项 C 中的销售专利产品侵权行为以及选项 D 中的许诺销售专利产品的侵权行为，管理专利工作的部门将责令停止侵权，选项 A、B、D 均正确。选项 C 错误，责令停止侵权，但不采取追回已经售出的侵权产品的措施。

【参考答案】ABD

【例 K70-7】管理专利工作的部门根据专利权人或者利害关系人的请求，对专利侵权行为作出处理，下列说法正确的是？

A. 当事人对处理决定不服的，可以自收到通知之日起 15 日内向人民法院提起行政诉讼

B. 当事人对处理决定不服的,可以自收到通知之日起30日内向人民法院提起民事诉讼
C. 管理专利工作的部门对侵权赔偿数额进行调解的,有权强制当事人履行调解书
D. 管理专利工作的部门对侵权赔偿数额调解不成的,当事人可以提起民事诉讼

【解题思路】

当事人对处理决定不服提起诉讼的,被告是管理专利工作的部门,因此为行政诉讼,提起诉讼的时效为自收到通知之日起15日内,因此选项A正确,选项B错误。我国法律没有赋予管理专利工作的部门强制执行权,且调解书为民事协议,不具有强制执行力。当事人达不成调解,或者不履行调解书的,可以提起民事诉讼,以对方当事人为被告,选项C错误,选项D正确。

【参考答案】AD

【K71】向人民法院起诉

1. 本考点的主要考查角度分析

本考点中包含的关键词有:专利行政纠纷、专利民事纠纷、确认案件、被告所在地、侵权行为发生地、诉前、证据可能灭失或以后难以取得、有证据、正在实施或即将实施、难以弥补、涉及实用新型或外观设计专利、答辩期间、中止诉讼、3年、追溯力。本考点考查角度如图6-9所示。

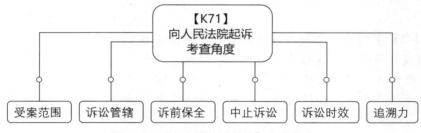

图6-9 "向人民法院起诉"考查角度

2. 关键词释义

(1) 受案范围:①侵犯专利权纠纷案件。②假冒专利民事纠纷案件。③确认不侵害专利权纠纷案件。④确认是否落入专利保护范围纠纷案件等。

(2) 诉讼管辖:①专利权侵权诉讼,由侵权行为地或被告住所地人民法院管辖。②侵权行为地包括侵权行为的侵权结果发生地。③以制造者与销售者为共同被告起诉的,销售地人民法院有管辖权。销售者是制造者分支机构,原告在销售地起诉侵权产品制造者制造、销售行为的,销售地人民法院有管辖权。

(3) 诉前保全:①专利权人或者利害关系人有证据证明他人正在实施或者即将实施侵犯专利权、妨碍其实现权利的行为,如不及时制止将会使其合法权益受到难以弥补的损害的,可以在起诉前依法向人民法院申请采取财产保全、责令作出一定行为或者禁止作出一定行为的措施。②在证据可能灭失或者以后难以取得的情况下,专利权人或者利害关系人可以在起诉前依法向人民法院申请保全证据。

(4) 中止诉讼:①涉及实用新型、外观设计专利权纠纷案件,被告在答辩期内提出请求宣告原告的专利权无效的,人民法院应当中止诉讼,但在特殊情况下可以不中止诉讼。②被告在答辩期间届满后请求宣告涉案实用新型、外观设计专利权无效的,人民法院不应当中止诉讼,但经审查认为有必要中止诉讼的除外。③诉讼涉及发明专利或被专利局维持有效的实用新型、外观设计专利,被告在答辩期间请求宣告该项专利权无效的,法院可以不中止

诉讼。

（5）诉讼时效：侵犯专利权的诉讼时效为3年，自专利权人或者利害关系人知道或者应当知道侵权行为以及侵权人之日起计算。

（6）追溯力：宣告专利权无效的决定，对在宣告专利权无效前已执行的判决书、调解书、行政处理决定，以及已经履行的专利实施许可合同和专利权转让合同，不具有追溯力。但是因专利权人的恶意而给他人造成的损失，应当给予赔偿。

3. 典型例题及解析

【例 K71-1】人民法院可以受理下列哪些专利纠纷案件？
A. 专利合同纠纷案件
B. 诉前申请行为保全、财产保全案件
C. 因恶意提起专利权诉讼损害责任纠纷案件
D. 就实施开放许可发生纠纷的案件

【解题思路】
人民法院受理的专利纠纷案件包括选项A中的专利合同纠纷案件，选项B中的诉前申请行为保全、财产保全案件，选项C中的因恶意提起专利权诉讼损害责任纠纷案件，选项D中的当事人就实施开放许可发生纠纷的案件，选项A、B、C、D均符合题意。

【参考答案】ABCD

【例 K71-2】下列关于专利侵权诉讼管辖的说法哪些是正确的？
A. 专利侵权诉讼可以由被告住所地人民法院管辖
B. 专利侵权诉讼可以由侵权行为地人民法院管辖
C. 仅对侵权产品制造者提起诉讼，未起诉销售者，侵权产品制造地与销售地不一致的，制造地人民法院有管辖权
D. 销售者是制造者分支机构，原告在销售地起诉侵权产品制造者制造、销售行为的，销售地人民法院有管辖权

【解题思路】
因侵犯专利权行为提起的诉讼，由侵权行为地或者被告住所地人民法院管辖，选项A、B均正确。原告仅对侵权产品制造者提起诉讼，未起诉销售者，侵权产品制造地与销售地不一致的，制造地人民法院有管辖权，选项C正确。销售者是制造者分支机构，原告在销售地起诉侵权产品制造者制造、销售行为的，销售地人民法院有管辖权，选项D正确。

【参考答案】ABCD

【例 K71-3】下列关于诉前证据保全的说法正确的是？
A. 独占许可的被许可人可以单独向管理专利工作的部门申请诉前保全证据
B. 申请诉前保全证据的，需满足证据可能灭失或者以后难以取得的前提
C. 专利权人在起诉前申请保全证据的，应当提供担保
D. 申请人自人民法院采取保全措施之日起15日内不起诉的，人民法院应当解除该措施

【解题思路】
为了制止专利侵权行为，在证据可能灭失或者以后难以取得的情况下，专利权人或者利害关系人可以在起诉前向人民法院申请保全证据。因此选项A错误，选项B正确，诉前证据保全必须向人民法院提出。证据保全可能对他人造成损失的，人民法院应当责

令申请人提供相应的担保，因此诉前证据保全不一定提供担保，选项 C 错误。申请人自人民法院采取保全措施之日起 30 日内不起诉的，人民法院应当解除该措施，选项 D 错误。
【参考答案】B

【例 K71-4】以下关于诉前责令停止侵犯专利权行为的说法正确的是？
A.专利侵权纠纷涉及实用新型专利权的，申请人提出诉前责令停止侵犯专利权行为的，应当提交专利权评价报告
B.申请人向人民法院申请行为保全，应当递交申请书和相应证据
C.专利权人在起诉前向人民法院申请采取责令停止有关行为的措施的，应当提供证据证明他人正在实施或者即将实施侵犯专利权的行为，如不及时制止将会使其合法权益受到难以弥补的损害
D.申请人申请诉前行为保全的，应当提供担保，不提供担保的，裁定驳回申请

【解题思路】
申请人以实用新型或者外观设计专利权为依据申请行为保全的，应当提交由国务院专利行政部门作出的检索报告、专利权评价报告或者国家知识产权局维持该专利权有效的决定。因此选项 A 错误，还可以提交维持专利权有效的决定。申请人向人民法院申请行为保全，应当递交申请书和相应证据，选项 B 正确。申请人申请诉前保全没有足够的证据证明紧迫性、危害性的，人民法院不能采取相应的保全措施，避免给被保全人造成损害，选项 C 正确。诉前行为保全，必须通过担保，选项 D 正确。
【参考答案】BCD

【例 K71-5】以下说法正确的是？
A.人民法院受理的侵犯发明专利权纠纷案件，被告在答辩期间内请求宣告该项专利权无效的，人民法院应当中止诉讼
B.人民法院受理的侵犯实用新型专利权纠纷案件，被告提供的证据足以证明其使用的技术已经公知的，人民法院可以不中止诉讼
C.人民法院受理的侵犯外观设计专利权纠纷案件，被告在答辩期间届满后请求宣告该项专利权无效的，人民法院不应当中止诉讼
D.侵犯外观设计专利权纠纷案件的被告请求中止诉讼的，应当在答辩期内对原告的专利权提出宣告无效的请求

【解题思路】
发明专利申请的授权是经过初步审查、实质审查的，因此专利权的稳定性较强，即使被告在答辩期内请求宣告该专利权无效，人民法院也可以不中止诉讼，选项 A 错误。案件涉及实用新型专利权的，如果提供的证据足以证明其使用的技术已经公知的，则该专利权被宣告无效的可能性很高，因此人民法院可以直接判定不侵权，不必中止诉讼程序，等待无效宣告的决定，选项 B 正确。案件涉及外观设计专利权，被告在答辩期间届满才提出无效宣告请求的，人民法院不应当中止诉讼，选项 C 正确。侵犯外观设计专利权纠纷案件的被告请求中止诉讼的，应当在答辩期内对原告的专利权提出宣告无效的请求，否则其中止请求可能被驳回，选项 D 正确。
【参考答案】BCD

【例 K71-6】甲公司发现乙公司未经其许可，制造销售了甲公司拥有实用新型专利权的某产品，向法院提起侵权诉讼。法院经过审理，判决乙公司侵权成立，要求乙公司停止侵权行为，并向甲公司支付赔偿款人民币 200 万元。该判决生效后，甲公司申请人民法院强制执行。乙公司拒绝履行判决，并向国家知识产权局提起针对甲公司上述专利权的无效宣告请求。国家知识产权局经过审理，作出宣告甲公司上述实用新型专利权全部

无效的审查决定。乙公司根据该无效宣告决定请求人民法院再审，撤销原判决。根据上述情况，下列表述正确的是？

　　A. 人民法院可以裁定中止对乙公司再审申请的审查，并中止原判决的执行

　　B. 专利权人向人民法院提供充分、有效的担保，请求继续执行判决书的，人民法院应当继续执行

　　C. 乙公司向人民法院提供充分、有效的反担保，请求中止执行的，人民法院应当准许

　　D. 宣告专利权无效的决定被人民法院生效裁判撤销，专利权仍有效的，人民法院可以依据原判决直接执行乙公司的反担保财产

　　【解题思路】

　　宣告专利权无效的决定作出后，专利权人甲公司不服的，可以向人民法院起诉；因此乙公司根据无效宣告决定请求人民法院再审要求撤销原判决的，人民法院可以裁定中止再审审查，并中止原判决的执行，等待专利权人起诉或不起诉，直到无效宣告决定生效，选项 A 正确。人民法院中止原判决的执行，是担心有执行错误的风险，原因在于一旦宣告专利权无效的决定被撤销，则专利权仍然有效，乙公司仍然构成侵权，因此当专利权人向人民法院提供充分、有效的担保，请求继续执行判决书的，人民法院应当继续执行。即使发生执行错误，因为有担保，可以用担保赔偿乙公司的损失，选项 B 正确。如果乙公司提供了反担保，请求中止执行的，人民法院应当准许；当最终生效判决撤销了无效宣告决定，专利权仍然有效，人民法院需要继续执行原判决时，可以通过执行乙公司的反担保财产，强制其履行判决。因此选项 C、D 均正确。　　【参考答案】ABCD

　　【例 K71-7】关于专利侵权的诉讼时效，下列说法正确的是？

　　A. 侵犯专利权的诉讼时效为 3 年，自专利权人或者利害关系人知道或者应当知道侵权行为之日起计算

　　B. 侵犯专利权的诉讼时效为 3 年，自侵权行为发生之日起计算

　　C. 行为人超过诉讼时效起诉的，人民法院不予受理

　　D. 专利侵权诉讼中主张的权利要求被宣告无效后，宣告该权利要求无效的决定又被生效的行政判决撤销，专利权人另行起诉的，诉讼时效期间自该行政判决书送达之日起计算

　　【解题思路】

　　专利侵权诉讼时效为 3 年，自专利权人或者利害关系人知道或者应当知道侵权行为之日起计算，选项 A 正确，选项 B 错误。权利人超过 3 年起诉的，如果侵权行为在起诉时仍在继续，在该项专利权有效期内，人民法院应当判决被告停止侵权行为，侵权损害赔偿数额应当自权利人向人民法院起诉之日起向前推算 3 年计算，选项 C 错误。专利侵权诉讼中主张的权利要求被宣告无效后，宣告该权利要求无效的决定又被生效的行政判决撤销，专利权人另行起诉的，诉讼时效期间自该行政判决书送达之日起计算，选项 D 正确。　　【参考答案】AD

【K72】侵犯专利权的民事责任

1. 本考点的主要考查角度分析

　　本考点中包含的关键词有：删除、屏蔽、断开侵权产品链接、承担连带责任、约定优先、实际损失、所获得利益、合理确定、3 万元以上 500 万元以下、1 倍以上 5 倍以下、合

理开支。本考点考查角度如图 6-10 所示。

2. 关键词释义

（1）停止侵权：①侵权成立的，应当责令侵权人停止侵权行为。②专利权人或利害关系人可以依据人民法院生效的判决书、裁定书、调解书，通知网络服务提供者采取删除、屏蔽、断开侵权产品链接等必要措施。③网络服务提供者接到通知后未及时采取必要措施的，对损害的扩大部分与侵权网络用户承担连带责任。

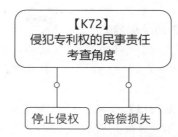

图 6-10 "侵犯专利权的民事责任"考查角度

（2）赔偿损失：①损失赔偿数额，权利人与侵权人的约定优先。②无约定时，侵权赔偿数额的计算方式如下：(i) 侵犯专利权的赔偿数额按照权利人因被侵权所受到的实际损失或者侵权人因侵权所获得的利益确定。(ii) 前二者均难以确定的，参照该专利许可使用费的倍数合理确定。(iii) 前三种均难以确定的，人民法院可以根据专利权的类型、侵权行为的性质和情节等因素，确定给予 3 万元以上 500 万元以下的赔偿。(iv) 对恶意侵权实施惩罚性赔偿：对故意侵犯专利权，情节严重的，可以在按照上述方法确定数额的 1 倍以上 5 倍以下确定赔偿数额。(v) 赔偿额包括权利人为制止侵权行为所支付的合理开支。

3. 典型例题及解析

【例 K72-1】甲公司发现乙公司侵犯其专利权，向人民法院起诉。如果人民法院认定侵权成立，则在甲公司提出的下列诉讼请求中，哪些请求能够得到支持？

A. 请求网络服务提供者采取删除、屏蔽、断开侵权产品链接等必要措施
B. 赔偿甲公司经济损失
C. 立即停止对甲公司专利权的侵害
D. 请求网络服务提供者对损害的扩大部分与侵权网络用户承担连带责任

【解题思路】

侵犯专利权的，应当承担停止侵权、赔偿损失的民事责任，选项 B、C 中的请求能够得到人民法院的支持，符合题意。要求网络服务提供者采取删除、屏蔽、断开侵权产品链接等必要措施，属于停止侵权的方式，选项 A 符合题意。网络服务提供者接到通知后未及时采取必要措施的，对损害的扩大部分与侵权网络用户承担连带责任，因此选项 D 中专利权人该项请求能够得到人民法院的支持，选项 D 符合题意。

【参考答案】ABCD

【例 K72-2】根据专利法及相关规定，以下有关人民法院计算专利侵权赔偿数额的说法正确的是？

A. 根据权利人的请求，按照权利人因被侵权所受到的损失确定赔偿数额
B. 根据权利人的请求，按照侵权人因侵权所获得的利益确定赔偿数额
C. 被侵权人的损失或者侵权人获得的利益难以确定，有专利许可使用费可以参照的，则参照该专利许可使用费合理确定赔偿数额
D. 被侵权人的损失或者侵权人获得的利益难以确定，没有专利许可使用费可以参照的，则一般在人民币 3 万元以上 300 万元以下确定赔偿数额

【解题思路】

侵犯专利权的赔偿数额按照权利人因被侵权所受到的实际损失或者侵权人因侵权所

获得的利益确定；权利人的损失或者侵权人获得的利益难以确定的，参照该专利许可使用费的倍数合理确定。权利人的损失、侵权人获得的利益和专利许可使用费均难以确定的，人民法院可以根据专利权的类型、侵权行为的性质和情节等因素，确定给予 3 万元以上 500 万元以下的赔偿。因此选项 A、B、C 均正确，选项 D 错误，法定赔偿数额上限为 500 万元。

【参考答案】ABC

【例 K72-3】专利侵权纠纷中，惩罚性赔偿金的计算基数是？
A. 实际损失、侵权获利、许可使用费
B. 实际损失、侵权获利、法定赔偿金
C. 实际损失、许可使用费、法定赔偿金
D. 实际损失、侵权获利、许可使用费、法定赔偿金

【解题思路】
对故意侵犯专利权，情节严重的，可以按照被侵权所受到的实际损失、侵权人因侵权所获得的利益，以及参照该专利许可使用费的倍数合理确定数额的 1 倍以上 5 倍以下确定赔偿数额。因此选项 A 符合题意，其他选项均不符合题意。

【参考答案】A

【例 K72-4】甲是某产品的专利权人，乙于 2020 年 3 月 1 日开始制造和销售该专利产品。甲于 2021 年 3 月 1 日对乙提起侵权之诉。经查，甲和乙销售每件专利产品分别获利 2 万元和 1 万元，甲因乙的侵权行为少销售 100 台，乙共销售侵权产品 300 台。甲在侵权诉讼中可以主张的赔偿数额是？
A. 200 万元　　　　B. 250 万元　　　　C. 300 万元　　　　D. 500 万元

【解题思路】
侵犯专利权的赔偿数额可以按照权利人因被侵权所受到的实际损失或者侵权人因侵权所获得的利益确定。本题中甲受到的损失为 200 万元，乙销售侵权产品获得的利益是 300 万元，因此专利权人甲在侵权诉讼中可以主张的赔偿数额为 200 万元或者 300 万元，选项 A、C 均符合题意，选项 B、D 均不符合题意。

【参考答案】AC

【K73】其他专利纠纷

1. 本考点的主要考查角度分析

本考点中包含的关键词有：归属纠纷、资格纠纷、奖励报酬纠纷、临时保护使用费纠纷、调解。本考点考查角度如图 6-11 所示。

2. 关键词释义

（1）其他专利纠纷类型：①专利申请权归属纠纷。②专利权归属纠纷。③发明人、设计人资格纠纷。④职务发明创造的发明人/设计人奖励报酬纠纷。⑤发明专利临时保护使用费纠纷。

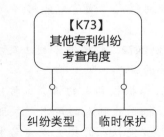

图 6-11　"其他专利纠纷"考查角度

（2）临时保护：①发明专利申请人在发明专利申请公布日至授权公告日期间，有权要求实施其发明的单位或个人支付适当费用。②使用者拒绝支付适当费用的，专利权人可以自授权之日起，请求管理专利工作的部门调解或向人民法院起诉。③发明专利申请公布时申请人请求保护的范围与公告授权时的专利权保护范围不一致，被诉技术方案均落入上述两种范围的，才需要支付适当使用费。④临时保护使用费的诉讼时效为 3 年，自专利权人知道或者应当知道他人使用其发明之日起计算，

但是，授权前已知道或者应当知道的，自专利权授予之日起计算。

3. 典型例题及解析

【例 K73-1】管理专利工作的部门应当事人的请求，可以对下列哪些专利纠纷进行调解？

A. 专利权归属纠纷
B. 设计人资格纠纷
C. 职务发明创造的发明人的报酬纠纷
D. 在发明专利申请公布后专利权授予前实施发明而未支付适当费用的纠纷

【解题思路】

应当事人请求，管理专利工作的部门可以对专利侵权纠纷进行调解，还可以对下列专利纠纷进行调解：①专利申请权和专利权归属纠纷；②发明人、设计人资格纠纷；③职务发明创造的发明人、设计人的奖励和报酬纠纷；④在发明专利申请公布后专利权授予前使用发明而未支付适当费用的纠纷；⑤其他专利纠纷。因此选项A、B、C、D均符合题意。

【参考答案】ABCD

【例 K73-2】某公司员工甲就其职务发明创造产生的下列哪些纠纷，可以请求管理专利工作的部门调解，或者直接向人民法院起诉？

A. 甲就其职务发明创造是否提出专利申请与其公司产生的纠纷
B. 公司就该职务发明创造申请专利时发明人中没有甲这一事件产生的纠纷
C. 公司就该职务发明创造申请专利后授权前没有向甲发放奖励产生的纠纷
D. 公司就该职务发明创造申请专利获得授权后，把专利权许可给乙公司而未向甲支付报酬产生的纠纷

【解题思路】

选项A中甲与公司之间是否提出专利申请，不属于可以请求行政部门介入进行调解的范围，选项A不符合题意。选项B中的纠纷属于发明人资格纠纷，选项C、D中的纠纷属于职务发明创造中的奖励报酬纠纷，均属于当事人可以请求管理专利工作的部门进行调解的事项，均符合题意。

【参考答案】BCD

【例 K73-3】甲于2018年8月10日向国家知识产权局提交了一项发明专利申请，该申请于2019年3月11日公布，并于2020年6月16日被公告授予专利权。乙于2019年1月6日自行研制出了与甲完全相同的发明，并随即予以实施。2019年8月4日甲获知了乙实施该发明的情况，向乙发出了信函，明确告之其已就该发明提出了专利申请，要求乙停止实施并支付一定的费用。根据以上事实，下列说法正确的是？

A. 甲可以在2019年3月11日至2020年6月16日之间，就乙的行为向人民法院提起诉讼
B. 甲可以在2019年3月11日至2020年6月16日之间，要求仍在实施该发明的乙支付适当的费用
C. 乙不必就其在2019年3月11日前实施该发明的行为向甲支付任何费用
D. 如果乙在2020年6月16日后仍继续实施该发明，则甲可以对乙提起侵权诉讼

【解题思路】

当事人就发明专利临时保护使用费请求管理专利工作的部门调解的，应当在专利权被授予之后提出。专利权人要求支付临时保护使用费的诉讼时效为3年，自专利权人知

道或者应当知道他人使用其发明之日起计算;但是,专利权人于专利权授予之日前即已知道或者应当知道的,自专利权授予之日起计算。本题中甲享有临时保护使用费的期间为 2019 年 3 月 11 日至 2020 年 6 月 16 日期间;乙在 2019 年 3 月 11 日之前的实施甲无权要求其支付使用费;甲于授权前获知乙使用其专利技术的情况,因此甲向人民法院起诉要求乙支付临时保护使用费的,需在授权后,即 2020 年 6 月 16 日之后提出。因此选项 A 错误,选项 B、C 均正确。如果乙在 2020 年 6 月 16 日后仍继续实施该发明,此时甲已经获得了授权,因此乙的行为属于侵权行为,甲可以对乙提起侵权之诉,选项 D 正确。

【参考答案】BCD

【K74】假冒专利的行为

1. 本考点的主要考查角度分析

本考点中包含的关键词有:生产/销售假冒专利的产品、标注专利标识、标注专利号、使公众误认、伪造/变造、不知道是假冒专利的产品、查处、5 倍以下、5 万元以下、25 万元以下、3 年以下、徒刑、拘役、罚金。本考点考查角度如图 6-12 所示。

2. 关键词释义

(1) 假冒行为:①生产/销售假冒产品情形包括:(i) 在未被授予专利权的产品或其包装上标注专利标识;(ii) 专利权被宣告无效后继续在产品或者其包装上标注专利标识;(iii) 未经许可在产品或者产品包装上标注他人的专利号。②虚假标注行为:(i) 在产品说明书等材料中将未被授予专利权的技术或设计称为专利技术或专利设计,将专利申请称为专利;(ii) 未经许可使

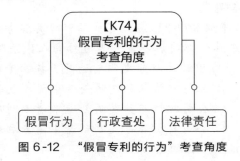

图 6-12 "假冒专利的行为"考查角度

用他人的专利号,使公众误认为是专利技术或者专利设计的行为。③伪造或者变造专利证书、专利文件或专利申请文件的行为等。

(2) 善意假冒行为:销售不知道是假冒专利的产品,并且能够证明该产品合法来源的,停止销售,但免除罚款的处罚。

(3) 行政查处:负责专利执法的部门根据已经取得的证据,对涉嫌假冒专利行为进行查处时有权采取下列措施:①询问有关当事人。②对涉嫌违法行为的场所实施现场检查。③查阅、复制与涉嫌违法行为有关的合同、发票、账簿以及其他有关资料。④检查与涉嫌违法行为有关的产品。⑤查封或扣押有证据证明是假冒专利的产品。

(4) 法律责任:①假冒专利的,除依法承担民事责任外,由负责专利执法的部门责令改正并予公告。②没收违法所得,可以处违法所得 5 倍以下的罚款;没有违法所得或者违法所得在 5 万元以下的,可以处 25 万元以下的罚款。③构成犯罪的,根据情节轻重,处 3 年以下有期徒刑或拘役,并处或单处罚金。

3. 典型例题及解析

【例 K74-1】下列哪些行为属于假冒专利的行为?

A. 制造或销售标有专利标记的非专利产品

B. 变造专利证书的

C. 在广告中将非专利技术称为专利技术的

D. 购买并使用假冒专利产品的

【解题思路】

选项A中的制造或销售标有专利标记的非专利产品，选项B中的变造专利证书的，选项C中的在广告中将非专利技术称为专利技术的，均属于假冒专利的行为，选项A、B、C均符合题意。选项D中的购买并使用假冒专利产品，不构成假冒专利行为，不符合题意。

【参考答案】ABC

【例K74-2】以下哪些行为属于假冒专利行为？

A.甲将自己的实用新型专利证书变造为发明专利证书，以便于在签订实施许可合同时获得更多的许可使用费

B.甲的专利权已被宣告无效，乙在其制造和销售的产品上标注甲原有的专利号

C.甲的专利权已被宣告无效，但甲仍将其库存的标有专利标志的产品拿出来公开销售

D.甲提交了发明专利申请，但尚未获得授权就在其制造销售的产品上标注"本产品已获国家专利"

【解题思路】

选项A中甲虚构发明专利，谋取利益，其行为属于假冒专利行为，选项A符合题意。选项B、C中甲的专利权被宣告无效，则该专利自始即不存在，之后甲、乙标注专利号、专利标志的，均构成假冒专利行为，选项B、C均符合题意。选项D中甲的专利申请尚未获得授权即冒充已获得专利授权，构成假冒专利行为，选项D符合题意。

【参考答案】ABCD

【例K74-3】负责专利执法的部门根据已经取得的证据，对涉嫌假冒专利行为进行查处时，可以采取下列哪些执法手段？

A.询问有关当事人，调查与涉嫌违法行为有关的情况

B.对当事人涉嫌违法行为的场所实施现场检查

C.查阅、复制与涉嫌违法行为有关的合同、发票、账簿

D.对有证据证明是假冒专利的产品予以查封或者扣押

【解题思路】

负责专利执法的部门根据已经取得的证据，对涉嫌假冒专利行为进行查处时，有权采取下列措施：①询问有关当事人，调查与涉嫌违法行为有关的情况；②对当事人涉嫌违法行为的场所实施现场检查；③查阅、复制与涉嫌违法行为有关的合同、发票、账簿以及其他有关资料；④检查与涉嫌违法行为有关的产品；⑤对有证据证明是假冒专利的产品，可以查封或者扣押。因此选项A、B、C、D均符合题意。

【参考答案】ABCD

【例K74-4】关于查处假冒专利行为，下列说法正确的是？

A.负责专利执法的部门接到举报发现涉嫌假冒专利行为的，应当及时立案，并指定两名或者两名以上案件承办人员进行调查

B.负责专利执法的部门作出较大数额罚款的决定之前，应当告知当事人有要求举行听证的权利

C.负责专利执法的部门认定假冒专利行为成立，作出处罚决定的，应当予以公告

D.负责专利执法的部门作出处罚决定后，当事人申请行政复议的，在行政复议期间不停止决定的执行

【解题思路】
负责专利执法的部门发现或者接受举报、投诉发现涉嫌假冒专利行为的，应当自收到举报、投诉之日起10个工作日内立案，并指定两名或者两名以上执法人员进行调查，选项A正确。负责专利执法的部门作出较大数额罚款的决定之前，应当告知当事人有要求举行听证的权利，选项B正确。负责专利执法的部门作出认定假冒专利行为成立并作出处罚决定的，应当自作出决定之日起20个工作日内予以公开，通过政府网站等途径及时发布执法信息，选项C正确。负责专利执法的部门作出处罚决定后，当事人申请行政复议或者向人民法院提起行政诉讼的，在行政复议或者诉讼期间不停止决定的执行，选项D正确。

【参考答案】ABCD

【例K74-5】管理专利工作的部门对假冒专利案件作出的下列处理，哪些是正确的？
A. 假冒专利行为不成立的，依法撤销案件
B. 假冒专利行为轻微并已及时改正的，免予处罚
C. 假冒专利行为成立应当予以处罚的，依法给予行政处罚
D. 涉嫌犯罪的，依法移送公安机关

【解题思路】
案件调查终结，经管理专利工作的部门负责人批准，根据案件情况分别作如下处理：①假冒专利行为成立应当予以处罚的，依法给予行政处罚；②假冒专利行为轻微并已及时改正的，免予处罚；③假冒专利行为不成立的，依法撤销案件；④涉嫌犯罪的，依法移送公安机关。因此选项A、B、C、D均正确。

【参考答案】ABCD

【K75】专利管理

1. 本考点的主要考查角度分析

本考点中包含的关键词有：专利财产、专利开放、专利使用、专利收益、专利处分、贯标、管理标准、认证及认证人员。本考点考查角度如图6-13所示。

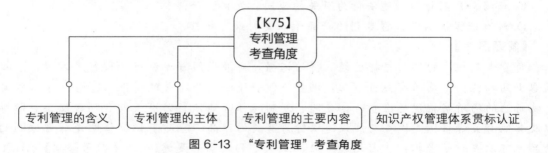

图6-13 "专利管理"考查角度

2. 关键词释义

（1）专利管理的含义：专利管理实质上是专利权人对专利实行财产所有权的管理。专利管理是指专利管理人员在有关单位和部门的配合下，为了促进专利创造、运用、管理和保护，而形成的一套保障专利合法权益的制度执行以及经营活动。

（2）专利管理的主体：包括专利管理行政部门、专利行业组织、企业单位、事业单位及有关组织等。

（3）专利管理的主要内容：①专利开发管理。创新主体应当从鼓励发明创造的目的出发，制定相应策略，促进专利的开发，提升核心竞争力。②专利经营使用管理。主要对专利的经营和使用进行规范；研究核定专利经营和使用方式。③专利收益管理。对专利的使用效

益情况进行统计,并进行合理分配。④专利处分管理。创新主体根据自身情况确定对专利的转让、拍卖、终止等策略。

(4) 知识产权管理体系贯标认证:①知识产权管理体系构建总体上可分为贯标筹备、调查诊断、框架构建、文件编写、教育培训、实施运行、评价改进7个步骤。②知识产权管理体系文件,主要包括知识产权目标、知识产权管理制度文件和记录表单,一般包含方针、目标、手册、程序文件、记录文件等。③知识产权管理标准体系,包括《企业知识产权管理规范》《高等学校知识产权管理规范》和《科研组织知识产权管理规范》。④知识产权贯标认证,主要包括对法人或者其他组织经营过程中涉及知识产权创造、运用、保护和管理等文件和活动的初次认证审核,获证后的监督审核,以及再认证审核。⑤知识产权管理体系认证人员的要求,主要包括专职要求、资格经历要求、个人素质要求、知识技能要求、行为规范要求等。

3. 典型例题及解析

【例 K75-1】下列各项属于专利管理主体的是?
A.专利管理行政部门　B.专利行业组织　　C.企业单位　　　　D.事业单位
【解题思路】
专利管理主体包括专利管理行政部门、专利行业组织、企业单位、事业单位及有关组织等。因此选项A、B、C、D均正确。
【参考答案】ABCD

【例 K75-2】下列各项属于专利管理的内容的是?
A.专利开发管理　　　　　　　　　B.专利经营使用管理
C.专利诉讼管理　　　　　　　　　D.专利处分管理
【解题思路】
专利管理的主要内容包括专利开发管理、专利经营使用管理、专利收益管理和专利处分管理。因此选项A、B、D均符合题意。选项C中的专利诉讼管理属于专利收益管理的内容,因此符合题意。
【参考答案】ABCD

【例 K75-3】下列属于知识产权管理体系构建流程的是?
A.贯标筹备　　　B.调查诊断　　　C.实施运行　　　D.评价改进
【解题思路】
知识产权管理体系的构建总体上可分为贯标筹备、调查诊断、框架构建、文件编写、教育培训、实施运行、评价改进等7个步骤。因此选项A、B、C、D均符合题意。
【参考答案】ABCD

【例 K75-4】下列标准属于我国目前颁布实施的知识产权管理国家标准的是?
A.《企业知识产权管理规范》　　　　B.《科研组织知识产权管理规范》
C.《高等学校知识产权管理规范》　　D.《军工单位知识产权管理规范》
【解题思路】
目前我国颁布实施的知识产权管理国家标准有《企业知识产权管理规范》《科研组织知识产权管理规范》《高等学校知识产权管理规范》。因此选项A、B、C均符合题意。
【参考答案】ABC

【例 K75-5】《企业知识产权管理规范》主要提出的企业知识产权管理模型是?
A.全面质量管理　　B.过程方法　　　C.绩效管理　　　D.以上都不对
【解题思路】
《企业知识产权管理规范》提供了一种基于过程方法的企业知识产权管理模型,指导企业策划、实施、检查,改进知识产权管理体系。因此选项B正确,其他选项均错误。

【参考答案】B

【例K75-6】《科研组织知识产权管理规范》的主要适用对象是?
A. 中央政府建立的科研组织　　　　B. 地方政府建立的科研组织
C. 中央政府出资设立的科研组织　　D. 地方政府出资设立的科研组织

【解题思路】

《科研组织知识产权管理规范》规定了科研组织策划、实施和运用、检查、改进知识产权管理体系的要求。该规范主要适用于中央或地方政府建立或出资设立的科研组织的知识产权管理,其他性质科研组织可参照执行。因此选项A、B、C、D均符合题意。

【参考答案】ABCD

【例K75-7】《高等学校知识产权管理规范》将知识产权有效地融合到高等学校的哪些环节之中?
A. 科学研究　　　B. 技术研发　　　C. 社会服务　　　D. 人才培养

【解题思路】

《高等学校知识产权管理规范》指导高等学校基于自身状况和发展战略,将知识产权有效地融合到高等学校的科学研究、社会服务、人才培养、文化传承创新中。因此选项A、C、D均符合题意。选项B中的技术研发属于在项目设立前的阶段,不符合题意。

【参考答案】ACD

【K76】专利运用

1. 本考点的主要考查角度分析

本考点中包含的关键词有:专利、专利情报、直接收益、间接收益、市场主体、创新主体、社会公众、产业化、商品化、金融化、竞争性利用、专利情报利用。本考点考查角度如图6-14所示。

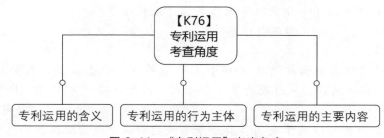

图6-14 "专利运用"考查角度

2. 关键词释义

(1) 专利运用的含义:专利运用是指行为主体通过对专利或者专利情报的利用,以获取直接收益或间接收益的各类专利活动的总称。

(2) 专利运用的行为主体:通常包括市场主体、创新主体和社会公众等具有实施专利活动行为能力的各类主体。

(3) 专利运用的主要内容:①专利产业化:包括专利的自实施,也包括许可、交易、转让后的他人实施。②专利商品化:包括专利许可、专利转让等。③专利金融化:包括专利质押融资、专利保险、专利股权化、专利证券化等。④专利竞争性利用:包括专利布局、专利诉讼、专利无效、专利联盟和专利标准化等。⑤专利情报利用:包括专利导航、专利评议和专利预警等。

3. 典型例题及解析

【例 K76-1】关于专利运用，下列说法正确的是？
A. 专利运用是指对专利申请权和专利权的利用，不包括对专利情报的利用
B. 专利运用的目的是获取直接收益或间接收益
C. 专利运用的行为主体包括政府部门、市场主体和创新主体等
D. 专利许可、专利转让等属于专利金融化的范畴

【解题思路】
专利运用是指行为主体通过对专利或者专利情报的利用，以获取直接收益或间接收益的各类专利活动的总称，选项 B 正确。选项 A 错误，专利运用不仅包括对专利的利用，还包括对专利情报的利用。专利运用的行为主体通常包括市场主体、创新主体和社会公众等，不包括政府主体，选项 C 错误。专利许可、专利转让等属于专利商品化的范畴，选项 D 错误。
【参考答案】B

【例 K76-2】下列选项中，属于专利运用内容的是？
A. 专利申请文件撰写   B. 专利商品化
C. 专利金融化   D. 专利竞争性利用

【解题思路】
专利运用包括专利产业化、专利商品化、专利金融化、专利竞争性利用和专利情报利用五类内容，选项 B、C、D 均符合题意。选项 A 中的专利申请文件撰写不属于专利运用的范畴，不符合题意。
【参考答案】BCD

【例 K76-3】关于专利产业化，下列说法正确的是？
A. 专利产业化包括专利的自实施
B. 专利产业化包括专利许可
C. 专利产业化包括专利交易
D. 专利产业化不包括转让后的他人实施

【解题思路】
专利产业化是指将专利技术方案应用于产业实际，转化为现实形态的生产力的行为。专利的产业化既包括专利的自实施，也包括许可、转让后的他人实施。因此选项 A、B、C 均正确，选项 D 错误。
【参考答案】ABC

【例 K76-4】下列行为属于专利竞争性利用的是？
A. 专利布局   B. 专利诉讼   C. 专利无效   D. 专利导航

【解题思路】
专利竞争性利用行为主要包括专利布局、专利诉讼、专利无效、专利联盟、专利标准化等。因此选项 A、B、C 均属于专利竞争性利用行为，均符合题意。选项 D 中的专利导航属于专利情报利用的内容，不符合题意。
【参考答案】ABC

【K77】专利实施许可

1. 本考点的主要考查角度分析

本考点中包含的关键词有：独占、排他、普通、分许可、自行实施、合理分配、共有人、许可费、3 个月、备案。本考点考查角度如图 6-15 所示。

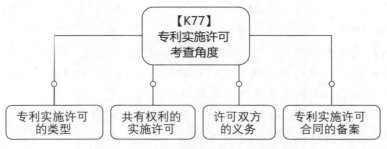

图 6-15 "专利实施许可"考查角度

2. 关键词释义

(1) 专利实施许可的类型：①独占实施许可：独一无二，仅被许可人可以实施该专利；独占许可被许可人可以单独向人民法院提起侵权诉讼。②排他实施许可：仅被许可人和专利权人有权实施该专利；排他许可被许可人在专利权人不起诉的情况下有权单独提起侵权诉讼。③普通实施许可：专利权人自行实施的同时可以许可给一个或多个被许可人实施其专利；普通许可被许可人经权利人明确授权才可以单独提起侵权诉讼。

(2) 共有权利的实施许可：①专利权共有人可以单独自行实施其专利，所得利益其他权利人无权要求分配。②共有人可以以普通许可方式许可他人实施其专利，收取的使用费应当在共有人之间合理分配。③独占许可、排他许可必须经全体共有人同意。

(3) 许可双方的义务：①许可人应当是合法的专利权人；专利权人应按时缴纳年费，保证专利权有效。②被许可人应当按照约定实施专利，支付许可使用费，且不得分许可。

(4) 专利实施许可合同的备案：当事人应当自专利实施许可合同生效之日起 3 个月内办理备案手续。许可合同不备案不影响合同的有效性。

3. 典型例题及解析

【例 K77-1】专利权人甲将其专利许可乙实施，并与乙签订了实施许可合同。以下有关诉前申请停止侵犯专利权行为的说法哪些是正确的？

A. 无论甲与乙签订的是何种类型的实施许可合同，甲都可以单独向人民法院提出申请

B. 如果甲与乙签订的是独占实施许可合同，则乙可以单独向人民法院提出申请

C. 如果甲与乙签订的是排他实施许可合同，则在甲不申请的情况下，乙可以单独向人民法院提出申请

D. 即使甲与乙签订的是普通实施许可合同，乙也可以单独向人民法院提出申请

【解题思路】

甲作为专利权人，无论以何种形式将其专利权许可他人实施，甲始终有权单独向人民法院提出申请，选项 A 正确。专利许可合同的被许可人申请诉前责令停止侵害知识产权行为的，独占许可合同的被许可人可以单独向人民法院提出申请；排他许可合同的被许可人在权利人不申请的情况下，可以单独提出申请；普通许可合同的被许可人经权利人明确授权以自己的名义起诉的，可以单独提出申请。因此选项 B、C 均正确，选项 D 错误，对于普通实施许可，只有在获得明确授权的情况下，才可以单独提出申请。

【参考答案】ABC

【例 K77-2】甲公司就其所拥有的一项发明专利与乙公司签订了排他实施许可合同。下列说法正确的是？

A. 当事人应当自合同生效之日起 3 个月内向国家知识产权局备案
B. 该排他实施许可合同未经国家知识产权局备案的，不产生法律效力
C. 由于甲公司和乙公司之间签订的是排他实施许可合同，因此乙公司在获得甲公司同意的情况下，有权允许第三人实施该专利
D. 如果发生侵犯该专利权的行为，则乙公司可以单独向人民法院起诉

【解题思路】

专利权人与他人订立的专利实施许可合同，应当自合同生效之日起 3 个月内向国务院专利行政部门备案，选项 A 正确。依法成立的合同，自成立时生效，因此选项 B 错误，该合同的生效与是否备案无关。无论甲公司和乙公司签订的是何种类型的实施许可合同，只要征得权利人甲公司的同意，乙公司就可以分许可；在没有甲公司同意的情况下，不得分许可。因此选项 C 正确。作为排他许可的被许可人，乙公司只有在甲公司不起诉的情况下，才可以单独提起诉讼，选项 D 错误。　　　　【参考答案】AC

【例 K77-3】甲和乙共同拥有一项专利权，但未对权利的行使进行约定。下列哪些说法是正确的？
A. 甲可以自行实施该专利，无需取得乙的同意
B. 甲自行实施该专利的，获得收益应当与乙合理分配
C. 乙可以以普通许可的方式许可他人实施该专利，无需取得甲的同意
D. 乙可以以普通许可的方式许可他人实施该专利，获得收益应当与甲合理分配

【解题思路】

在共有人对共有权利的行使没有约定的情况下，任一共有人均可以单独实施，也可以以普通许可方式许可他人实施该专利，因此选项 A、C 均正确。许他人实施该专利的，收取的使用费应当在共有人之间分配，因此选项 D 正确。选项 B 错误，甲自行实施自己拥有权利的专利权，所获得收益无需与其他共有人进行分配。　　【参考答案】ACD

【K78】专利权利转让

1. 本考点的主要考查角度分析

本考点中包含的关键词有：专利申请权、专利权、登记、手续合格通知书的发文日、书面转让合同、向外转让、《技术出口许可证》、《自由出口技术合同登记证书》。本考点考查角度如图 6-16 所示。

2. 关键词释义

（1）专利权利转让：①专利申请权和专利权可以转让。②专利申请权（专利权）的转让自登记之日起生效。登记日为著录项目变更手续合格通知书的发文日。③无约定的情况下，共有专利申请权或专利权的转让须经全体共有人同意。

（2）转让手续：①转让专利权的，当事人应当订立书面合同，转让双方签字或盖章，并向国务院专利行政部门登记。②办理转让手续的当事人为强制委托人的，须依法委托专利代理机构。③属于技术出口的，转让方有中方的，受让方有外方或港澳台方的，须提供由国务院商务部出具的《技术出口许可证》或由商务部或地方商务部门出具的《自由出口技术合同登记证书》。

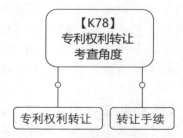

图 6-16　"专利权利转让"考查角度

3. 典型例题及解析

【例 K78-1】 甲公司的一项发明专利申请于2021年3月20日被授予专利权。2021年4月7日，甲公司与乙公司签订了专利权转让合同，双方约定合同的生效日期为2021年的4月8日。2021年7月10日双方向国家知识产权局办理了登记手续，手续合格通知书的发文日是2021年8月10日。下列表述正确的是？

A. 甲公司与乙公司的转让合同生效日为2021年4月7日，约定无效
B. 甲公司与乙公司的转让合同生效日为2021年4月8日，约定有效
C. 专利权的转让自2021年7月10日生效
D. 专利权的转让自2021年8月10日生效

【解题思路】

转让专利申请权或者专利权的，当事人应当订立书面合同，并向国务院专利行政部门登记，由国务院专利行政部门予以公告。专利申请权或者专利权的转让自登记之日起生效，登记日即手续合格通知书的发文日。本题中甲公司与乙公司签订的转让合同，符合意思自治，有权约定生效时间，因此该合同的生效日为2021年4月8日，选项A错误，选项B正确。办理专利权转让登记的，专利权发生转移的生效时间为手续合格通知书的发文日，即2021年8月10日，因此选项C错误，选项D正确。

【参考答案】 BD

【例 K78-2】 中国公民的下列哪项转让行为是法律所允许的？

A. 王某将其合法继承的专利权转让给李某
B. 设计人刘某将其在外观设计专利文件中写明自己是设计人的权利转让给邱某
C. 张某将其执行本单位任务完成的一项发明创造申请专利的权利转让给胡某
D. 罗某将其专利申请权擅自转让给了外国某公司

【解题思路】

专利申请权和专利权属于无形财产权，可以转让。选项A中王某将其合法继承的专利权转让给李某，符合法律规定，选项A符合题意。选项B中设计人刘某在其外观设计专利文件中享有署名自己是设计人的权利，但由于刘某的署名权是人身权，因此不能转让，选项B不符合题意。选项C中张某执行本单位任务完成的一项发明创造属于职务发明创造，该发明创造的申请专利的权利属于张某所在的单位，张某无权将该申请专利的权利转让给胡某，选项C不符合题意。选项D中罗某转让的专利申请权如果是发明或实用新型专利申请权，则向外转让的，需依照有关规定办理《技术出口许可证》或《自由出口技术合同登记证书》，并应当订立书面合同，向国务院专利行政部门登记，罗某擅自向外国公司转让其专利申请权的行为是法律所不允许的，选项D不符合题意。

【参考答案】 A

【例 K78-3】 专利权人甲将其一项外观设计专利权转让给乙公司，双方签订了转让合同，但未向国家知识产权局登记。之后，甲在乙公司不知情的情况下又将该专利权转让给了丙公司并向国家知识产权局办理了登记手续。下列哪些说法是正确的？

A. 甲与乙公司签订的转让合同在先，因此该专利权属于乙公司
B. 甲与丙公司的转让办理了登记手续，因此该专利权属于丙公司
C. 甲与乙公司订立的专利权转让合同无效
D. 乙公司有权利依照转让合同，要求甲承担违约责任

【解题思路】

转让专利权的，当事人应当订立书面合同，并向国务院专利行政部门登记。本题中甲与乙公司签订了转让合同，但未办理登记手续，因此乙公司未取得专利权，选项A错误。甲与丙公司签订了转让合同并办理了登记，因此专利权自登记公告之日起属于丙公司，选项B正确。甲与乙公司签订的转让合同，不存在无效因素，因此该转让合同有效，选项C错误。甲不能与乙公司办理登记手续，合同目的不能实现，甲已构成违约，因此乙公司可以依照合同追究甲的违约责任，选项D正确。

【参考答案】BD

【例K78-4】我国甲公司与日本乙公司签订了一份专利权转让合同，将甲公司享有的一项儿童玩具外观设计专利权转让给乙公司。下列关于甲公司到国家知识产权局办理权利变更手续时，应当提交文件及缴纳费用的表述正确的是？

A. 提交甲公司和乙公司双方盖章的转让合同
B. 提交专利权评价报告
C. 缴纳转让登记费
D. 提交《技术出口许可证》或《自由出口技术合同登记证书》

【解题思路】

转让专利申请权或者专利权的，当事人应当订立书面合同，并向国务院专利行政部门办理登记手续。中国单位或者个人向外转让专利申请权或者专利权的，应当依照有关法律、行政法规的规定办理手续。本题中，我国的甲公司向外转让其外观设计专利权，需要提交书面转让合同，但不需要提交我国商务部门出具的《技术出口许可证》或《自由出口技术合同登记证书》等，因此选项A符合题意，选项D不符合题意。选项B中的专利权评价报告不属于规定提交的资料，不符合题意。选项C中的转让登记费不属于规定的收费项目，不符合题意。

【参考答案】A

【K79】专利保险

1. 本考点的主要考查角度分析

本考点中包含的关键词有：保险标的、政府统保、政银保、政融保、专利执行、专利侵权责任、专利质押融资。本考点考查角度如图6-17所示。

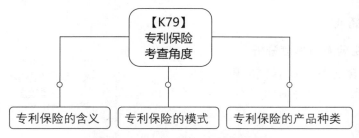

图6-17 "专利保险"考查角度

2. 关键词释义

（1）专利保险是指投保人以授权专利和专利侵权赔偿责任为标的的保险，主要解决由于专利的侵权行为而造成的民事责任赔偿和财产损失。

（2）专利保险的模式：①专利保险的政府统保模式，是指保险公司根据政府需求设计有针对性的产品方案，由政府通过购买服务等多种方式为企业购买的专利保险买单。②政银保模式，是指采取政府主导，政府、银行和保险公司三方共担风险和市场化运作的实施方式，通过建立风险补偿机制和贴息贴费优惠，拉动合作银行贷款投放量，并共同承担项目风险的模式。③政融保模式，是指采取政府主导，通过保险资金投放和拉动其他金融机构资金投放的方式帮助拥有优质专利的企业进行融资的模式。

（3）专利保险的产品种类：专利执行保险、专利侵权责任保险、专利质押融资保险。

3. 典型例题及解析

【例K79-1】 专利保险的标的是？

A. 专利申请权　　　　　　　　　B. 专利权
C. 专利侵权行为责任　　　　　　D. 专利侵权赔偿责任

【解题思路】

专利保险是投保人以授权专利和专利侵权赔偿责任为标的的保险，因此选项B、D均符合题意。选项A中的专利申请权和选项C中的专利侵权行为责任均不是保险人投保的标的，不符合题意。

【参考答案】 BD

【例K79-2】 专利保险作为风险分散的金融手段，具有经济补偿与风险防范的双重功能，能显著降低专利维权成本、提升企业专利维权和变现能力。专利保险根据参与方不同，分为哪些模式？

A. 政府统保模式　　B. 政银保模式　　C. 政融保模式　　D. 政企保模式

【解题思路】

专利保险模式包括政府统保模式、政银保模式和政融保模式，因此选项A、B、C均符合题意。选项D中的政企保模式不是专利保险模式，不符合题意。

【参考答案】 ABC

【例K79-3】 以潜在的侵权人为被保险人所设计的一种责任保险，其保险标的为被保险人对第三人所负的赔偿责任，该保险为哪种产品保险？

A. 专利执行保险　　　　　　　　B. 专利侵权责任保险
C. 专利质押融资保险　　　　　　D. 专利转让保险

【解题思路】

以侵权赔偿责任为保险标的的，为专利侵权责任保险，选项B符合题意，其他选项均不符合题意。

【参考答案】 B

【K80】专利权质押

1. 本考点的主要考查角度分析

本考点中包含的关键词有：出质、质押人、质权人、登记、设立、质押期间。本考点考查角度如图6-18所示。

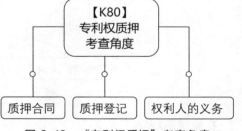

图6-18 "专利权质押"考查角度

2. 关键词释义

（1）质押合同：①以专利权出质的，出质人与质权人应当订立书面质押合同。②质押合同可以是单独订立的合同，也可以是主合同中的担保条款。③专利权质押需经全体共有人同意。

（2）质押登记：①以专利权出质的，由出质人和质权人共同向国务院专利行政部门办理出质登记。②以共有的专利权出质的，除全体共有人另有约定的外，应当取得其他共有人的同意。③质权自国家知识产权局登记时设立。

(3) 权利人的义务：①专利权人在质押期间应按时缴纳专利年费，以维持其专利权的有效性；在专利权质押期间，专利权人未经质权人同意不得转让或许可他人使用该专利权，也不得放弃出质的专利权。②出质人经质权人同意转让或许可他人实施出质的专利权的，所得的转让费、许可费应当向质权人提前清偿债务或提存。

3. 典型例题及解析

【例 K80-1】甲公司欲向乙银行贷款，将其拥有的一项专利权出质给该银行作为担保，下列正确说法的是？

A. 甲公司与乙银行可以就专利权质押达成口头协议
B. 甲公司与乙银行就专利权质押达成的协议成立即生效
C. 质权自国务院专利行政部门登记时设立
D. 专利权质押期间，甲公司转让专利权的，需经乙银行同意，否则国务院专利行政部门不予办理转让手续

【解题思路】

以专利权出质的，出质人与质权人应当订立书面质押合同。质押合同可以是单独订立的合同，也可以是主合同中的担保条款。因此选项 A 错误。专利权质押合同无需批准，因此成立即生效，但质权自国家知识产权局登记时设立，因此选项 B、C 均正确。专利权质押期间，出质人处置其专利权的，须经质权人同意，否则国家知识产权局不予办理相应手续，选项 D 正确。 【参考答案】BCD

【例 K80-2】甲公司和乙公司共同拥有一项实用新型专利权，未对权利的行使进行约定，现甲公司欲以该专利权进行质押融资。下列哪些说法是正确的？

A. 该专利权的质押须取得乙公司的同意
B. 申请专利权质押登记时，应当向国家知识产权局提交该专利权的评价报告
C. 专利权人没有按规定缴纳年费的，国家知识产权局不予办理质押登记
D. 在该专利权质押期间放弃该专利权的，须取得质权人的同意

【解题思路】

以共有的专利权出质的，除全体共有人另有约定的以外，应当取得其他共有人的同意，选项 A 正确。当事人向国家知识产权局办理专利权质押手续，无需对专利的有效性进行审查，因此不要求提交专利权评价报告，选项 B 错误。专利权人没有按规定缴纳年费的，国家知识产权局不予办理质押登记，选项 C 正确。在专利权质押期间，不予办理放弃专利权的手续，除非质权人同意，选项 D 正确。 【参考答案】ACD

【K81】专利导航

1. 本考点的主要考查角度分析

本考点中包含的关键词有：数据为核心、精准建模、价值最大化、区域规划类、产业规划类、创新主体类、研发活动类、人才管理类。本考点考查角度如图 6-19 所示。

2. 关键词释义

(1) 专利导航主要特征：①以专利数据为核心，深度融合各类数据资源。②以精准建模为方法。③以价值最大化为目标。

(2) 专利导航的应用：区域规划类专利导航、产业规划类专利导航、特定创新主体类专利导航、研发活动类专利导航、人才管理类专利导航及其他应用类型的专利导航。

(3) 专利导航的实施流程：第一步，研究对象基本状况摸查。第二步，相关产业技术竞

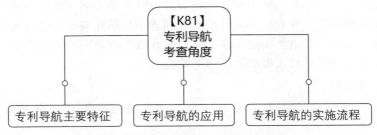

图 6-19 "专利导航"考查角度

争形势分析。第三步,研究对象技术创新状况及定位分析。第四步,研究对象创新发展目标及关键要素分析。第五步,研究对象创新发展路径及方案分析。

3. 典型例题及解析

【例 K81-1】 专利导航最核心的特征是?
A. 专利数据
B. 以精准建模为方法
C. 以价值最大化为目标
D. 以创新发展为服务对象

【解题思路】
专利数据是专利导航的基本信息元素,也是专利导航在信息来源上区别于一般决策方法的最核心特征,选项 A 正确。

【参考答案】 A

【例 K81-2】 下列关于区域规划类专利导航的说法正确的是?
A. 区域规划类专利导航是以各级地方行政区域、产业园区、产业集聚区等经济区域内的有关部门为服务对象
B. 区域规划类专利导航为区域制定产业发展规划决策提供导航指引
C. 区域规划类专利导航是针对区域内技术创新相关要素资源禀赋、产业转型升级、技术创新能力和发展趋势的全景摸查和指引
D. 区域规划类专利导航不需要关注区域以外的专利信息

【解题思路】
区域规划类专利导航是以各级地方行政区域、产业园区、产业集聚区等经济区域内的有关部门为服务对象的,选项 A 正确。区域规划类专利导航为区域内产业转型升级、技术创新发展、战略布局规划等提供方向指引,选项 B 正确。区域规划类专利导航针对区域内技术创新相关要素资源禀赋、产业转型升级、技术创新能力和发展趋势的全景摸查和指引,选项 C 正确。区域规划类专利导航也需要关注区域以外的专利信息,选项 D 错误。

【参考答案】 ABC

【K82】专利指定许可

1. 本考点的主要考查角度分析

本考点中包含的关键词有:省部级行政机关、国有企事业单位、国务院、许可费。本考点考查角度如图 6-20 所示。

2. 关键词释义

(1) 专利指定许可的申请主体为国务院有关主管部门和省、自治区、直辖市人民政府。

(2) 专利指定许可的客体是对国家利益或公共利益具有重大意义的国有企业事业单位的发明专利。

(3) 批准机关：专利指定许可的批准机关为最高国家行政机关——国务院。

(4) 指定许可批准后，获得指定实施推广应用发明专利的单位，应当按照国家规定向专利权人支付使用费。

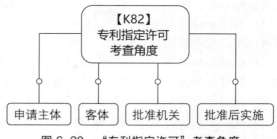

图 6-20 "专利指定许可"考查角度

3. 典型例题及解析

【例 K82-1】下列关于专利的指定许可的说法正确的是？

A. 指定许可的对象包括发明专利和实用新型专利
B. 指定许可的专利应当为国有企业事业单位的专利
C. 指定许可必须由国务院主管部门或者省级人民政府批准
D. 指定许可无需向专利权人支付使用费

【解题思路】

国有企业事业单位的发明专利，对国家利益或者公共利益具有重大意义的，国务院有关主管部门和省、自治区、直辖市人民政府报经国务院批准，可以决定在批准的范围内推广应用，被许可单位需按照国家规定向专利权人支付使用费。因此选项 A 错误，指定许可仅包括发明专利。选项 B 正确，被指定许可的专利权人仅适用于国有企业事业单位，不包括私有企业和外资企业等。选项 C 错误，批准实施指定许可的仅为国务院。选项 D 错误，获得指定许可的，需向专利权人支付使用费。 【参考答案】B

【K83】专利强制许可

1. 本考点的主要考查角度分析

本考点中包含的关键词有：3 年且 4 年、垄断、从属专利、国家、出口、国内市场、3 个月、裁决、起诉。本考点考查角度如图 6-21 所示。

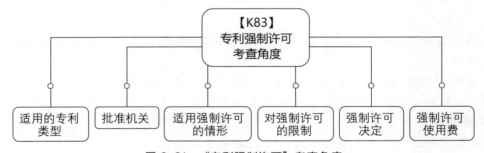

图 6-21 "专利强制许可"考查角度

2. 关键词释义

(1) 适用的专利类型：发明、实用新型专利。

(2) 批准机关：国务院专利行政部门。

(3) 适用强制许可的情形：①专利权人自授权之日起满 3 年，且申请日起满 4 年，无正当理由未实施或未充分实施其专利的。②专利权人行使专利权的行为被依法认定为垄断行为的。③发明创造为半导体技术的，为公共利益的目的或被认定为垄断行为的。④属于从属专利，且具有显著经济意义的重大技术进步的。⑤在国家出现紧急状态或非常情况时，或为了公共利益的目的。⑥为了公共健康目的，需要制造专利药品并将其出口到目标国家的。

（4）对强制许可的限制：①强制许可的实施主要为了供应国内市场。②强制许可被许可人无独占实施权，且无权允许他人实施。

（5）强制许可决定：①给予实施强制许可的决定，应当予以登记和公告。②专利权人不服的，可以自收到通知之日起3个月内提起行政诉讼。

（6）强制许可使用费：①强制许可使用费数额双方协商不成的，可以请求国务院专利行政部门裁决。②当事人对强制许可使用费裁决不服的，可以自收到通知之日起3个月内提起行政诉讼。

3. 典型例题及解析

【例K83-1】以下关于强制许可的说法正确的是？
A. 强制许可仅适用于发明专利
B. 申请强制许可的主体仅限于单位，不包括个人
C. 审查和作出强制许可决定的行政机关为国家知识产权局
D. 除出口专利药品的强制许可之外，强制许可的实施应主要为了供应国内市场

【解题思路】
强制许可适用的专利类型包括发明和实用新型专利，选项A错误。强制许可申请人不限于单位或者个人，且在国家出现紧急状态或者非常情况时，或者为了公共利益的目的，国家有关主管部门可以建议国家知识产权局作出强制许可决定，选项B错误。国家知识产权局是唯一有权作出强制许可决定的行政机关，选项C正确。除出口专利药品的强制许可之外，强制许可的实施应主要为了供应国内市场的情形还不包括因形成垄断和半导体技术而给予的强制许可，选项D错误。

【参考答案】C

【例K83-2】以下关于强制许可的说法正确的是？
A. 为预防或者控制传染病在我国的出现、流行，国务院卫生行政部门可以给予实施发明专利或者实用新型专利的强制许可
B. 强制许可请求涉及一个专利权人的多项专利的，应当针对不同的专利分别提交请求书
C. 国务院专利行政部门作出给予实施强制许可的决定，应当及时通知专利权人，并予以登记和公告
D. 根据"国家出现紧急状态或非常情况时或为了公共利益的目的"或"为了公共健康目的，对取得专利权的药品"的规定请求给予强制许可的，不适用听证程序

【解题思路】
在国家出现紧急状态或者非常情况时，国家有关主管部门可以提出建议，由国家知识产权局作出强制许可决定，选项A错误。强制许可请求书的副本按照专利权人的数量提交，与同一专利权人的专利项数无关，选项B错误。国务院专利行政部门作出强制许可决定的，应当及时通知专利权人并予以登记和公告，选项C正确。听证程序是为了充分听取当事人的想法，但在紧急情况下，个人利益要让位于国家利益、公共利益及人道主义救援，因此不适用听证程序，选项D正确。

【参考答案】CD

【例K83-3】下列关于强制许可的说法哪些是正确的？
A. 专利权人对给予实施强制许可的决定不服的，可以依法申请行政复议
B. 专利权人对给予强制许可的决定不服的，可以自收到通知之日起3个月内向人民

法院起诉

C. 被给予强制许可的专利被宣告无效，强制许可自动终止

D. 强制许可的理由消除并不再发生时，国务院专利行政部门可以依职权作出终止实施强制许可的决定

【解题思路】

专利权人对强制许可决定不服的，可以自收到通知之日起3个月内向人民法院起诉，选项B正确。由于强制许可决定也是一种行政决定，法律没有限制专利权人的行政复议救济权利，因此专利权人对强制许可决定不服的，也可以申请行政复议，选项A正确。专利权被宣告无效的，视为自始即不存在，因此强制许可自动终止，选项C正确。强制许可的理由消除并不再发生时，国务院专利行政部门可以根据专利权人的请求作出终止实施强制许可的决定，但不能依职权终止，选项D错误。　　**【参考答案】** ABC

【例K83-4】 在下列哪些情形下申请强制许可的，请求人应当提供相应证据？

A. 因专利权人无正当理由未实施其专利而申请给予强制许可的，请求人应当提供证明其以合理的条件请求专利权人许可其实施专利，但未能在合理的时间内获得许可的证据

B. 从属专利的在后专利权人请求给予强制许可实施在先专利权的，请求人应当提供证明其以合理的条件请求在先专利权人许可其实施专利，但未能在合理的时间内获得许可的证据

C. 请求人以专利权人行使专利权的行为已经构成垄断为理由请求给予强制许可的，应当提交已经生效的认定为垄断行为的判决或者决定

D. 请求人以为了公共健康目的需要制造专利药品并将其出口到目标国家为理由请求给予强制许可的，应当提供进口方及其所需药品的有关信息

【解题思路】

请求人以专利权人无正当理由未实施其专利而申请给予强制许可的应当提供相应证据，选项A正确。强制许可请求人为从属专利的在后专利权人，需要提供证据证明其在合理条件和合理期限下不能得到在先专利权人许可实施其专利的证据，选项B正确。以反垄断为理由申请强制许可的请求人需证明专利权人的行为已经构成垄断，选项C正确。以制造和出口药品对相关国家进行援助而请求取得强制许可的，需证明其主张的前提的真实存在，选项D正确。　　**【参考答案】** ABCD

【例K83-5】 下列关于强制许可使用费的说法哪些是正确的？

A. 取得实施强制许可的单位或者个人应当付给专利权人合理的使用费，或者依照我国参加的有关国际条约的规定处理使用费问题

B. 专利权人与取得实施强制许可的单位或者个人就使用费不能达成协议的，由国务院专利行政部门裁决

C. 对专利强制许可的使用费裁决不服的，强制许可请求人可以向国家知识产权局提起行政复议

D. 专利权人对国务院专利行政部门关于实施强制许可的使用费的裁决不服的，可以自收到通知之日起3个月内向人民法院起诉

【解题思路】

强制许可的被许可人应当付给专利权人合理的使用费，选项A正确。专利权人和强制许可被许可人就使用费的数额不能达成协议的，由国务院专利行政部门裁决，选项B

正确。对专利强制许可的使用费裁决不服的,双方只能向人民法院提起行政诉讼,不得申请行政复议,选项C错误,选项D正确。

【参考答案】 ABD

【K84】专利开放许可

1. 本考点的主要考查角度分析

本考点中包含的关键词有:自愿、普通许可、书面方式、使用费、专利权评价报告、不影响、年费减免。本考点考查角度如图6-22所示。

图6-22 "专利开放许可"考查角度

2. 关键词释义

(1) 申请程序:①开放许可以专利权人自愿为前提,专利权人允许任何单位或个人实施其专利,因此只能是普通许可方式。②专利权人需以书面方式提出申请,明确许可使用费支付方式和标准。③手续合格的,由国家知识产权局予以公告。④就实用新型、外观设计专利提出开放许可声明的,权利人应当提供专利权评价报告。

(2) 撤回程序:①专利权人应当书面提出撤回开放许可声明,并由国务院专利行政部门予以公告。②开放许可声明被公告撤回的,不影响在先给予的开放许可的效力。

(3) 获得开放许可:①任何单位或者个人有意愿实施开放许可的专利的,以书面方式通知专利权人。②被许可人应当依照公告的许可使用费支付方式、标准支付许可使用费。

(4) 年费优惠:开放许可实施期间,对专利权人缴纳专利年费相应给予减免。

3. 典型例题及解析

【例K84-1】 2020年10月17日,第十三届全国人民代表大会常务委员会第二十二次会议通过关于修改《专利法》的决定,根据我国市场主体和创新主体的需求,参考国外立法,将《专利法》第六章修改为(   ),新增了(   )制度。

A. "专利实施的特别许可";专利开放许可

B. "专利实施的特别许可";专利强制许可

C. "专利实施的强制许可";专利管理

D. "专利实施的强制许可";专利开放许可

【解题思路】

我国专利法第四次修改中,将第六章由原来的"专利实施的强制许可"修改为"专利实施的特别许可",并新增了专利开放许可制度,选项A正确,其他选项均错误。

【参考答案】 A

【例K84-2】 下列选项对专利开放许可制度描述正确的是?

A. 专利开放许可以专利权人自愿为前提

B. 开放许可可以是普通许可,也可以是独占许可或者排他许可

C.专利权人申请开放许可国家知识产权局已经公告的，不得申请撤回

D.就实用新型、外观设计专利提出开放许可声明的，权利人应当提供专利权评价报告

【解题思路】

专利权人自愿以书面方式向国务院专利行政部门提出声明愿意许可任何单位或者个人实施其专利，并明确许可使用费支付方式、标准，因此选项A正确。选项B错误，只有普通许可才满足可以给予任何单位或者个人实施其专利的许可。专利权人有权提出撤回开放许可声明，但需要以书面方式提出，选项C错误。对实用新型、外观设计专利实施开放许可的，权利人应当提供专利权评价报告，选项D正确。　　　　　　**【参考答案】** AD

三、本章同步训练题目

1. 李某的一件外观设计专利申请的申请日为2020年3月25日，优先权日为2019年3月26日。国家知识产权局于2021年1月23日发出授权通知书，2021年2月27日公告授予专利权。该专利权的期限何时届满？

　　A. 2034年3月26日　　　　　　　　B. 2035年3月25日
　　C. 2032年11月23日　　　　　　　D. 2033年2月27日

2. 下列关于专利权终止的说法错误的是？

　　A. 专利权终止后都可以请求恢复权利
　　B. 终止的专利权视为自始即不存在
　　C. 没有在规定期限内办理授权登记的，专利权终止
　　D. 对终止的专利权不能提出无效宣告请求

3. 甲、乙二人为一项专利权的共同权利人，委托了专利代理机构丙办理放弃专利权的事宜，下列说法正确的是？

　　A. 甲、乙委托了代理机构丙，则放弃该专利权书面声明中由丙代理机构签字或盖章即可
　　B. 甲、乙可以放弃全部的专利权，也可以放弃部分权利要求
　　C. 甲、乙声明放弃专利权后，该专利权视为自始即不存在
　　D. 如果只有甲希望放弃其对该专利权的共有权利，则应当办理著录事项变更手续

4. 甲公司的一件发明专利申请申请日为2015年5月10日，甲公司提出专利申请的同时提出提前公布声明和实质审查请求。2017年7月15日甲公司收到了第一次审查意见通知书。2019年10月20日国务院专利行政部门公告授予了甲公司专利权。甲公司提出了要求补偿专利保护期限的请求，下列说法正确的是？

　　A. 自甲公司收到第一次审查意见通知书至授予专利权期间不满3年，因此甲公司提出保护期限补偿请求的，国家知识产权局不予受理
　　B. 如果是甲公司未在指定期限内答复审查意见通知书导致的，甲公司的补偿请求将得不到批准
　　C. 国家知识产权局可以在作出授权决定时直接决定对甲公司给予保护期限的补偿
　　D. 甲公司与李某发生归属纠纷导致审查程序中止的，其保护期限补偿的请求将不予批准

5. 甲公司拥有一项外观设计专利权。下列哪些说法是错误的？

　　A. 甲公司应当在其生产和销售的该专利产品或产品包装上标注专利标识

B. 甲公司在其专利产品上标注专利标识的，不得附加任何其他图形、文字标记
C. 在该专利权被授予前，甲公司可以在产品上标注"专利产品，仿冒必究"字样
D. 甲公司可以将专利标识标注在公司网站上，也可在其网上商城上使用

6. 甲公司拥有一项产品发明专利，其权利要求包括 a、b、c、d 四个特征，其中 a、b、c 三个特征属于必要技术特征。未经甲公司许可生产的下列产品侵犯甲公司专利权的是？
   A. 某产品包括特征 a、b、c 三个技术特征
   B. 某产品包括特征 a、b、c、e 四个技术特征，e 与 d 不相同
   C. 某产品包括特征 a、b'、c，其中 b'与 b 是等同的技术特征
   D. 某产品包括特征 a、b、c、d、g，其中特征 g 在甲公司的专利文件中没有记载

7. 以下有关外观设计相同或相近似判断的观点中哪些是正确的？
   A. 对于外观设计无法看清的部分，可使用显微镜进行观察
   B. 飞机和飞机模型玩具不属于同一种类的产品
   C. 对于冰激凌这类产品，应当以其产品出售时的形状来判断
   D. 仅以产品的外观作为判断的对象

8. 关于外观设计专利，以下说法正确的是？
   A. 对于组装关系唯一的组件产品的外观设计专利，如果被控侵权设计与其组合状态下的外观设计相同或近似，则应当认为构成专利侵权
   B. 对于组装关系不唯一的组件产品的外观设计专利，如果被控侵权设计与其全部单个构件的外观设计相同或近似，则应当认为构成专利侵权
   C. 对于成套产品的外观设计专利，只有被诉侵权设计与其整套外观设计相同或者近似的，才可认为构成专利侵权
   D. 对于变化状态产品的外观设计专利，被诉侵权设计缺少其一种使用状态下的外观设计的，人民法院应当认定被诉侵权设计未落入专利权的保护范围

9. 某研究所就一种医用电子仪向国家知识产权局提交了发明专利申请并获得了授权，以下哪些行为侵犯了该研究所的专利权？
   A. 甲医院擅自制造了一批医用电子仪用于心脏病的治疗
   B. 获得实施许可的乙公司将其制造的电子仪出口到该研究所没有获得专利权的国家
   C. 未获得实施许可的丙公司在网络上发布出售该电子仪的信息
   D. 丁公司为了验证该医用电子仪的效果，未经该研究所的许可擅自生产了少量专利产品

10. 行为人在未经专利权人许可的情况下实施下列哪些行为不构成侵犯专利权？
    A. 在一次地震灾害发生时，甲公司擅自制造了一批可移动帐篷，作为救灾物资无偿捐赠给灾区
    B. 王某在新冠疫情期间，私自按照他人享有专利权的中药药方配制了一服中药，熬成药汤自己服用
    C. 丙公司从市场大量回收废旧的丁公司的专利设备，从中拆解零部件重新组装制成完整的该型号专利设备，并在市场上销售
    D. 戊公司购买了一批侵犯己公司专利权的汽车零部件，并将其储存在公司的仓库中，准备在今后的汽车维修业务中使用，但至今尚未实际使用

11. 以下关于发明和实用新型专利权保护范围的说法正确的是？
    A. 权利人主张以从属权利要求确定专利权保护范围的，人民法院应当以该从属权利要求记载的附加技术特征及其引用的权利要求记载的技术特征，确定专利权的保护范围

B. 对于仅在说明书或者附图中描述而在权利要求中未记载的技术方案，权利人在侵犯专利权纠纷案件中将其纳入专利权保护范围的，人民法院不予支持

C. 专利权人在无效宣告程序中，通过对权利要求的修改而放弃的技术方案，权利人在侵犯专利权纠纷案件中又将其纳入专利权保护范围的，人民法院不予支持

D. 人民法院判定被诉侵权技术方案是否落入专利权的保护范围，应当审查权利人主张的权利要求所记载的全部技术特征

12. 甲公司与乙公司签订买卖合同，甲公司以市场价格购买乙公司生产的设备一台，双方交付完毕。设备投入使用后，丙公司向法院起诉甲公司，提出该设备属于丙公司的专利产品，乙公司未经许可制造并销售了该设备，请求法院判令甲公司停止使用。经查，乙公司侵权属实，但甲公司并不知情。关于此案，法院下列哪一做法是正确的？

A. 驳回丙公司的诉讼请求

B. 判令乙公司承担侵权责任

C. 判令甲公司与乙公司承担连带责任

D. 判令先由甲公司支付专利许可使用费，再由乙公司赔偿甲公司的损失

13. 下列未经专利权人许可的行为构成了侵犯专利权的是？

A. 甲大学使用专利方法制造了扩音设备用于科学研究

B. 乙汽车制造集团将侵犯实用新型专利权的产品用作汽车内部零部件

C. 丙电视机生产企业将外观设计专利产品用作电视机内部不可见的零部件

D. 丁医药公司为药品上市提供行政审批所需要的信息而制造了专利药品

14. 甲公司在中国拥有一项抗癌药品的专利权，并在中国国内进行了制造销售。以下未经甲公司许可的哪些行为侵犯了甲公司的专利权？

A. 乙是病人，从印度购买仿制的该专利药品自己服用

B. 丙是病人，从印度购买仿制的该专利药品自己服用，并将多余的药品带回国内销售

C. 丁从甲公司购买了该专利药品，将其加价高价卖给小王

D. 戊见甲公司销售的药品价格过于昂贵，自行制造并低价销售该专利药品

15. 美国甲公司研制了一种新药品，在中国获得了专利权，未在印度获得专利权授权。乙公司未经甲公司许可在中国制造了该药品，分别在中国和印度销售。丙公司在不知乙公司未获得授权的情况下，通过合法渠道从乙公司处购买了该药品并在中国进行销售。丁公司在中国购买了乙公司制造的药品并出口到印度。戊公司在印度购买了甲公司制造的该药品并进口到中国。下列哪些说法是错误的？

A. 乙公司在中国制造专利药品的行为构成侵权，但可以免除赔偿责任

B. 丙公司的行为构成侵权，但可以免除赔偿责任

C. 丁公司的行为不构成侵权

D. 戊公司的行为不构成侵权

16. 李某向人民法院起诉丁某侵犯其于 2019 年 8 月 13 日申请并于 2021 年 11 月 10 日被授权的产品发明专利权。该专利的权利要求包括特征 X、Y、Z，丁某实施的技术包含特征 X、Y、Z、W。如果丁某能够举证下列哪些事实之一，可以支持自己不侵权的主张？

A. 丁某实施的技术已经记载在 2019 年 7 月出版的某专业杂志中

B. 丁某实施的技术已经记载在 2019 年 8 月 1 日申请、2020 年 1 月 10 日公告授权的甲公司的实用新型专利申请中

C. 含有特征 X、Y、W 的技术方案已经记载在 2019 年 5 月 10 日公告授权的甲公司的专利中，含有特征 X、Z、W 的技术方案已经记载在 2019 年 7 月 5 日公告授权的甲公司的专

利中，且技术特征 Z 在甲公司和李某的专利中的作用相同

D. 李某曾于 2019 年 2 月 5 日在某国际展览会上展出过其专利产品

17. 专利权人甲发现乙未经其许可而实施其发明专利，遂向人民法院起诉。乙以其实施的技术方案属于现有技术因而该专利权应当无效为由进行抗辩，并提供了充足的证据。下列说法正确的是？

A. 人民法院应当就该专利权是否有效进行审理

B. 人民法院应当中止诉讼，告知乙向国家知识产权局请求宣告该专利权无效

C. 人民法院认定乙实施的技术方案为现有技术的，可以直接判决乙不侵权

D. 人民法院认定乙实施的技术方案为现有技术的，可以直接宣告该专利权无效

18. 甲公司是造型奇特的"酷炫"摩托车灯的实用新型和外观设计专利权人。乙公司从丙公司处购买了与甲公司专利产品相同的摩托车灯并装配在自己生产的摩托车上并进行销售。下列哪些说法是正确的？

A. 如果乙公司事先并不知道该摩托车灯是未经甲公司许可而制造并售出的，并能证明合法来源的，乙公司不侵犯甲公司的实用新型专利权

B. 如果乙公司生产的摩托车上使用"酷炫"摩托车灯仅仅是发挥技术功能，则乙公司不侵犯甲公司的外观设计专利权

C. 如果丙公司生产摩托车灯时不知道侵犯了甲公司的专利权，则丙公司无需承担赔偿责任

D. 乙公司应当停止在其生产的摩托车上继续装配从丙公司处购买的摩托车灯的行为

19. 甲公司就其新开发的一种药品向国家药品监督管理部门提出了上市前的审评审批申请，乙公司得知后，认为甲公司的药品侵犯了其拥有的一项发明专利权。下列说法正确的是？

A. 乙公司向人民法院起诉，要求确认甲公司的药品落入到了其专利权的保护范围的，人民法院应当受理

B. 乙公司向人民法院起诉，要求甲公司撤回其审评审批申请，同时承担侵权赔偿责任的，人民法院应当支持

C. 乙公司可以申请国家知识产权局裁决，确认甲公司的药品落入到了其专利权的保护范围

D. 甲公司无权就该纠纷向人民法院起诉，或者申请国家知识产权局进行裁决

20. 甲公司发现侵犯其一项发明专利权的产品正销往全国十几个城市，给其造成严重损失。甲公司拟向位于三个不同省份的 L、M、N 三家公司未经其许可制造并销售其专利产品的公司主张侵权赔偿。下列属于甲公司可以选择的维权方式是？

A. 请求 L 公司所在地的管理专利工作的部门调解

B. 请求国家知识产权局处理

C. 向 M 公司所在地的人民法院起诉

D. 与 N 公司协商解决

21. 甲和乙将共同拥有的一项专利权排他实施许可给丙，丁侵犯了该专利权。关于请求管理专利工作的部门处理该侵权纠纷，下列说法正确的是？

A. 未经丙同意，甲和乙不得共同提出请求

B. 未经甲和乙同意，丙不得单独提出请求

C. 甲、乙和丙可以共同提出请求

D. 只有在甲和乙不请求的情况下，丙才可以单独提出请求

22. 江苏省南京市的甲公司拥有一项发明专利权，深圳市的乙公司、长沙市的丙公司、成都市的丁公司均未经甲公司的许可，制造了该专利产品，并在上海市进行公开销售，以下说法正确的是？

A. 甲公司以乙公司为被申请人的，深圳市知识产权局有管辖权
B. 甲公司以乙公司、丙公司、丁公司为共同被申请人的，江苏省知识产权局有管辖权
C. 甲公司以乙公司、丙公司、丁公司为共同被申请人的，可以请求国家知识产权局处理
D. 湖南省知识产权局和四川省知识产权局发生管辖权争议的，国家知识产权局可以直接确定由自己管辖

23. 甲公司涉嫌侵犯乙公司的方法专利权。应乙公司的请求，管理专利工作的部门进行了处理，认定甲公司侵权行为成立。管理专利工作的部门有权采取下列哪些措施？

A. 责令甲公司立即停止使用专利方法的行为
B. 责令甲公司销毁实施专利方法的专用设备
C. 责令甲公司立即停止销售依照该专利方法直接获得的产品的行为
D. 没收甲公司依照该专利方法直接获得的产品

24. 王某涉嫌侵犯刘某的专利权，刘某于 2020 年 3 月 14 日请求管理专利工作的部门进行处理。2020 年 5 月 16 日管理专利工作的部门作出责令王某立即停止侵权行为的决定，王某于 2020 年 5 月 23 日收到该处理通知。下列说法正确的是？

A. 王某对处理决定不服的，最迟可以在 2020 年 6 月 7 日前向人民法院起诉
B. 王某对处理决定不服的，最迟可以在 2023 年 5 月 23 日前向人民法院起诉
C. 王某期满既不起诉又不停止侵权行为的，管理专利工作的部门可以强制执行
D. 管理专利工作的部门认为侵权成立的，可以主动对侵权赔偿作出调解

25. 在下列哪些情况中，当事人可以直接向人民法院提起行政诉讼？

A. 专利申请人对国家知识产权局驳回其专利申请的决定不服的
B. 专利权人对国家知识产权局终止其专利权的决定不服的
C. 药品上市许可申请人对确认是否落入专利权保护范围纠纷案件的裁决不服的
D. 当事人对确认不侵害专利权的决定不服的

26. 下列关于专利权纠纷案件管辖的说法哪些是正确的？

A. 甲起诉乙公司未按照双方签订的专利权转让合同支付转让费，甲居住地和乙公司所在地的人民法院都有管辖权
B. 长沙市中级人民法院在受理一起侵犯专利权纠纷案件后，发现被控侵权产品的生产者住所地在长沙市芙蓉区内，考虑到便于查明事实，决定将该案指定由芙蓉区人民法院审理
C. 成都市的乙公司在杭州市生产侵犯甲公司专利权的产品并在南京市销售的，甲公司可以在南京市人民法院起诉乙公司
D. 成都市的乙公司在杭州市生产侵犯甲公司专利权的产品并在南京市销售的，甲公司可以在杭州市人民法院起诉乙公司

27. 甲公司获得一项智能手机显示屏的发明专利权后，将该技术以在中国大陆独占许可方式许可给乙公司实施。乙公司在销售含有该专利技术的手机过程中，发现丙公司正在当地电视台做广告宣传具有相同专利技术的手机，便立即通知甲公司起诉丙公司。法院受理该侵权纠纷后，丙公司在答辩期内请求宣告专利权无效。下列说法错误的是？

A. 乙公司不能直接起诉丙公司
B. 专利权被宣告无效之前，丙公司实施了销售侵权行为

201

C.如果专利权被宣告无效，则专利实施许可合同无效，甲公司应返还乙公司已经支付的专利使用费

D.法院应当中止专利侵权案件的审理

28.专利权人甲发现乙未经其许可而实施其实用新型专利，遂向人民法院起诉。乙以其实施的技术方案属于现有技术因而该专利权应当无效为由进行抗辩，并提供了充足的证据，并在答辩期间向国家知识产权局提出了宣告甲的专利权无效的请求。下列说法正确的是？

A.人民法院应当中止诉讼程序

B.如果甲提交的专利权评价报告中未发现导致其专利权无效的事由的，人民法院可以不中止诉讼程序

C.人民法院认定乙实施的技术方案为现有技术的，可以直接判决乙不侵权

D.在甲的诉讼请求被驳回后，国家知识产权局作出的无效宣告决定维持了其专利权有效，甲可以重新向人民法院起诉，要求乙承担侵权责任

29.甲公司于2018年1月将其发明专利许可乙公司实施，约定每年12月乙公司向甲公司支付使用费100万元。乙公司在2018年实施该专利获利500万元，按约定支付了使用费。乙公司于2019年11月发现一项能够破坏甲公司专利新颖性的现有技术，于是拒绝支付2019年的使用费。2020年2月甲公司起诉乙公司违约。乙公司遂于答辩期内请求宣告该专利权无效并被受理。法院于2020年11月作出终审判决，判决乙公司支付2019年的使用费。2020年12月该专利权被宣告无效，此时乙公司尚未履行判决。下列说法正确的是？

A.由于乙公司在答辩期内请求宣告专利权无效，因此法院应当中止诉讼

B.专利权被宣告无效后，乙公司不必向甲公司支付2019年的使用费

C.尽管专利权被宣告无效，但乙公司仍需履行判决向甲公司支付2019年的使用费

D.由于被宣告无效的专利权视为自始即不存在，因此甲公司应当向乙公司返还2018年的许可使用费

30.我国专利侵权法定赔偿金额是？

A.10万元以上100万元以下　　　　B.3万元以上300万元以下

C.5万元以上500万元以下　　　　D.3万元以上500万元以下

31.专利实施许可合同中记载的下列哪些事项，可以作为人民法院确定侵权纠纷赔偿数额时的参照？

A.许可的性质　　　　　　　　　　B.许可的范围

C.许可的时间　　　　　　　　　　D.许可使用费的数额

32.甲将自己拥有专利保护的一款手机折叠屏委托乙代工生产，后发现乙未经其许可，自行生产该手机折叠屏并对外销售，甲向法院起诉并请求获得赔偿。以下可以作为侵权赔偿数额计算依据的是？

A.甲因研发该专利技术所投入的合理成本

B.乙因侵权所获得的利益

C.该专利权的市场评估价值

D.甲、乙双方签订的委托加工合同中约定的专利侵权赔偿条款

33.在甲公司诉乙公司侵犯其专利权的案件中，下列确定赔偿数额的方式表述正确的是？

A.甲公司因乙公司的侵权行为所受到的实际损失能够确定的，可以依照该实际损失确定赔偿数额

B.甲公司因乙公司的侵权行为所受到的实际损失难以确定的，可以依照乙公司因制造该产品而获得的利益确定赔偿数额

C. 甲公司的损失或者乙公司获得的利益难以确定的，可以参照该专利许可使用费的倍数合理确定

D. 赔偿数额还应当包括权利人为制止侵权行为所支付的合理开支

34. 李某是某研究所的研究员。下列哪些纠纷可以请求管理专利工作的部门进行调解？

A. 李某对其作出的一项发明是否为职务发明与该研究所发生的纠纷

B. 李某和该研究所的另一工作人员就发明人资格而产生的纠纷

C. 李某对其作出的一项职务发明是否申请专利与该研究所发生的纠纷

D. 李某就其职务发明的奖酬与该研究所发生的纠纷

35. 甲公司向国家知识产权局递交了一件发明专利申请，在该申请公布后、授予专利权之前，甲公司发现乙公司也在生产和销售与其专利申请相同的产品。经调查发现乙公司完全是仿造其产品，于是甲公司要求乙公司支付适当费用，但乙公司未予理睬。依照专利法及其实施细则的规定，就此纠纷甲公司可以采取以下哪些措施？

A. 在该专利申请被授予专利权之前甲公司有权向人民法院提起诉讼

B. 在该专利申请被授予专利权之后请求管理专利工作的部门进行调解

C. 在该专利申请被授予专利权之后、起诉之前，甲公司可以向人民法院申请行为保全

D. 在该专利申请被授予专利权之日起两年内甲公司应当向人民法院提起诉讼

36. 甲于2018年2月1日提交了一项关于空气净化器的发明专利申请，该申请于2019年8月1日被公布，并于2021年5月1日获得授权；乙在2020年1月开始制造销售与甲的专利技术相同的空气净化器，后在2021年3月30日停止了制造销售行为；丙在2018年4月自行研发了相同产品，并一直进行制造销售。下列说法正确的是？

A. 由于乙制造销售空气净化器的期间在甲专利授权之前，因此无需向甲支付费用

B. 虽然丙是在专利申请公布前独自完成的发明，但也需向甲支付费用

C. 如果甲在2021年2月1日知道了乙的制造行为，其有权要求乙立即停止制造销售行为

D. 如果甲在2021年2月1日知道了丙的制造行为，其诉讼时效为自2021年2月1日起两年

37. 甲提交了一件发明专利申请，在公布文本中，其权利要求请求保护的技术方案中包括a、b、c、d四个技术特征；该申请经过实质审查后被授权，授权公告的权利要求保护的技术方案中包括了a、b、c、e四个技术特征，其中技术特征e是记载在申请文件的说明书中的特征，且与技术特征d不等同。乙、丙、丁、戊在该申请公布日后至授权公告日之前，分别生产制造了下列相关产品。甲可以要求支付费用的是？

A. 乙生产制造的产品包括了a、b、c三个技术特征

B. 丙生产制造的产品包括了a、b、c、d四个技术特征

C. 丁生产制造的产品包括了a、b、c、e四个技术特征

D. 戊生产制造的产品包括了a、b、c、d、e五个技术特征

38. 下列哪些行为属于假冒专利的行为？

A. 甲公司在专利权终止后继续在其制造的产品上标注专利标识并进行销售

B. 乙公司在其制造的产品上标注了他人的专利号

C. 丙公司在其专利被宣告无效后，继续在其销售的产品上标注该专利的专利号

D. 丁公司将实用新型专利证书变造成发明专利证书

39. 负责专利执法的部门根据已经取得的证据，对涉嫌假冒专利行为进行查处时，有权采取的措施是？

A. 询问有关当事人，调查与涉嫌违法行为有关的情况
B. 对当事人涉嫌违法行为的场所实施现场检查
C. 查阅、复制与涉嫌违法行为有关的合同、发票、账簿以及其他有关资料
D. 对有证据证明是假冒专利的产品，可以查封或者扣押

40. 以下说法正确的是？
A. 侵犯专利权的，不仅应承担民事责任、行政责任，还可能被追究刑事责任
B. 假冒专利的，不仅应承担民事责任、行政责任，还可能被追究刑事责任
C. 侵犯专利权的，应承担民事责任，但不涉及刑事责任
D. 假冒专利的，应承担民事责任，但不涉及刑事责任

41. 下列各项属于知识产权管理体系的文件的是？
A. 知识产权方针
B. 知识产权手册
C. 标准要求的形成文件的程序
D. 知识产权法律汇编

42. 我国负责制定和修订知识产权、传统知识、组织知识等领域的国家标准，以及负责国际知识管理标准化对口工作的组织是？
A. 全国知识管理标准技术委员会　　B. 国家标准化管理委员会
C. 中国标准化研究院　　D. 国家知识产权局

43. 《企业知识产权管理规范》规定了知识产权生命周期过程的管理要求，其包括的知识产权管理流程有？
A. 创造　　B. 获取　　C. 维护　　D. 运用

44. 《科研组织知识产权管理规范》规定了科研组织针对科研项目的知识产权管理要求，其包括科研项目在哪些阶段知识产权管理的基本要求？
A. 分类　　B. 申请　　C. 立项　　D. 执行

45. 《高等学校知识产权管理规范》规定的高等学校知识产权资源管理的内容包括？
A. 人力资源　　B. 财务资源　　C. 资源保障　　D. 获取管理

46. 下列选项中不属于专利情报利用的是？
A. 专利导航　　B. 专利评议
C. 专利预警　　D. 技术交底书撰写

47. 下列属于专利金融化的表现形式的是？
A. 专利质押融资　　B. 专利托管　　C. 专利股权化　　D. 专利证券化

48. 甲公司拥有一项产品实用新型专利权，为了扩大产能，甲公司欲在自行生产的同时许可乙公司生产该专利产品。下列哪些说法是正确的？
A. 甲公司可以将该专利权独占许可给乙
B. 甲公司可以将该专利权排他许可给乙
C. 甲公司可以将该专利权普通许可给乙
D. 甲公司与乙公司订立实施许可合同的，乙公司可以自行决定与其子公司共同实施该专利

49. 甲、乙、丙三人合作研制出一种新型空气净化器，申请专利并获得授权。星辰公司与甲、乙、丙三人商谈，提出获得许可实施该专利的意向。甲以星辰公司规模太小没有名气为由拒绝，乙不置可否，丙随后独自与星辰公司签订专利实施排他许可合同。随后甲在未告知乙、丙的情况下，私自与大海公司签订了普通许可合同。乙急需资金，拟在自行实施的同

时将该专利进行质押融资，则以下说法正确的是？

A. 丙与星辰公司签订的是排他许可合同，未排除甲、乙实施专利的自由，因此该合同有效

B. 甲私自与大海公司签订的许可合同无效

C. 乙自行实施该专利，无需经过甲、丙的同意

D. 乙签订质押融资合同，需征得甲、丙的同意

50. 甲的一项发明创造被授予了实用新型专利权，乙在该专利的基础上进行了重大改进并就此改进获得了一项发明专利权，该发明专利的实施依赖于甲的实用新型专利的实施。下列说法正确的是？

A. 甲可以不经乙同意，实施该发明专利

B. 乙可以不经甲同意，实施该发明专利

C. 甲、乙可以通过签订交叉许可合同实施该发明专利

D. 任何第三方实施该发明专利的，需要经过甲、乙的同意

51. 专利权人甲于 2020 年 8 月 5 日与乙达成协议，以其享有的一项专利权作价 100 万元与乙一起设立丙公司。2020 年 9 月 10 日，甲又与丁达成协议，以 150 万元价格将该项专利权转让给丁，并于 2020 年 10 月 18 日向国家知识产权局办理了登记手续，国家知识产权局于 2020 年 11 月 12 日发出了手续合格通知书。下列哪些说法是正确的？

A. 自 2020 年 8 月 5 日起该项专利权属于甲和乙设立的丙公司

B. 在 2020 年 8 月 5 日至 9 月 10 日期间，该项专利权属于甲和乙共有

C. 在 2020 年 9 月 10 日至 10 月 18 日期间，该项专利权属于甲

D. 自 2020 年 11 月 12 日起该项专利权属于丁

52. 专利权人甲欲将其发明专利权转让给美国的乙公司，下列哪些说法是正确的？

A. 甲与乙公司应当订立书面转让合同

B. 甲与乙公司订立转让合同后，应当在 3 个月内向国家知识产权局登记

C. 当事人应当向国家知识产权局提交《技术出口许可证》或者《自由出口技术合同登记证书》

D. 专利权的转让自转让合同订立之日起生效

53. 采取政府主导，通过保险资金投放和拉动其他金融机构资金投放的方式帮助拥有优质专利的企业进行融资的模式属于哪种保险模式？

A. 政府统保模式　　B. 政银保模式　　C. 政融保模式　　D. 政企保模式

54. 某种适用于专利权人因财力不足、无法实施自身专利权的个人或企业投保的"攻击性"保险，该保险为哪种产品保险？

A. 专利执行保险　　　　　　　　B. 专利侵权责任保险

C. 专利质押融资保险　　　　　　D. 专利转让保险

55. 下列哪些情况下，专利权质押合同不予登记？

A. 出质人不是当事人申请质押登记时专利登记簿记载的专利权人的

B. 专利权已经终止的

C. 专利权因诉讼被人民法院裁定采取保全措施的

D. 专利权已被启动无效宣告程序，当事人未特别声明同意继续办理质押登记的

56. 甲将一项专利权质押给乙，于 2020 年 3 月 1 日签订了质押合同，并于 2020 年 3 月 5 日到国家知识产权局进行了登记。后经乙同意，甲于 2020 年 5 月 10 日与丙签订了专利权转让合同，并于 2020 年 5 月 17 日到国家知识产权局进行了登记。下列哪些说法是正确的？

A. 质押合同自 2020 年 3 月 5 日起生效
B. 质权自 2020 年 3 月 5 日起设立
C. 专利权的转让合同自 2020 年 5 月 10 日起生效
D. 专利权的转让自 2020 年 5 月 17 日起生效

57. 下列选项中属于专利导航特征的是？
A. 以专利数据为核心
B. 以精准建模为方法
C. 以价值最大化为目标
D. 以获取社会效益为主要目标

58. 以各级地方行政区域，产业园区、产业集聚区等经济区域内的有关部门为服务对象的专利导航类型是？
A. 区域规划类专利导航
B. 产业规划类专利导航
C. 创新主体类专利导航
D. 企业运营类专利导航

59. 下列有关专利指定许可的说法正确的是？
A. 被指定许可的专利应当是对国家利益或者公共利益具有重大意义的发明或者实用新型专利
B. 被指定许可专利的专利权人应当是国有企业事业单位
C. 专利的指定许可的申请人可以是任何单位或个人
D. 指定许可后，实施单位需要向人民政府支付使用费用

60. 以下关于强制许可的说法正确的是？
A. 在国家出现紧急状态或者非常情况时，国家知识产权局可以给予实施外观设计专利的强制许可
B. 取得实施强制许可的单位或者个人不享有独占的实施权，并且无权允许他人实施
C. 国家知识产权局作出强制许可决定后，专利权人无权再许可他人实施其专利
D. 任何强制许可的实施只能为了供应国内市场，不能出口

61. 下列哪些说法是正确的？
A. 取得实施强制许可的单位或者个人享有独占的实施权，但无权允许他人实施
B. 在国家出现紧急状态时，国务院有关主管部门可以根据专利法的规定，建议国务院专利行政部门给予其指定的具备实施条件的单位强制许可
C. 国务院专利行政部门在作出驳回强制许可请求的决定前，应当通知请求人拟作出的决定及其理由
D. 专利权人对实施其专利的强制许可决定不服的，可以向国务院专利行政部门申请行政复议

62. 甲的一项发明专利申请于 2017 年 10 月 18 日被公告授予专利权。乙在对甲的发明进行研究后就其作出的一个具有更好效果的发明创造获得了一项实用新型专利，但该实用新型专利的实施依赖于甲的发明的实施。下列说法中正确的是？
A. 丙欲实施甲的专利，既要得到甲的许可也要得到乙的许可
B. 乙可以不经甲的许可，自行实施其实用新型专利
C. 如果乙获得了实施甲专利的强制许可，则甲可以自然获得实施乙的专利的权利
D. 乙可以通过与甲签订交叉许可合同来实施其专利

63. 下列关于强制许可使用费的说法哪些是正确的？
A. 取得实施强制许可的单位或者个人应当付给专利权人合理的使用费
B. 强制许可使用费数额可以由双方协商确定
C. 取得实施强制许可的单位或者个人与专利权人之间就使用费不能达成协议的，可以

请求管理专利工作的部门裁决

D. 取得实施强制许可的单位或者个人与专利权人之间就使用费不能达成协议的，可以自收到通知之日起 3 个月内向人民法院起诉

64. 下列说法正确的是？

A. 甲公司与专利权人签订独占实施许可合同后，有权许可其子公司乙公司实施该专利技术

B. 获得强制许可实施权的丙公司有权许可他人实施该专利技术

C. 丁公司销售不知道是侵犯他人专利的产品并能证明该产品来源合法的，不构成侵犯专利权

D. 戊公司未经专利权人的同意专门为某医药公司制造其专利药品，该医药公司批量购买该药品用于为提供行政审批所需要的信息，不构成侵犯专利权

65. 下列选项对专利开放许可制度描述正确的是？

A. 实施开放许可的专利仅限于发明和实用新型，不包括外观设计

B. 开放许可声明被公告撤回的，不影响在先给予的开放许可的效力

C. 任何单位或者个人有意愿实施开放许可的专利的，可以书面方式通知专利权人，并就许可方式和许可费进行协商

D. 开放许可实施期间，对专利权人缴纳专利年费给予减免

第七章

PCT及其他专利相关国际条约

一、本章核心考点

本章包含的核心考点如图 7-1 所示。

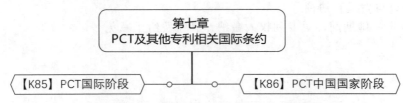

图 7-1　PCT 及其他专利相关国际条约之核心考点

二、核心考点分析

【K85】PCT 国际阶段

1. 本考点的主要考查角度分析

本考点中包含的关键词有：发明、实用新型、受理局、国际局、指定国、中文和英文、3 个月、9 个月、12 个月、14 个月、16 个月、附加检索费、异议费、18 个月、22 个月、6 个月、28 个月、条约第 19 条、条约第 34 条。本考点考查角度如图 7-2 所示。

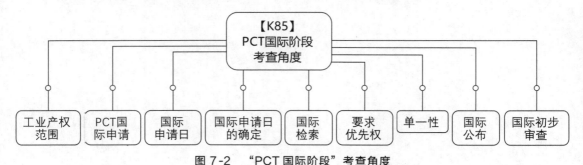

图 7-2　"PCT 国际阶段"考查角度

2. 关键词释义

（1）工业产权范围：《专利合作条约》中述及的"专利"应解释为发明专利、发明人证书、实用证书、实用新型等。

（2）PCT 国际申请：①中国的公民或国民可以向国务院专利行政部门提出国际申请，也可以向国际局提出。②允许巴黎公约缔约国的居民或国民提出 PCT 国际申请。

（3）国际申请日：①国际申请日为受理局收到申请文件之日。②国际申请日在每个指定国具有正规的国家申请的效力。

（4）国际申请日的确定：①申请人具有向受理局提出国际申请的资格；②国际申请是用规定的语言撰写的；③国际申请至少包括下列项目：（i）说明是作为国际申请提出的；（ii）至少指定一个缔约国；（iii）按规定方式写明的申请人的姓名或者名称；（iv）有一部分表面上看像是说明书；（v）有一部分表面上看像是一项或几项权利要求。

（5）国际检索：①国际检索报告的完成期限为自国际检索单位收到检索本起 3 个月，或自优先权日起 9 个月，以后届满的期限为准。②国际检索单位在作出国际检索报告（或宣布不作出国际检索报告）的同时，应当作出书面意见。该书面意见仅仅是对作为国际申请主题的发明是否有新颖性、创造性和工业实用性提出的初步的、无约束力的意见。③申请人可以在收到国际检索报告之后，在国际公布之前，依照专利合作条约第 19 条修改权利要求书。

（6）要求优先权：①巴黎公约成员国或世界贸易组织成员提出的在先申请可以作为优先权基础。②在先申请的申请日应当在国际申请日之前 12 个月内；超过 12 个月但不超过 14 个月的申请人可以请求恢复优先权。③申请人应当自优先权日起 16 个月内向国际局或受理局提交优先权文件。

（7）单一性：①国际检索单位认为国际申请缺乏单一性的，可以要求申请人在规定期限内缴纳附加检索费。②申请人缴纳附加费同时缴纳异议费的，如果异议成立，则所缴费用将被退回。③如果申请人未在规定的期限内缴纳附加检索费，则国际检索单位仅需对首先提到的发明主题进行检索。

（8）国际公布：①国际申请应当自优先权日起 18 个月届满后，由国际局迅速进行国际公布。②在中国提出的 PCT 国际申请，只有以中文进行的国际公布，才自国际公布之日起发生临时保护效力。

（9）国际初步审查：①国际初步审查程序不是国际申请的必经程序。②申请人应当自传送国际检索报告之日起 3 个月内，或自优先权日起 22 个月内提交国际初步审查要求书。③在国际初步审查报告作出之前，申请人可以依照专利合作条约第 34 条修改权利要求、说明书及附图。④国际初步审查报告是对国际申请中请求保护的发明是否具备新颖性、创造性和工业实用性提供初步的、无约束力的意见。⑤完成国际初步审查报告的期限是自优先权日起 28 个月，或自启动审查之日起 6 个月内，以后届满的期限为准。

3. **典型例题及解析**

【例 K85-1】根据《专利合作条约》的相关规定，下列哪些说法是正确的？

A.《专利合作条约》述及"专利"应解释为述及发明人证书、实用证书、实用新型、外观设计证书等

B. 申请人可以向其国籍国或者国民国的国家局提出 PCT 国际专利申请

C. 任何成员国的国民或居民都可以向国际局提出 PCT 国际专利申请

D. 申请人是《保护工业产权巴黎公约》缔约国但不是《专利合作条约》缔约国的居民或者国民也可以提出国际申请

【解题思路】

专利合作条约中的"专利"不包含"外观设计"，选项 A 错误。向申请人是其国民的缔约国或者代表该国的国家局提出，选项 B 正确。向国际局提出，与申请人是其居民

或者国民的缔约国无关，选项C正确。国际专利合作联盟大会决定允许保护工业产权巴黎公约缔约国但不是专利合作条约缔约国的居民或国民提出国际申请，选项D正确。

【参考答案】BCD

【例K85-2】下列关于PCT国际申请相关费用的说法哪些是正确的？

A. 在国际阶段符合一定条件的PCT国际申请可以减免国际申请费

B. 由国家知识产权局作为受理局受理的英文国际申请，在进入中国国家阶段时不能减免申请费及申请附加费

C. 由欧洲专利局作出国际检索报告的PCT申请，进入了中国国家阶段并提出实质审查请求的，可以减缴20%的实质审查费

D. PCT国际申请进入中国国家阶段后，申请人改正译文错误的，应当提交书面请求、译文改正页，并缴纳译文改正费

【解题思路】

如果国际申请按照规定的形式提交，可以减免国际申请费，因此选项A正确。由中国专利局作为受理局受理的国际申请，无论是中文还是英文作为申请语言，在进入中国国家阶段时免缴申请费及申请附加费，选项B错误。由欧洲专利局、日本特许厅和瑞典专利局三个国际检索单位作出国际检索报告的PCT申请，进入了中国国家阶段并提出实质审查请求的，减缴20%的实质审查费，选项C正确。申请人改正译文错误，除提交改正页外，还应当提交书面改正译文错误请求，并且缴纳规定的改正译文错误手续费，选项D正确。

【参考答案】ACD

【例K85-3】国家知识产权局收到甲提出的一件PCT国际申请。下列哪些情形将导致国家知识产权局收到该国际申请之日不能作为国际申请日？

A. 申请是以韩语提出的

B. 申请人未提交说明书

C. 请求书中未填写发明人信息

D. 未按规定方式写明申请人的姓名

【解题思路】

国家知识产权局作为受理局，可以收到国际申请之日作为国际申请日的，需满足下列条件：(1) 申请人是中国的居民或者国民；(2) 国际申请是用中文或者英文撰写的；(3) 国际申请至少包括下列项目：①说明是作为国际申请提出的；②至少指定中国为指定国；③按规定方式写明的申请人的姓名或者名称；④有说明书；⑤有权利要求书。因此选项A中的韩语不是国家知识产权局作为受理局接受的语言，收到申请文件之日不能作为国际申请日，选项A符合题意。选项B中的说明书是确定国际申请日的必要条件，申请文件中缺少说明书则不能将收到日确定为国际申请日，选项B符合题意。选项C中的发明人信息不属于确定国际申请日的必要条件，不影响国际申请日的确定，选项C不符合题意。选项D中的申请人信息是确定国际申请日的必要条件，申请文件中申请人信息不完整则不能将收到日确定为国际申请日，选项D符合题意。

【参考答案】ABD

【例K85-4】下列关于国际检索的说法正确的是？

A. 国际检索应当在原始国际申请文件的基础上进行

B. 如果国际申请的主题仅涉及纯粹智力行为规则或者方法，则国际检索单位无须对该国际申请进行检索

C. 如果在国际公布的技术准备工作完成前，国际局已得到国际检索报告，则国际检

索报告将随申请文件一起进行国际公布

D. 如果国际检索仅是针对主要发明或者不是针对所有的发明进行，则国际检索报告应说明国际申请中哪些部分已经检索，哪些部分没有检索

【解题思路】

国际检索应在权利要求书的基础上进行，并适当考虑到说明书和附图，选项 A 正确。国际申请主题仅涉及经营业务、纯粹智力行为或者游戏比赛的方案、规则或者方法的，国际检索单位无须对该国际申请进行检索，选项 B 正确。如果在国际公布的技术准备工作完成前，国际局已得到国际检索报告，则国际检索报告将随申请文件一起进行国际公布，选项 C 正确。如果国际检索仅是针对主要发明或者不是针对所有的发明进行，则国际检索报告应说明国际申请中哪些部分已经检索，哪些部分没有检索，选项 D 正确。

【参考答案】ABCD

【例 K85-5】关于 PCT 国际申请国际阶段的修改，下列说法正确的是？

A. 在国际检索报告传送给申请人之日起 2 个月内，申请人可依据专利合作条约第 19 条对权利要求书、说明书提出修改

B. 在提出国际初步审查要求时，申请人可依据专利合作条约第 34 条对权利要求书、说明书提出修改

C. 在国际初步审查报告作出之前，申请人可依据专利合作条约第 34 条对权利要求书、说明书提出修改

D. 在 PCT 国际申请进入中国国家阶段后，申请人要求获得发明专利的，可以在提出实质审查请求时对权利要求书、说明书进行修改

【解题思路】

申请人依照专利合作条约第 19 条对权利要求书提出修改的期限为自收到国际检索报告之日起 2 个月，或者自优先权日起 16 个月，以后到期者为准。选项 A 错误，此次修改只能修改权利要求书，不得修改说明书。申请人在提出国际初步审查要求时，或者在国际初步审查报告作出之前，可以依据专利合作条约第 34 条对权利要求书、说明书提出修改，选项 B、C 均正确。进入中国国家阶段后，按照我国的专利法，发明专利申请人可以在提出实质审查请求时对专利申请文件进行修改，选项 D 正确。

【参考答案】BCD

【例 K85-6】如果国际检索单位认为一件 PCT 国际申请没有满足单一性的要求，则下列说法正确的是？

A. 申请人未在规定期限内缴纳检索附加费的，国际检索单位应当宣布不作出国际检索报告

B. 申请人在规定期限内缴纳检索附加费的，国际检索单位应当对国际申请的全部权利要求作出国际检索报告

C. 申请人如果认为附加费过高，在规定期限内缴纳检索附加费和异议费的，如果异议成立，则检索附加费和异议费将被退回

D. 进入中国国家阶段后，申请人未按规定缴纳单一性恢复费的，不得对国际阶段未检索的部分提出分案申请

【解题思路】

申请人如果没有在规定期限内缴纳检索附加费，则国际检索单位只针对"主要发明"部分作出国际检索报告，选项 A 错误。申请人如果在规定期限内缴纳检索附加费，

则国际检索单位应当对申请文件进行全文检索,选项 B 正确。申请人在规定期限内缴纳检索附加费和异议费的,如果异议成立,则检索附加费和异议费将被退回,选项 C 正确。在中国国家阶段,申请人未按规定缴纳单一性恢复费的,不得对国际阶段未检索的部分提出分案申请,选项 D 正确。

【参考答案】BCD

【例 K85-7】甲公司以中文向国家知识产权局提交了一件 PCT 国际申请,其优先权日为 2019 年 8 月 8 日,国际申请日为 2020 年 7 月 8 日。下列关于该申请国际公布的说法正确的是?

A. 国际公布应当以英文或法文进行
B. 甲公司想通过撤回国际申请来避免国际公布,则其撤回通知应在国际公布的技术准备完成之前到达国际局
C. 该申请将在 2022 年 1 月 8 日之后迅速进行国际公布
D. 国际检索报告在国际公布的技术准备工作完成时尚未作出的,将另行公布

【解题思路】

中文是国际公布的语言之一,因此甲公司以中文提出的国际申请,以中文进行国际公布,选项 A 错误。如果国际申请在其公布的技术准备完成以前被撤回或被视为撤回,即不进行国际公布,选项 B 正确。甲公司的该国际申请自优先权日起满 18 个月,即在 2021 年 2 月 8 日之后迅速进行国际公布,选项 C 错误。如果国际公布之前收到了国际检索报告,则在国际公布时一起公布;如果在国际公布之前未收到国际检索报告,则之后可以另行公布。因此选项 D 正确。

【参考答案】BD

【例 K85-8】对于一件优先权日为 2017 年 2 月 27 日、国际申请日为 2018 年 2 月 15 日的 PCT 申请,申请人于 2018 年 9 月 10 日提出了国际初步审查请求并被受理,则国际初步审查单位最迟作出国际初步审查报告的时间是?

A. 2018 年 12 月 10 日
B. 2018 年 12 月 27 日
C. 2019 年 3 月 10 日
D. 2019 年 6 月 27 日

【解题思路】

国际初步审查单位完成国际初步审查报告的期限为自启动国际初步审查程序之日起 6 个月,或者自优先权日起 28 个月,以后到期者为准。本题国际初步审查启动的时间为 2018 年 9 月 10 日,优先权日为 2017 年 2 月 27 日,因此作出国际初步审查报告的最后时间为 2019 年 6 月 27 日,选项 D 正确,其他选项均错误。

【参考答案】D

【K86】PCT 中国国家阶段

1. 本考点的主要考查角度分析

本考点中包含的关键词有:30 个月、32 个月、申请日、申请人死亡、发明人死亡、择其一、译文、不早于、2 个月、恢复费、优先权、援引。本考点考查角度如图 7-3 所示。

2. 关键词释义

(1) 进入期限:自优先权日起 30 个月内,最长不超过 32 个月内办理进入手续。

(2) 进入声明:①国际申请日具有中国国家申请日的效力。②发明人:明确发明人;国际阶段发明人死亡的,仍需写入原发明人姓名。③申请人:明确针对中国的申请人;国际阶段改变申请人的,提供证明材料;国际阶段申请人死亡的,有新的申请人写入新的申请人,尚未确定继承人的写入原申请人。

(3) 进入国家阶段的手续:①中文的进入声明,明确专利权类型(发明或者实用新型择

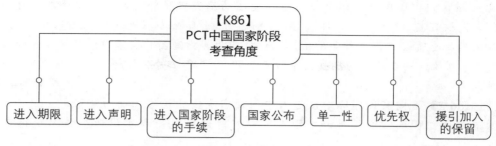

图 7-3 "PCT 中国国家阶段"考查角度

一)。②国际申请以外文提出的,提交译文。③缴纳申请费、公布印刷费,必要时缴纳宽限费、申请附加费。④国际申请以中文提出的,提交摘要和摘要附图副本。

(4) 国家公布:公布时间一般不早于自进入国家阶段之日起 2 个月。国家公布采用中文。国际公布语言不是中文的,临时保护效力自国家公布之日起产生。

(5) 单一性:①国际阶段未全文检索的,申请人应当缴纳单一性恢复费。②申请人未缴纳单一性恢复费的,则未经国际检索的部分被视为撤回,且需要从申请文件中删除,该删除部分不得提出分案申请。

(6) 优先权:①优先权的效力:(i) 申请人在办理进入国家阶段手续时要求撤回优先权的,进入手续的期限仍按照原最早优先权日起算。(ii) 国际阶段恢复的优先权对中国不发生优先权效力,但办理进入手续的期限仍按照原最早优先权日起算。(iii) 在先申请是在中国提出的,应当看作是本国优先权。②优先权要求的改正:(i) 申请人在国际阶段要求了优先权但填写信息有误的,可以在办理进入手续的同时或者自进入日起 2 个月内提出改正请求。(ii) 进入国家阶段不允许提出新的优先权要求。③优先权要求的恢复:国际阶段优先权要求被视为未提出的,申请人在办理进入手续时可以请求恢复优先权,并缴纳恢复费。④优先权要求费:自进入日起 2 个月内缴纳。

(7) 援引加入的保留:①国际阶段通过援引在先申请的方式加入遗漏项目或部分而保留原国际申请日的,专利局将不予认可。②申请人在进入声明中予以指明并请求修改相对于中国的申请日,则允许申请文件中保留援引加入项目或部分。

3. 典型例题及解析

【例 K86-1】韩国人朴某长期居住在中国,于 2020 年 7 月 2 日向中国国家知识产权局提出了一件 PCT 国际申请,要求享有其在韩国的申请日为 2019 年 6 月 14 日的优先权并办理了恢复优先权的手续。朴某就该申请拟办理进入中国国家阶段的手续。下列说法正确的是?

A. 由于朴某的优先权日与国际申请日之间已经超过 12 个月,在国际阶段中国国家知识产权局应当不予接受其要求享有优先权的请求

B. 朴某最迟应当在 2022 年 2 月 14 日前办理进入中国国家阶段的手续

C. 由于我国不承认恢复优先权,因此朴某最迟应当在 2023 年 3 月 2 日前办理进入中国国家阶段的手续

D. 如果该申请被授予专利权,则专利权的期限自 2020 年 7 月 2 日起计算

【解题思路】

如果国际申请日在自优先权期限届满日起的 2 个月内,在国际阶段受理局或者国际局也应当通知申请人,可以依照《专利合作条约实施细则》的要求请求恢复优先权,因

此选项A错误,中国国家知识产权局作为受理局应当接受朴某的优先权请求。朴某最迟应当自优先权日起32个月内,即在2022年2月14日前办理进入中国国家阶段的手续,选项B正确,选项C错误。朴某的国际申请日即为其指定国的国家申请日,因此如果该申请被授予专利权,则专利权的期限自申请日,即2020年7月2日起计算,选项D正确。

【参考答案】BD

【例K86-2】下列有关国际申请进入中国国家阶段的说法正确的是?
A.在进入中国国家阶段时,申请人可以同时选择发明和实用新型作为获得专利权的类型
B.在进入中国国家阶段的书面声明中应当指明对不同国家的不同申请人的姓名
C.经国际局登记已经死亡的申请人尚未确定继承人的,进入国家阶段时,依然要写入进入声明中
D.国际申请中未指明发明人的,在进入中国国家阶段声明中应当写明发明人姓名

【解题思路】

国际申请指定中国的,办理进入国家阶段手续时,应当选择要求获得的是"发明专利"或者"实用新型专利",两者只能择其一,选项A错误。进入中国国家阶段的声明中需要写明对中国的申请人,而不是对不同国家的申请人姓名,选项B错误。在进入中国国家阶段的声明中,需要写明申请人信息。如果申请人在国际阶段死亡并且已经在国际局登记,已经确定继承人的,原申请人不应当写入进入声明中,应当写新的申请人;但是如果申请人死亡没有新的申请人,还需要写入原申请人,等待确定其继承人之后再进行著录项目变更,选项C正确。国际申请中未指明发明人的,在进入中国国家阶段声明中应当写明发明人姓名,选项D正确。

【参考答案】CD

【例K86-3】韩国人朴某长期居住在中国,于2020年7月2日向中国国家知识产权局提出了一件PCT国际申请,要求享有其在韩国的申请日为2019年6月14日的优先权并办理了恢复优先权的手续。朴某于2021年8月14日办理了进入中国国家阶段的手续。下列说法正确的是?
A.朴某应当最迟在2021年10月14日缴纳优先权要求费
B.朴某在进入中国国家阶段时要求优先权的声明填写符合规定,但未在规定期限内缴纳优先权要求费而被视为未要求的,朴某可以根据规定请求恢复该项优先权
C.进入中国国家阶段后,朴某可以要求增加一项新的优先权
D.如果作为优先权基础的在先申请是朴某在中国提出的,则应当看作是要求本国优先权

【解题思路】

申请人可以自进入日起2个月内缴纳优先权要求费,因此朴某应当最迟在2021年10月14日缴纳优先权要求费,选项A正确。可以请求恢复优先权的条件与一般中国申请的规定一致,即要求了优先权,但因为提出的声明或费用缴纳不满足要求而视为未要求优先权的,可以请求恢复,选项B正确。在进入中国之后,不得增加新的优先权,选项C错误。如果在先申请是在中国提出的,则应当看作是要求本国优先权,选项D正确。

【参考答案】ABD

【例K86-4】李某的一件PCT国际申请的国际申请日是2019年6月1日。李某在国际阶段办理了恢复优先权手续,经审查合格后确定的优先权日是2018年5月14日。下列哪些说法是正确的?

A. 李某最迟应当在 2021 年 1 月 14 日前办理进入中国国家阶段手续
B. 李某最迟应当在 2022 年 2 月 1 日前办理进入中国国家阶段手续
C. 进入中国国家阶段后，国家知识产权局应当向李某发出视为未要求优先权通知书
D. 该 PCT 申请如果要求获得发明专利，李某最迟应当在 2021 年 5 月 14 日提出实质审查请求

【解题思路】

因中国专利局对国际申请在国际阶段恢复的优先权不予认可，相应的优先权要求在中国不发生效力，但在办理进入中国国家阶段的手续时，需要按照国际阶段认可的优先权计算进入日，即李某应当自 2018 年 5 月 14 日起，最迟在第 32 个月办理进入中国国家阶段的手续，因此选项 A 正确，选项 B 错误。对于不予认可的优先权，审查员应当发出视为未要求优先权通知书，选项 C 正确。由于中国不予认可恢复优先权，因此进入中国国家阶段后，申请人应当自申请日起 3 年内，即最迟在 2022 年 6 月 1 日提出实质审查请求，选项 D 错误。

【参考答案】AC

【例 K86-5】PCT 国际申请进入国家阶段时涉及单一性问题的，下列说法正确的是？
A. 无论国际检索单位和国际初审单位在国际阶段有没有提出过单一性的问题，在进入中国国家阶段后，不影响国家知识产权局就单一性缺陷问题作出的判断
B. 如果在国际阶段的检索和审查中，国际单位未提出单一性问题，在国家阶段国家知识产权局不能再提出存在单一性缺陷的问题
C. 对于申请人因未缴纳单一性恢复费而删除的发明，申请人不得提出分案申请
D. 对于申请人因未缴纳单一性恢复费而删除的发明，申请人可以提出分案申请

【解题思路】

进入中国国家阶段后，对于国际申请是否存在单一性问题，审查员是依据本国法来判断的，与国际阶段国际单位是否指出过专利申请存在单一性问题无关，因此选项 A 正确，选项 B 错误。对于国际阶段因缺乏单一性而未检索的部分，在进入中国国家阶段后可以通过缴纳单一性恢复费而保留国际阶段未检索部分，之后还可以将该部分用分案的方式保留其有效性。如果在国家阶段因未缴纳单一性恢复费而被删除的，申请人不得将删除部分提出分案申请。因此选项 C 正确，选项 D 错误。

【参考答案】AC

【例 K86-6】下列关于 PCT 国际申请在中国国家阶段的说法正确的是？
A. 以英文提交的国际申请在国际阶段作过修改，申请人希望以修改后的版本作为审查文本的，应当自进入日起 2 个月内提交修改部分的中文译文
B. 申请人在国际申请中要求享有宽限期的，应当在进入中国国家阶段的书面声明中予以说明，并自进入日起 2 个月内提交有关证明文件
C. 由于译文错误，致使授权的权利要求书确定的保护范围超出国际申请原文所表达的范围的，应以授权时的保护范围为准
D. 由于译文错误，致使授权的权利要求书确定的保护范围小于国际申请原文所表达的范围的，应以授权时的保护范围为准

【解题思路】

国际申请在国际阶段作过修改，申请人要求以经修改的申请文件为基础进行审查的，应当自进入日起 2 个月内提交修改部分的中文译文，选项 A 正确。在提出国际申请时作过声明要求享有宽限期的，申请人应当在进入中国国家阶段的书面声明中予以说明，并自进入日起 2 个月内提交有关证明文件，选项 B 正确。由于译文错误，致使授权

的权利要求书确定的保护范围超出国际申请原文所表达的范围的，应依据原文限制后的保护范围为准，选项 C 错误。由于译文错误，致使授权的权利要求书确定的保护范围小于国际申请原文所表达的范围的，应以授权时的保护范围为准，选项 D 正确。

【参考答案】ABD

【例 K86-7】2018 年 4 月 5 日，甲公司以英文向国家知识产权局提交了一件 PCT 国际申请，并要求了其申请日为 2017 年 5 月 4 日的中国的实用新型专利申请为优先权。在甲公司进入中国国家阶段之前，作为优先权基础的实用新型被国家知识产权局公告授予了专利权。甲公司在 2020 年 1 月 10 日的进入中国国家阶段声明中要求获得发明专利权。下列说法正确的是？

A. 尽管该国际申请的国际公布采用的是英文，仍然自国际公布之日起产生临时保护的效力

B. 该国际申请进入中国国家阶段后，甲公司最迟应当在 2021 年 4 月 5 日提交实质审查请求并缴纳足额费用，否则其申请视为撤回

C. 由于作为优先权基础的是中国的专利申请，申请人要求优先权后，该申请已经授权无法撤回，因此应当宣告该实用新型专利权无效

D. 如果经审查国家知识产权局认为甲公司要求获得发明专利权的国际申请符合授权条件，但甲公司拒绝修改权利要求书的，该申请应当被驳回

【解题思路】
PCT 国际申请只有以中文进行国际公布的，才自国际公布之日起发生临时保护的效力。甲公司的国际公布是以英文作为公布语言的，不发生临时保护效力，选项 A 错误。甲公司的实质审查请求应当自优先权日起 3 年内提出，选项 B 错误。作为优先权基础的在先申请为中国国家申请并且已经授权的，对于国际申请符合授权条件，申请人可以通过放弃在先申请或者修改在后申请权利要求书避免重复授权。因此选项 C 错误，选项 D 正确。

【参考答案】D

三、本章同步训练题目

1. 长期生活在英国的中国公民甲于 2021 年 2 月在中国香港提出一件 PCT 国际专利申请，下列属于受理其 PCT 申请机构的是？
   A. 中国国家知识产权局　　　　　　　B. 英国知识产权局
   C. 世界知识产权组织国际局　　　　　D. 中国香港特别行政区知识产权署

2. 甲、乙二人拟提出一件国际专利申请，甲作为第一申请人，其无国籍，长期居住在美国；乙为日本人，长期居住在中国。下列说法正确的是？
   A. 中国国家知识产权局不可以作为该国际申请的主管受理局
   B. 美国专利商标局可以作为该国际申请的主管受理局
   C. 申请人可以向国际局提交该国际申请
   D. 日本知识产权局可以作为该国际申请的主管受理局

3. 对于一件优先权日为 2017 年 2 月 27 日、国际申请日为 2018 年 2 月 15 日的 PCT 申请，国际检索单位于 2018 年 3 月 10 日收到检索本，则国际检索单位最迟应当在哪个时间作出国际检索报告？
   A. 2017 年 11 月 27 日　　　　　　　B. 2018 年 11 月 15 日
   C. 2018 年 5 月 15 日　　　　　　　　D. 2018 年 6 月 10 日

4. 一件PCT国际申请的优先权日为2018年12月26日，申请日为2019年12月26日，国际检索报告的传送日为2020年2月15日，则申请人应当在下列哪个日期前提出国际初步审查要求书？

A. 2020年5月15日　　　　　　　　　B. 2020年10月26日
C. 2020年7月26日　　　　　　　　　D. 2020年4月26日

5. 下列关于PCT国际申请的优先权的说法哪些是正确的？

A. 申请人可以要求在世界贸易组织成员中提出的在先申请作为PCT国际申请优先权的基础

B. PCT国际申请的优先权日不在国际申请日前12个月内但在14个月内的，国家知识产权局作为受理局对申请人要求恢复优先权的请求应当不予批准

C. 申请人要求优先权的，应当在自申请日起3个月内，向国际局或者受理局提交在先申请文件的副本

D. 如果国际局在国际申请的国际公布日之前可以从电子图书馆获得优先权文件，则申请人可以不提交

6. 下列关于PCT国际申请的说法正确的是？

A. 中国居民向国家知识产权局提交的PCT国际申请，可以指定欧洲专利局进行国际检索

B. 国际初步审查程序是PCT国际申请的必经程序

C. 国际检索单位书面意见是国际检索单位对作为国际申请主题的发明是否有新颖性、创造性和工业实用性提出的初步的、无约束力的意见

D. 国际初步报告是国际初步审查单位对作为国际申请主题的发明是否有新颖性、创造性和工业实用性提出的具有约束力的意见

7. 法国人亨利的PCT国际专利申请的申请日为2018年1月18日，优先权日为2017年9月15日，进入中国国家阶段的日期为2020年4月10日，要求授予发明专利权。下列说法正确的是？

A. 亨利应当在办理进入中国国家阶段的手续时缴纳申请费、公布印刷费、优先权要求费

B. 亨利最迟应当于2021年1月18日提出实质审查请求

C. 亨利的申请应当自2020年4月15日起满18个月即进行国家公布

D. 亨利的申请被授权后，其中国专利的保护期限从2018年1月18日起算

8. 下列关于PCT国际申请在中国国家阶段的说法正确的是？

A. 国际申请以外文提出的，申请人应当提交原始国际申请的说明书和权利要求书的中文译文

B. 国际申请以外文提出的，提交摘要的中文译文，有附图且附图中有文字的，不必将其替换为中文文字

C. 在国际阶段申请人进行过变更的，应提交变更后申请人享有申请权的证明材料

D. 在国际阶段发明人死亡的，在进入中国国家阶段的书面声明中要写入原发明人

9. 李某以英文提交了PCT国际申请，其国际申请日为2020年1月18日，优先权日为2019年9月15日，进入中国国家阶段的日期为2022年2月1日。下列哪些说法是正确的？

A. 在进入中国国家阶段时，李某应当提交该国际申请的原始说明书和权利要求书的中文译文

B. 李某可以自进入日起2个月内缴纳优先权要求费

C. 该申请授权后,专利权期限的起算日为 2022 年 2 月 1 日

D. 李某要求授予发明专利权的,其临时保护期限自国家公布之日起算

10. 如果申请人通过援引在先申请的方式在 PCT 国际申请中加入了递交申请时遗漏的部分,当该申请进入中国国家阶段时,下列说法正确的是?

A. 申请人可以同时保留援引加入部分和原国际申请日

B. 申请人希望保留援引加入部分的,应在办理进入国家阶段手续时在进入声明中予以指明并请求修改相对于中国的申请日

C. 处于国际阶段的国际申请通过援引加入的优先权文件中的内容,视为在首次收到国际申请之日已经提交的说明书和权利要求书

D. 进入中国国家阶段的国际申请,通过援引方式加入的记载在优先权文件中的内容,属于申请人原始申请文件记载的内容

第八章

专利文献与专利分类

一、本章核心考点

本章包含的核心考点如图 8-1 所示。

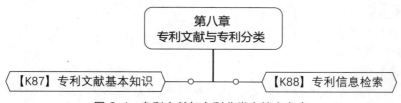

图 8-1 专利文献与专利分类之核心考点

二、核心考点分析

【K87】专利文献基本知识

1. 本考点的主要考查角度分析

本考点中包含的关键词有：A、B、U、S、1、2、3、WO/IB、CN、DE、GB。本考点考查角度如图 8-2 所示。

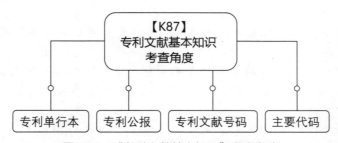

图 8-2 "专利文献基本知识"考查角度

2. 关键词释义

（1）专利单行本及文献代码：发明专利申请单行本"A"、发明专利单行本"B"、实用新型专利单行本"U"、外观设计专利单行本"S"。

（2）专利单行本，包括扉页、权利要求书以及说明书及附图，或者彩色外观设计图片或照片以及简要说明。扉页由著录事项、摘要以及摘要附图（如果有）组成，或一幅外观设计图片或照片组成。

（3）专利权被部分无效时的文献代码：发明"C1～C7"、实用新型"Y1～Y7"、外观设计"S1～S7"。

（4）国务院专利行政部门定期出版专利公报，公布或者公告的内容包括三种专利从申请到授权的相关的应当公开事项，以及授权前后的法律状态变化事项。

（5）完整的专利文献号码由三部分组成，即国家代码＋专利文献号＋专利文献种类标识代码。其中专利文献号由9位阿拉伯数字表示，其中第1位数字表示申请种类号，第2～9位数字为文献流水号。专利申请种类号中1表示发明专利；2表示实用新型专利；3表示外观设计专利。

（6）主要国家和地区、组织文献号代码：世界知识产权组织（WO/IB）、中国（CN）、欧洲专利局（EP）、德国（DE）、英国（GB）、美国（US）、日本（JP）、韩国（KR）等。

3. 典型例题及解析

【例K87-1】 下列属于我国出版发行的专利单行本的是？
A. 发明专利申请单行本
B. 实用新型专利申请单行本
C. 外观设计专利申请单行本
D. 发明专利单行本

【解题思路】
我国出版发行的专利单行本类型包括发明专利申请单行本、发明专利单行本、实用新型专利单行本和外观设计专利单行本，选项A、D均符合题意。选项B、C均不符合题意，由于实用新型、外观设计实施初步审查制，因此只有授权公告，不存在专利申请单行本。

【参考答案】 AD

【例K87-2】 实用新型专利单行本包括下列哪些部分？
A. 扉页、说明书、权利要求书、说明书附图
B. 扉页、彩色外观设计图片或者照片、简要说明
C. 请求书、说明书、权利要求书、说明书附图
D. 扉页、请求书、说明书、权利要求书、说明书附图

【解题思路】
实用新型专利单行本包括扉页、说明书、权利要求书和说明书附图。因此选项A正确，其他选项均错误。

【参考答案】 A

【例K87-3】 国家知识产权局公布的发明专利申请说明书扉页中包括下列哪些内容？
A. 说明书　　　　B. 摘要　　　　C. 著录事项　　　　D. 权利要求书

【解题思路】
发明专利申请单行本的扉页由著录事项、摘要、摘要附图组成，说明书无附图的，则没有摘要附图。因此选项B、C均符合题意，选项A、D均不符合题意。

【参考答案】 BC

【例K87-4】 以下关于专利文献种类标识代码中字母含义的说法哪些是正确的？
A. 字母"A"表示发明专利申请公布
B. 字母"C"表示发明专利权被部分无效宣告的公告
C. 字母"U"表示实用新型专利授权公告或被部分无效宣告的公告

D. 字母"S"表示外观设计专利授权公告或被部分无效宣告的公告

【解题思路】

字母"A"表示发明专利申请公布，选项 A 正确。字母"C"表示发明专利权部分无效宣告的公告，选项 B 正确。字母"U"表示实用新型专利授权公告，字母"Y"表示实用新型专利权部分无效宣告的公告，选项 C 错误。字母"S"表示外观设计专利授权公告或专利权部分无效宣告的公告，选项 D 正确。

【参考答案】ABD

【例 K87-5】中国发明专利公报包括下列哪些内容？

A. 发明专利申请的公布　　　　　　B. 保密发明专利权的授予
C. 发明专利的实质审查请求　　　　D. 专利权期限的补偿

【解题思路】

国务院专利行政部门定期出版专利公报，公布或者公告的内容包括三种专利从申请到授权的相关的应当公开事项，以及授权前后的法律状态变化事项。选项 A、B、C、D 中的各项均属于应当公开的事项，均符合题意。

【参考答案】ABCD

【例 K87-6】下列各组中的国际标准代码正确的是？

A. 英国 UK、法国 FR、俄罗斯联邦 RU
B. 美国 US、加拿大 CA、欧洲专利局 EP
C. 日本 JP、韩国 KR、澳大利亚 AT
D. 中国 CN、德国 GE、世界知识产权组织 IB

【解题思路】

标准 ST.3 为一推荐标准，其中用双字母代码表示国家、其他实体及政府间组织。选项 A 中英国为 GB 而不是 UK，选项 A 错误。选项 B 中的代码均正确。选项 C 中澳大利亚应当为 AU 而不是 AT，选项 C 错误。选项 D 中德国应当为 DE 而不是 GE，选项 D 错误。

【参考答案】B

【K88】专利信息检索

1. 本考点的主要考查角度分析

本考点中包含的关键词有：分类、全、准、快、灵、查全率、查准率、关键词、分类号、人名、号码、日期、国别、扩展、组合、补充和排除、块检索、渐进式检索、检索降噪、信息追踪检索、数值检索、图形检索、马库什通式化合物检索。本考点考查角度如图 8-3 所示。

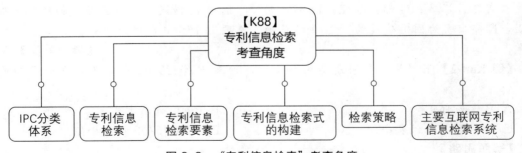

图 8-3　"专利信息检索"考查角度

2. 关键词释义

（1）IPC 分类体系：部、大类、小类、大组、小组。①部：A 表示人类生活必需；B 表示作业、运输；C 表示化学、冶金；D 表示纺织、造纸；E 表示固定建筑物；F 表示机械工程、照明、加热、武器、爆破；G 表示物理；H 表示电学。②大类：大类号由部的类号加两位数字组成。③小类：小类号由大类号加一个大写字母组成。④大组：大组类号由小类号＋"1～3 位数字"＋"/"＋"00"构成。⑤小组：小组类号由小类号＋"1～3 位数字"＋"/"＋"00"以外的其他至少两位数字构成。

（2）专利信息检索，是指从海量专利信息源中迅速而准确地找出符合特定需要的专利信息或文献线索的方法和过程。专利检索的直接目的在于找出符合特定需要的专利信息或文献线索。专利检索的基本要求是全、准、快、灵。"全"是指没有遗漏；"准"是指有针对性；"快"是指用时短；"灵"是指灵活使用各类检索要素和检索策略。查全率常用来衡量检索结果的全面程度；查准率常用来衡量检索结果的准确程度。

（3）专利信息检索要素分为：①关键词要素；②分类号要素；③人名要素；④号码要素；⑤日期要素；⑥国别地区要素。

（4）专利信息检索式的构建，一般需要考虑检索要素的扩展、检索要素的组合以及检索要素的补充和排除三个方面。

（5）检索信息策略分为：①块检索策略，是一种"检全"思路的检索策略。②渐进式检索策略，是基于"检准"思路的检索策略。③检索降噪策略，主要通过字段限定、频率算符使用和"与非"算符使用三个方面来实现检索结果的降噪。④特定对象的检索策略，包括（i）信息追踪检索。（ii）数值检索。（iii）图形检索。（iv）马库什通式化合物检索等。

（6）主要互联网专利信息检索系统：①世界知识产权组织 WIPO；②中国专利信息网；③欧洲专利局；④美国专利商标组织；⑤日本特许厅。

3. 典型例题及解析

【例 K88-1】下列各组表示了国际专利分类表部的类号所指示的部的类名，请判断哪些组存在错误？

A. G 部：固定建筑物；F 部：机械工程、照明、加热、武器、爆破

B. E 部：电学；C 部：化学、冶金

C. A 部：人类生活必需；D 部：纺织、造纸

D. B 部：物理；H 部：作业、运输

【解题思路】

国际专利分类表 IPC 中 8 个部分别是：A 部：人类生活必需；B 部：作业、运输；C 部：化学、冶金；D 部：纺织、造纸；E 部：固定建筑物；F 部：机械工程、照明、加热、武器、爆破；G 部：物理；H 部：电学。选项 A 错误，G 部应当为物理。选项 B 错误，E 部应当为固定建筑物。选项 C 正确。选项 D 错误，B 部为作业、运输，H 部为电学。

【参考答案】ABD

【例 K88-2】下列关于专利分类号 B64C25/00 或 B64C25/02 中含义的说法哪些是正确的？

A. B 代表部
B. B64C 代表大类
C. B64C25/00 代表小组
D. B64C25/02 代表小组

【解题思路】

部是用英文大写字母 A～H 表示，选项 A 正确。大类的类号是由部的类号及在其后加上两位数字组成，选项 B 正确。小类的类号由大类类号加上一个英文大写字母组成；大组的类号由小类类号加上一个 1～3 位的阿拉伯数字及"/00"组成；小组的类号由小

类类号加上一个1~3位数，后面跟着斜线"/"，再加上一个除"00"以外的至少两位的数组成。因此选项C错误，代表大组；选项D正确。

【参考答案】ABD

【例K88-3】下列关于专利检索的说法正确的是？
A. 专利检索是指从海量专利信息源中迅速而准确地找出符合特定需要的专利信息或文献线索的方法和过程
B. 专利检索的"全"是指没有遗漏
C. 专利检索的"准"是指有针对性
D. 专利检索的"灵"是指灵活使用各类检索要素和检索策略

【解题思路】
专利检索是指从海量专利信息源中迅速而准确地找出符合特定需要的专利信息或文献线索的方法和过程。专利检索的基本要求是全、准、快、灵。"全"是指没有遗漏，"准"是指有针对性，"快"是指用时短，"灵"是指灵活使用各类检索要素和检索策略。但是，对于不同的应用场合，要求的侧重也不一样。因此选项A、B、C、D均正确。

【参考答案】ABCD

【例K88-4】下列各项属于专利信息检索要素的是？
A. 关键词   B. 号码   C. 日期   D. 国别

【解题思路】
专利信息检索要素分为：关键词要素、分类号要素、人名要素、号码要素、日期要素、国别地区要素。因此选项A、B、C、D中的均为专利信息检索要素，均符合题意。

【参考答案】ABCD

【例K88-5】专利信息检索策略中基于"检准"思路的检索策略是？
A. 块检索策略   B. 渐进式检索策略   C. 检索降噪策略   D. 信息追踪检索策略

【解题思路】
专利信息检索策略中，渐进式检索策略是基于"检准"思路的检索策略，选项B正确，符合题意；其他选项均错误。

【参考答案】B

三、本章同步训练题目

1. 外观设计专利单行本包括下列哪些部分？
A. 扉页、说明书、权利要求书、图片或者照片
B. 扉页、彩色外观设计图片或者照片、简要说明
C. 请求书、彩色外观设计图片或者照片、简要说明
D. 扉页、请求书、彩色外观设计图片或者照片、简要说明

2. 中国发明专利公报包括下列哪些内容？
A. 发明专利申请未公布的驳回
B. 外观设计专利的一幅图片或者照片
C. 专利权的保全和解除
D. 专利实施的开放许可的生效事项

3. 某专利文献扉页上印有"CN300456902 S"，由此专利文献号可以分析出下列说法正确的是？
A. 这是一篇中国专利文献
B. 第一位数字3表示专利类型为实用新型
C. 该专利申请已被授予专利权

D. 这是外观设计专利单行本

4. 以下关于专利文献种类标识代码中字母含义的说法正确的是?
A. 字母"B"表示发明专利申请公布
B. 字母"C"表示发明专利权部分无效宣告的公告
C. 字母"U"表示实用新型专利授权的公告
D. 字母"Y"表示实用新型专利部分无效宣告的公告

5. 下列哪个文献号是中国外观设计专利授权公告号?
A. US1044155A   B. CN302184527S
C. CN201435903U   D. CN101084708B

6. 根据申请号信息,下列选项中对应同一件专利申请的文献是?
A. CN101024309B 压力机线系统和方法
B. CN10426872A 数控电动螺旋压力机
C. CN203344333U 弧形电机驱动的数控电动螺旋压力机
D. CN101024309A 压力机线系统和方法

7. 下列各组用以表示公布专利文献的国家或机构的国际标准代码,哪些存在错误?
A. 澳大利亚 AU、德国 GB、俄罗斯联邦 RU
B. 欧洲专利局 EP、英国 UK、法国 FR
C. 韩国 KR、日本 JP、美国 AM
D. 中国 CN、加拿大 CA、世界知识产权组织 WO

8. 下列关于专利分类号 A01、A01B、A01C5/00 或 A01D42/04 中含义的说法哪些是正确的?
A. A01 代表部   B. A01B 代表大类
C. A01C5/00 代表大组   D. A01D42/04 代表小组

9. 查全率常用来衡量检索的?
A. 全面程度   B. 准确程度   C. 灵活程度   D. 快速程度

10. 下列各项属于专利信息检索要素的是?
A. 分类号   B. 人名   C. 号码   D. 关键词

11. 以下关于关键词检索要素扩展的说法正确的是?
A. 要考虑关键词的同义词   B. 要考虑关键词的近义词
C. 需要考虑上下位概念扩展   D. 不需要考虑关键词的反义词

12. 下列属于专利信息检索策略的是?
A. 块检索策略   B. 渐进式检索策略
C. 检索降噪策略   D. 图形检索策略

同步训练参考答案

第一章答案
1.【ABCD】 2.【D】 3.【ABCD】 4.【CD】
5.【C】 6.【BC】 7.【BCD】 8.【ABC】
9.【A】 10.【C】 11.【ABC】 12.【AB】
13.【ACD】 14.【ABC】 15.【D】 16.【CD】
17.【AD】 18.【C】 19.【AC】 20.【AC】
21.【ABD】 22.【BD】 23.【CD】 24.【ABC】
25.【BCD】 26.【B】 27.【BD】 28.【ABD】

第二章答案
1.【BC】 2.【D】 3.【AD】 4.【A】 5.【C】
6.【CD】 7.【B】 8.【A】 9.【B】 10.【BD】
11.【A】 12.【ABD】 13.【ACD】 14.【D】
15.【AC】 16.【ACD】 17.【D】 18.【B】
19.【AD】 20.【C】 21.【BD】 22.【B】
23.【AB】 24.【CD】 25.【AC】 26.【ABC】
27.【CD】 28.【ABCD】 29.【C】 30.【ABD】
31.【ABD】 32.【ABCD】 33.【D】 34.【D】

第三章答案
1.【ABC】 2.【D】 3.【AB】 4.【ACD】
5.【D】 6.【C】 7.【ABD】 8.【ABCD】
9.【AD】 10.【ABCD】 11.【ABD】 12.【ACD】
13.【ABD】 14.【BC】 15.【AD】 16.【D】
17.【BD】 18.【ABCD】 19.【A】 20.【D】
21.【CD】 22.【ABC】 23.【ABCD】 24.【BC】
25.【AD】 26.【ACD】 27.【CD】

第四章答案
1.【ACD】 2.【BD】 3.【CD】 4.【C】
5.【BC】 6.【B】 7.【AB】 8.【BCD】 9.【A】
10.【BC】 11.【A】 12.【AD】 13.【C】
14.【D】 15.【BCD】 16.【C】 17.【ABC】
18.【ABC】 19.【BD】 20.【BD】 21.【C】
22.【AC】 23.【ABC】 24.【D】 25.【ACD】
26.【AC】 27.【AB】 28.【BD】 29.【AD】
30.【A】 31.【A】 32.【BC】 33.【BCD】
34.【CD】 35.【ABC】 36.【CD】 37.【ABD】
38.【CD】 39.【AC】 40.【C】 41.【ABCD】
42.【BD】 43.【AC】 44.【D】 45.【AC】
46.【BC】 47.【C】 48.【ABCD】 49.【ACD】
50.【ACD】 51.【AB】 52.【C】 53.【AD】
54.【ABD】 55.【BD】 56.【D】 57.【AC】
58.【ACD】 59.【AC】

第五章答案
1.【ABD】 2.【AB】 3.【ABCD】 4.【ABD】
5.【ABC】 6.【C】 7.【B】 8.【ACD】
9.【BD】 10.【A】 11.【AD】 12.【ABCD】
13.【ACD】 14.【C】 15.【ACD】 16.【AD】
17.【ABC】 18.【C】 19.【BD】 20.【A】
21.【B】 22.【AC】 23.【ABCD】 24.【BD】
25.【CD】 26.【BD】

第六章答案
1.【B】 2.【ABCD】 3.【D】 4.【BD】
5.【ABC】 6.【D】 7.【BC】 8.【ABD】
9.【AC】 10.【AB】 11.【ABCD】 12.【B】
13.【B】 14.【BD】 15.【AC】 16.【AD】
17.【C】 18.【BD】 19.【AC】 20.【ABCD】
21.【CD】 22.【AC】 23.【ABC】 24.【A】
25.【BCD】 26.【CD】 27.【ABCD】
28.【ABCD】 29.【B】 30.【D】 31.【ABCD】
32.【BD】 33.【ABCD】 34.【ABD】
35.【BC】 36.【B】 37.【D】 38.【ABCD】
39.【ABCD】 40.【BC】 41.【ABC】 42.【A】
43.【BCD】 44.【ACD】 45.【AC】 46.【D】
47.【ACD】 48.【BC】 49.【CD】 50.【CD】
51.【CD】 52.【AC】 53.【C】 54.【A】
55.【ABCD】 56.【BCD】 57.【ABC】 58.【A】
59.【B】 60.【B】 61.【BCD】 62.【D】
63.【AB】 64.【D】 65.【BD】

第七章答案
1.【ABC】 2.【BCD】 3.【D】 4.【B】
5.【AD】 6.【C】 7.【D】 8.【ACD】

9.【ABD】 10.【BC】

答案解析扫下面
二维码获得

第八章答案

1.【B】 2.【ABCD】 3.【ACD】 4.【BCD】
5.【B】 6.【AD】 7.【ABC】 8.【CD】 9.【A】
10.【ABCD】 11.【ABC】 12.【ABCD】